江苏高校品牌专业建设工程资助项目

21 世纪高等学校**会计学**系列教材

ACCOUNTING THEORY AND PRACTICE FOR SMALL BUSINESS

小企业会计
理论与实务

◆ 黄文翠 主编

◆ 梁水玲 吴婷 副主编

人 民 邮 电 出 版 社

北 京

图书在版编目（CIP）数据

小企业会计理论与实务 / 黄文翠主编. -- 北京：
人民邮电出版社，2017.4（2023.8重印）
21世纪高等学校会计学系列教材
ISBN 978-7-115-44585-8

Ⅰ. ①小… Ⅱ. ①黄… Ⅲ. ①中小企业－会计－高等
学校－教材 Ⅳ. ①F276.3

中国版本图书馆CIP数据核字(2017)第003599号

内 容 提 要

本书以财政部 2011 年发布的《小企业会计准则》为依据，结合最新财税政策（截至 2016 年 7 月 31 日），融入内部控制主要内容，按业务流程构建章节体例。全书共十章：第一章总论，主要阐述小企业的划型及其会计标准、核算要求、会计要素等；第二章至第九章分别按业务流程阐述资金筹集业务、生产准备业务、生产业务、销售与收款业务、对外投资、应交税费、特殊业务、利润形成与分配业务的核算；第十章阐述财务报表编制与纳税申报。

本书操作性、实用性、专业性强，案例丰富、具体，讲解全面、透彻，条理清晰，适用于各类小企业的财务人员和经营管理人员以及财务相关专业的学生使用。

♦ 主　　编　黄文翠
　　副 主 编　梁水玲　吴　婷
　　责任编辑　孙燕燕
　　责任印制　杨林杰
♦ 人民邮电出版社出版发行　　北京市丰台区成寿寺路 11 号
　　邮编　100164　电子邮件　315@ptpress.com.cn
　　网址　http://www.ptpress.com.cn
　　固安县铭成印刷有限公司印刷
♦ 开本：787×1092　1/16
　　印张：17.75　　　　　　　2017 年 4 月第 1 版
　　字数：418 千字　　　　　2023 年 8 月河北第 8 次印刷

定价：45.00 元

读者服务热线：(010)81055256　印装质量热线：(010)81055316
反盗版热线：(010)81055315

前 言 Foreword

目前各大高校会计专业所使用的会计类教材基本都是以《企业会计准则》为依据编写的。自2011年颁布《小企业会计准则》以来，以该准则为依据编写的教材极少，本书的编写正是为了填补这方面的空白。本书基础理论以实用、够用为目的，以掌握概念、强化应用为重点，通过将理论知识与实践技能有机地结合并加以阐述，从而构建出本书体系。

本书的特色主要体现在以下几方面。

（1）结构体系新颖。本书改变以往以会计要素为线索的编写模式，而是融入内部控制的主要内容，按业务流程构建章节体例；采用了以小企业资金筹集业务、生产准备业务、生产业务、销售与收款业务、对外投资、应交税费、特殊业务、利润形成与分配业务、财务报表编制与纳税申报等具体业务流程为线索，以会计流程为补充的结构体系；符合会计人员实务中的习惯思维，贴近实际工作。

（2）内容新颖，注重理论联系实际。本书突破了传统教材就会计讲会计、就税收讲税收的局限，采用两条线路并轨的方法将平行的会计核算与税收实务进行融合，对小企业各阶段涉及的会计和税务事项进行了分析，让每笔涉税会计信息都能体现税务处理结果。这样，读者能够有的放矢，将所学知识直接应用到实务工作中。

（3）案例实用。本书以《小企业会计准则》为主线，辅以大量的会计业务实例，通过对不同会计业务实例的实际处理，使读者清楚地了解其相关规定，从而在实际工作中熟练应用。

（4）突出时效性。书中涉及的财税政策截止2016年7月31日，既有最新的会计处理规定，又有最新的流转税和企业所得税等税收政策，力争让读者掌握最新理论、最新政策。

本书由黄文翠担任主编，负责全书写作大纲的拟定和编写组织工作，并对全书进行最后的总纂和统稿。参与编写的人员有：

黄文翠、梁水玲、吴婷、许奕、唐古力、成晓婧。

　　本书在编写过程中，得到本校领导的大力支持与帮助。特别是王烨教授及唐建荣教授，对本书的编写提出了许多宝贵建议，谨此一并致谢！

　　由于时间仓促且编者的学识与水平有限，尽管编者付出了很大的努力，书中内容安排与语言表述仍然可能存在不足或错误，恳请读者和同行批评指正。

编　者

2016 年 10 月

目 录 Content

【学习目标】

（1）了解《小企业会计准则》修订的意义、小企业界定及小企业会计机构设置要求；

（2）理解《小企业会计准则》的内容及适用范围、小企业会计信息质量的要求；

（3）掌握小企业会计核算的基本前提、小企业会计核算的基础及小企业会计要素。

为顺应我国市场经济发展的要求，实现与国际财务报告准则的实质趋同，2011年10月18日，中华人民共和国财政部为了规范小企业会计确认、计量和报告行为，促进中小企业可持续发展，发挥中小企业在国民经济和社会发展中的重要作用，根据《中华人民共和国会计法》（以下简称《会计法》），及其他有关法律和法规，发布了《小企业会计准则》。该准则自2013年1月1日起在小企业范围内施行，鼓励小企业提前执行。2004年4月27日发布的《小企业会计制度》（财会〔2004〕2号）同时废止。

小企业会计准则是有针对性的会计准则，主要是为了规范小企业的相关会计活动和行为，也正是因为小企业具有蓬勃发展前景，对国民经济和社会发展具有十分重要意义，所以财政部针对小企业制定了专用的会计准则。具体而言，财政部制定《小企业会计准则》的意义体现在以下几个方面。

一、与国际趋同，健全企业会计体系，规范小企业会计行为

我国2007年1月开始实施《企业会计准则》，对规范企业会计行为，提高会计信息质量，如实报告企业财务状况、经营成果和现金流量，为投资者等财务报告使用者做出合理决策，完善资本市场和市场经济发挥了积极作用，但实施范围不包括小企业。我国2004年制定的《小企业会计制度》的相关内容也存在很多局限性，小企业在面对一些实务问题时往往无所适从。2009年7月，国际会计准则理事会制定发布了《中小主体国际财务报告准则》，引起了国际社会的广泛关注。因此，我国现阶段制定的《小企业会计准则》适应了与国际趋同的需要，是健全企业会计体系、规范小企业会计行为的重要制度基础。

二、强化小企业管理，促进小企业可持续发展

据不完全统计，在我国工业企业法人中，按新的中小企业标准计算，小企业法人占工业企业法人总数的95%，小企业最终的产品和服务的价值占全国国内生产总值的50%。小企业不仅向国家缴纳了大量税款，而且吸纳了众多城乡劳动力，是促进国民经济发展和维护社会稳定的重要力量。加强小企业管理、促进小企业可持续发展是保持国民经济平稳较快发展的重要基础。而会计工作可以对企业的经济活动进行全面、综合、连续、系统的核算和监督，为企业开展预测、决策、控制和分析工作提供信息。因此，制定《小企业会计准则》是强化小企业管理、促进小企业可持续发展的重要制度安排。

三、加强税收征管、防范金融风险

由于现阶段大多数小企业会计工作不规范，会计信息质量不高，税务部门对大部分小企业按照核定征收方式征收企业所得税等税种，税收征管的质量得不到保障。制定《小企业会计准则》有助于规范小企业的会计工作，进而便于税务部门查账征税，提高税收征管质量，实现公平税负。

四、有利于加强小企业的内部管理，在一定程度上缓解小企业融资难问题

《小企业会计准则》的制定有利于加强小企业的内部管理，防范小企业贷款风险，促进小企业健

康发展。制定完善的《小企业会计准则》体系，可以引导小企业改善经营管理，提高其财务管理水平，增强企业的内生增长能力，并为银行对小企业的贷款风险管理提供重要的制度保障，在一定程度上缓解了小企业融资难、贷款难的问题。

此外，《企业会计准则》和《小企业会计准则》分工明确、相互衔接，为小企业的发展提供了制度空间。《企业会计准则》指导上市公司及大中型企业的会计事务，而《小企业会计准则》在原则上遵循《企业会计准则——基本准则》的前提下，对会计确认、计量和报告要求进行适当简化，既维护了基本准则在整个会计标准体系中的统驭地位，又兼顾了小企业的实际情况。这在极大程度上规范了小企业的会计行为，提高了小企业的会计信息质量。同时，考虑到小企业的财务负担能力，《小企业会计准则》简化了部分财务处理流程，最大限度地降低了小企业采用该制度的成本，且注重与《企业会计准则》的衔接，也降低了小企业成长壮大为大中型企业、转而执行《企业会计准则》后所面临的转换成本。

第一节 小企业的划型及其会计标准

小企业是指劳动力、劳动手段或劳动对象在企业中集中程度较低，或生产和交易数量规模较小的企业。为了更好地促进中小企业发展，尤其是小型企业的发展，世界各国都根据本国经济发展的实际情况，对企业的范围和特征做出了明确规定，并相应地确定了中小企业的概念。对小企业的界定因地域、行业和时间的不同而有所区别。我国界定小企业的标准是依据企业职工人数、销售额、资产总额等指标，并结合行业特点制定的。

一、小企业的划型标准

小企业是指在中华人民共和国境内依法设立的、符合《中小企业划型标准规定》所规定的小型企业标准的企业，下列3类小企业除外。

（1）股票或债券在市场上公开交易的小企业。例如，上市公司和发行企业债券的非上市企业、准备上市的公司和准备发行企业债券的非上市企业等。上述企业的会计信息存在公众的需要，需要执行《企业会计准则》。

（2）金融机构或其他具有金融性质的小企业。例如，非上市金融机构、具有金融性质的基金等其他企业（或主体）。

（3）企业集团内的母公司和子公司。例如，小企业属于企业集团内的母公司或子公司，则其会计报表需要纳入集团公司的合并报表，那么该小企业不能执行《小企业会计准则》。集团公司需要编制合并报表，而《小企业会计准则》规定长期股权投资采用成本法核算，不需要编制合并报表。因此，集团内的小企业也要执行和集团相同的《企业会计准则》。换言之，《小企业会计准则》只适用于个别会计报表，企业集团内的母公司和子公司均应执行《企业会计准则》。

这里所称的母公司，是指有1个或1个以上子公司的企业；这里所称的子公司，是指被母公司控制的企业。

《中小企业划型标准规定》[工业和信息化部（以下简称"工信部"联企业〔2011〕300号]根据企业从业人员、营业收入、资产总额等指标，结合行业特点，规定了：农业、林业、牧业、渔业、工业（包括采矿业、制造业、电力、热力、燃气及水生产和供应业）、建筑业、批发业、零售业、交通运输业（不含铁路运输业）、仓储业、邮政业、住宿业、餐饮业、信息传输业（包括电信、互联网和相关服务）、软件和信息技术服务业、房地产开发经营、物业管理、租赁和商务服务业、其他未列明行业（包括科学研究和技术服务业、水利、环境和公共设施管理业）等十几个行业的中型企业、小型和微型企业的划型标准。各行业中、小、微型企业划型标准如表1-1所示。

表1-1　　　　　　　　　　　中、小、微型企业划型标准

序号	行业	类型	从业人员	营业收入/万元	划型关系
1	农业、林业、牧业、渔业	中型		500（含）～20 000	
		小型		50（含）～500	
		微型		0～50	
2	工业	中型	300（含）～1 000	2 000（含）～40 000	两者同时满足
		小型	20（含）～300	300（含）～2 000	两者同时满足
		微型	0～20	0～300	两者满足其一
3	建筑业	中型		6 000（含）～80 000（资产）5 000～80 000	两者同时满足
		小型		300（含）～6 000（资产）300～5 000	两者同时满足
		微型		0～300（资产）0～300	两者满足其一
4	批发业	中型	20（含）～200	5 000（含）～40 000	两者同时满足
		小型	5（含）～20	1 000（含）～5 000	两者同时满足
		微型	0～5	0～1 000	两者满足其一
5	零售业	中型	50（含）～300	500（含）～20 000	两者同时满足
		小型	10（含）～50	100（含）～500	两者同时满足
		微型	0～10	0～100	两者满足其一
6	交通运输业	中型	300（含）～1 000	3 000（含）～30 000	两者同时满足
		小型	20（含）～300	200（含）～3 000	两者同时满足
		微型	0～20	0～200	两者满足其一
7	仓储业	中型	100（含）～200	1 000（含）～30 000	两者同时满足
		小型	20（含）～100	100（含）～1 000	两者同时满足
		微型	0～20	0～100	两者满足其一
8	邮政业	中型	300（含）～1 000	2 000（含）～30 000	两者同时满足
		小型	20（含）～300	100（含）～2 000	两者同时满足
		微型	0～20	0～100	两者满足其一
9	住宿业	中型	100（含）～300	2 000（含）～10 000	两者同时满足
		小型	10（含）～100	100（含）～2 000	两者同时满足
		微型	0～10	0～100	两者满足其一

续表

序号	行业	类型	从业人员	营业收入/万元	划型关系
10	餐饮业	中型	100（含）～300	2 000（含）～10 000	两者同时满足
		小型	10（含）～100	100（含）～2 000	两者同时满足
		微型	0～10	0～100	两者满足其一
11	信息传输业	中型	100（含）～1 000	1 000（含）～100 000	两者同时满足
		小型	10（含）～300	100（含）～1 000	两者同时满足
		微型	0～10	0～100	两者满足其一
12	软件和信息服务业	中型	100（含）～300	1 000（含）～10 000	两者同时满足
		小型	10（含）～100	50（含）～1 000	两者同时满足
		微型	0～10	0～50	两者满足其一
13	房地产开发经营	中型		1 000（含）～200 000（资产） 5 000～10 000	两者同时满足
		小型		100（含）～1 000（资产） 2 000～5 000	两者同时满足
		微型		0～100（资产） 0～2 000	两者满足其一
14	物业管理	中型	300（含）～1 000	1 000（含）～5 000	两者同时满足
		小型	100（含）～300	500（含）～1 000	两者同时满足
		微型	0～100	0～500	两者满足其一
15	租赁和商业服务业	中型	100（含）～300	（资产）8 000（含）～120 000	两者同时满足
		小型	10～100	（资产）100（含）～8 000	两者同时满足
		微型	0～10	（资产）0～100	两者满足其一
16	其他	中型	100（含）～300		
		小型	10（含）～100		
		微型	0～10		

二、小企业执行的会计标准

会计标准，是会计人员从事会计工作必须遵循的基本原则，是会计行为规范化的要求，其表现形式主要为会计准则体系。我国目前的企业会计准则体系主要包括《企业会计准则》和《小企业会计准则》。符合《中小企业划型标准规定》中所规定的小型企业，可以执行《小企业会计准则》，也可以执行《企业会计准则》。同时，需要说明的是：

（1）执行《小企业会计准则》的小企业，发生的交易或事项，《小企业会计准则》未做规范的，可以参照《企业会计准则》中的相关规定进行处理；

（2）执行《小企业会计准则》的小企业，不得在执行《小企业会计准则》的同时，选择执行《企业会计准则》；

（3）执行《小企业会计准则》的小企业公开发行股票或债券的，应当转为执行《企业会计准则》；因经营规模或企业性质变化导致不符合小企业标准而成为大中型或金融企业的，应当从次年1月1

日起转为执行《企业会计准则》；

（4）已执行《企业会计准则》的上市公司、大中型企业和小企业，不得转为执行《小企业会计准则》；

（5）执行《小企业会计准则》的小企业转为执行《企业会计准则》时，应当按照《企业会计准则第38号——首次执行企业会计准则》等相关规定进行会计处理。

【小贴士】

小企业在首次执行《企业会计准则》或由本准则转为执行《企业会计准则》时，应当按照《企业会计准则第38号——首次执行企业会计准则》（财会〔2006〕13号）和《企业会计准则解释第1号》（财会〔2007〕14号）的规定做好新旧衔接转换工作。

第二节 《小企业会计准则》的内容及科目

一、《小企业会计准则》的内容及特点

《小企业会计准则》由小企业会计准则和应用指南两部分组成。小企业会计准则主要规范小企业通常发生的交易或事项的会计处理，为小企业处理会计实务问题提供具体而统一的标准。该部分采用章节体例，分为总则、资产、负债、所有者权益、收入、费用、利润、外币业务、财务报表、附则共十章，具体规定了小企业会计确认、计量和报告的全部内容。应用指南主要规定会计科目的设置、主要账务处理、财务报表的种类、格式及编制说明，为小企业执行《小企业会计准则》提供操作性规范。其特点主要表现为以下几方面。

（一）遵循基本准则与简化要求相结合

按照我国企业会计改革的总体框架，《基本准则》是纲，适用于在中华人民共和国境内设立的所有企业；《企业会计准则》和《小企业会计准则》是基本准则框架下的两个子系统，分别适用于大中型企业和小企业。《小企业会计准则》应当按照基本准则规范小企业会计确认、计量、报告的要求。但考虑到我国小企业规模小、业务简单、会计基础工作较为薄弱、会计信息使用者的信息需求相对单一等实际问题，对小企业的会计确认、计量和报告进行了简化处理，减少了会计人员职业判断的内容与空间。其主要表现是：

（1）在会计计量方面，统一采用历史成本计量；

（2）统一采用直线法摊销债券的溢价或折价；

（3）统一采用成本法核算长期股权投资；

（4）简化借款利息支出及其资本化的计算；

（5）简化收入确认标准；

（6）资本公积仅核算资本溢价（或股本溢价）；

（7）统一采用应付税款法核算所得税费用；

（8）取消了外币报表折算差额；

（9）简化了财务报表的列报和披露。要求小企业编制资产负债表、利润表和现金流量表，自行选择编制所有者权益变动表；

（10）统一采用未来适用法对会计政策变更和会计差错更正进行会计处理等。

 【小贴士】

《企业会计准则》规定，企业可以根据实际需要选用历史成本、重置成本、可变现净值、现值或公允价值会计计量属性对会计要素进行计量。对债券投资（持有至到期投资）的溢折价采用实际利率法进行摊销；长期股权投资的核算方法有成本法和权益法；对所得税费用采用资产负债表法等。这些会计处理远比《小企业会计准则》的规定复杂得多。

（二）满足税收征管信息需求与有助于银行提供信贷相结合

财务会计报告的目标是向财务会计报告使用者提供与企业财务状况、经营成果和现金流量等有关的会计信息，反映企业管理层受托责任履行情况，有助于财务会计报告使用者做出经济决策。小企业内部应当提供何种会计信息，关键是看信息使用者的决策需要。小企业外部会计信息使用者主要为税务部门和银行。税务部门主要利用小企业会计信息做出税收决策，包括是否给予税收优惠政策、采取何种征税方式和应征税额等，税务部门更多是希望减少小企业会计与税法的差异；银行主要利用小企业会计信息做出信贷决策，更多的是希望小企业按照国家统一的会计准则制度提供财务报表。为满足这些主要会计信息使用者的需求，为便于税务部门利用小企业会计信息做出税收决策，同时考虑到我国小企业会计人员涉税处理能力不强等因素，《小企业会计准则》基本消除了与企业所得税法的差异。

（三）与《企业会计准则》合理分工和有序衔接相结合

《小企业会计准则》和《企业会计准则》虽适用范围不同，但为了适应小企业发展壮大的需要，它们又需要相互衔接，从而发挥会计准则在企业发展中的政策效应。为此，对于小企业非经常性发生的甚至基本不可能发生的交易或事项，一旦发生，可以参照《企业会计准则》的规定执行；对于小企业今后公开发行股票或债券的，或者因经营规模或企业性质变化导致不符合小企业标准而成为大中型企业或金融企业的，应当转为执行《企业会计准则》；小企业转为执行《企业会计准则》时，应当按照《企业会计准则第 38 号——首次执行企业会计准则》等相关规定进行会计处理。

二、《小企业会计准则》科目

小企业经济业务相对简单，一级会计科目设置相对《企业会计准则》而言明显较少。《小企业会计准则》比《企业会计准则》少设了 90 个一级科目，常用的会计科目按照资产、负债、所有者权益、成本、损益分为五大类，共设 66 个科目，但其科目名称与《企业会计准则》基本一致，提高了会计信息的可比性和一致性，符合与国际准则趋同的要求。其内容如表 1-2 所示。

表 1-2 会计科目表

顺序	编号	会计科目名称
		一、资产类
1	1001	库存现金
2	1002	银行存款
3	1012	其他货币资金
4	1101	短期投资
5	1121	应收票据
6	1122	应收账款
7	1123	预付账款
8	1131	应收股利
9	1132	应收利息
10	1221	其他应收款
11	1401	材料采购
12	1402	在途物资
13	1403	原材料
14	1404	材料成本差异
15	1405	库存商品
16	1407	商品进价差价
17	1408	委托加工物资
18	1411	周转材料
19	1421	消耗性生产物资
20	1501	长期债权投资
21	1511	长期股权投资
22	1601	固定资产
23	1602	累计折旧
24	1604	在建工程
25	1605	工程物资
26	1606	固定资产清理
27	1621	生产性生物物资
28	1622	生产性生物物资累计折旧
29	1701	无形资产
30	1702	累计摊销
31	1801	长期待摊费用
32	1901	待处理财产损溢
		二、负债类
33	2001	短期借款

续表

顺序	编号	会计科目名称
34	2201	应付票据
35	2202	应付账款
36	2203	预收账款
37	2211	应付职工薪酬
38	2221	应交税费
39	2231	应付利息
40	2232	应付利润
41	2241	其他应付款
42	2401	递延收益
43	2501	长期借款
44	2701	长期应付款
		三、所有者权益类
45	3001	实收资本
46	3002	资本公积
47	3101	盈余公积
48	3103	本年利润
49	3104	利润分配
		四、成本类
50	4001	生产成本
51	4101	制造费用
52	4301	研发支出
53	4401	工程施工
54	4403	机械作业
		五、损益类
55	5001	主营业务收入
56	5051	其他业务收入
57	5111	投资收益
58	5301	营业外收入
59	5401	主营业务成本
60	5402	其他业务成本
61	5403	营业税金及附加
62	5601	销售费用
63	5602	管理费用
64	5603	财务费用
65	5711	营业外支出
66	5801	所得税费用

第三节 | 小企业会计核算要求

一、遵循会计核算的基本前提要求

《企业会计准则——基本准则》第五条至第八条规定了企业会计核算的四个基本前提。会计核算的基本前提是小企业会计确认、计量和报告的前提，是对会计核算所处时间、空间等的合理设定，包括会计主体、持续经营、会计分期和货币计量。小企业的会计核算同样需要遵循《企业会计准则——基本准则》的要求。

（一）会计主体

会计主体，是指小企业会计确认、计量和报告的空间范围。为了向财务报告使用者反映企业财务状况、经营成果和现金流量，提供与其决策有用的信息，会计核算和财务报告的编制应当集中于反映特定对象的经济活动，并将其与其他经济活动实体区别开来，才能实现财务报告的目标。在会计主体假设下，小企业应当对其本身发生的交易或事项进行会计确认、计量和报告，反映小企业本身所从事的各项生产经营活动和其他相关活动。明确界定会计主体是开展会计确认、计量和报告工作的重要前提。

明确会计主体，才能划定会计所要处理的各项交易或事项的范围。在会计工作中，只有那些影响小企业本身经济利益的各项交易或事项才能加以确认、计量和报告。

明确会计主体，才能将会计主体的交易或事项与会计主体所有者的交易或事项以及其他会计主体的交易或事项区分开。小企业所有者的交易或事项是属于小企业所有者发生的，不应纳入小企业会计核算的范畴，但是小企业所有者投入小企业的资本或者小企业向所有者分配的利润，则属于小企业主体所发生的交易或事项，应当纳入小企业会计核算的范围。

会计主体不同于法律主体。一般来说，法律主体必然是一个会计主体。例如，一个小企业作为一个法律主体，应当建立财务会计系统，独立反映其财务状况、经营成果和现金流量。但是，会计主体不一定是法律主体。例如，一个企业集团的母公司拥有若干子公司，母子公司虽然是不同的法律主体，但是母公司对于子公司拥有控制权。为了全面反映企业集团的财务状况、经营成果和现金流量，会计人员就有必要将企业集团作为一个会计主体，编制合并财务报表。

（二）持续经营

持续经营，是指在可以预见的将来，小企业将会按当前的规模和状态继续经营下去，不会停业，也不会大规模削减业务。在持续经营前提下，会计确认、计量和报告应当以企业持续、正常的生产经营活动为前提。

小企业是否持续经营，在会计原则、会计方法的选择上有很大差别。一般情况下，应当假定小企业将会按照当前的规模和状态持续经营下去。明确这个基本前提，就意味着会计主体将按照既定用途使用资产，按照既定的合约条件清偿债务，会计人员就可以在此基础上选择会计原则和会计方法。如果判断小企业会持续经营，就可以假定小企业的固定资产在持续经营的生产经营过程中长期发挥作用，并服务于生产经营过程。固定资产就可以根据历史成本进行计量，并采用一定的折旧方法，将历史成本分摊到各个会计期间或相关产品的成本中。如果判断小企业不会持续经营，固定资产就不应采用历史成本进行记量并按期计提折旧。

当然，在市场经济条件下，任何企业都存在破产、清算的风险，也就是说，小企业不能持续经营的可能性总是存在的。当小企业终止经营时，就不能再采用这一假设以及以这一假设为前提的会计程序和方法，而应采用以清算为基础的会计处理方法。

（三）会计分期

会计分期，是指将一个企业持续经营的生产经营活动划分为一个个连续的、长短相同的期间。会计分期是持续经营假设的必然结果。根据持续经营假设，企业在可预见的将来是持续不断经营的。如果不进行会计分期，企业就只能等到结束其经营活动时才能核算其经营成果和财务状况，这显然不能满足会计信息使用者对会计信息的需求。为了定期、及时地反映小企业的经营成果和财务状况，对外提供财务信息，会计人员就需要将持续经营过程人为地划分为一个个长短相等的间隔（即会计期间），按期结算盈亏，编制财务报告，从而及时向财务报告使用者提供有关小企业财务状况、经营成果和现金流量的信息。

在会计分期假设下，企业应当划分会计期间，以分期结算和编制财务报告，对外提供会计信息。会计分期分为会计年度和会计中期。会计年度以年度来划分会计期间，通常为 1 年。世界各国的会计年度起讫日期并不一致，例如，有的国家以本年的 7 月 1 日至下年的 6 月 30 日为一个会计年度；有的国家以本年的 4 月 1 日至下年的 3 月 31 日为一个会计年度。会计中期是指短于一个完整会计年度的报告期间，如月度、季度和半年。我国《企业会计准则》规定，会计期间分为年度和中期，其中会计年度和日历年度相同，即从每年的 1 月 1 日至 12 月 31 日为一个会计年度。

（四）货币计量

货币计量，是指会计主体在进行会计确认、计量和报告时以货币作为计量单位，反映、记录会计主体的财务状况、经营成果和现金流量。会计主体之所以采用货币作为基础进行计量，是由货币本身的计量属性决定的。货币是商品的一般等价物，是衡量一般商品价值的共同尺度。作为价值衡量的单位，它能够在量上进行汇总和比较，便于会计计量和经营管理。选择货币作为计量单位，就能够全面反映企业的生产经营活动以及交易或事项，企业发生的不同种类的交易或事项也能够以统一的货币进行计量，从而得到有价值的综合性财务信息，如资产、利润等。

财务会计采用货币进行计量，意味着凡是不能用货币计量的交易或事项，如企业的经营战略、产品的市场竞争力、产品的市场占有率、研发能力等，就不能在财务报表中得到反映。但这些信息对于财务会计信息使用者也很重要，为了弥补这一不足，企业可以在会计报表之外对这些信息进行自愿性披露。

货币计量假设是建立在币值稳定不变的基础之上的。因为只有在币值稳定或相对稳定的情况下，不同时点的货币金额才能汇总，同一期间的收入和费用才能进行比较。如果是在持续通货膨胀的情况下，货币计量这一假设就受到了挑战，以币值稳定不变为基础提供的会计信息的决策有用性就会受到影响，此时就应该采用通货膨胀会计来消除物价变动的影响。

二、贯彻会计信息质量要求

会计信息质量关系到投资者决策、完善资本市场以及市场经济秩序等重大问题。会计信息质量要求是对企业财务报告中所提供高质量会计信息的基本规范，是使财务报告中所提供会计信息对投资者等使用者决策有用应具备的基本特征。根据基本准则规定，具体包括以下 8 个方面。

《小企业会计准则》在遵循《企业会计准则》的基础上，考虑到小企业的实际情况，仍然沿用 8 项质量要求的规定。但是，在具体要求方面侧重点有所不同，例如，不再过多地强调谨慎性原则、实质重于形式原则等。

（一）可靠性

可靠性要求企业应当以实际发生的交易或事项为依据进行确认、计量和报告，如实反映符合确认和计量要求的各项会计要素及其他相关信息，保证会计信息真实可靠、内容完整。

可靠性是高质量会计信息的重要基础和关键所在。如果小企业以虚假的经济业务进行确认、计量和报告，属于违法行为。这不仅会严重损害会计信息质量，而且会对投资者等使用者的决策产生误导甚至带来损失。为了贯彻可靠性要求，小企业应当做到以下几点。

（1）以实际发生的交易或事项为依据进行确认、计量，将符合会计要素定义及其确认条件的资产、负债、所有者权益、收入、费用和利润等如实反映在财务报告中。

（2）在符合重要性和成本效益原则的前提下，保证会计信息的完整性，其中包括应当编制的报表及其附注内容应当保持完整，不能随意遗漏或减少应予披露的信息。

（3）包括在财务报告中的会计信息应当是中立的、无偏的。如果小企业在财务报告中为了达到事先设定的结果和效果，通过选择或列示有关会计信息以影响决策和判断的，这样的财务报告信息就不是中立的。

（二）相关性

相关性要求企业提供的会计信息应当与投资者等财务报告使用者的经济决策需要相关，有助于投资者等财务报告使用者对企业过去、现在或者未来的情况做出评价或者预测。

会计信息是否有用，是否具有价值，关键看其与使用者的决策需要是否相关，是否有助于决策或者提高决策水平。相关的会计信息应当能够有助于使用者评价企业过去的决策，证实或者修正过去的有关预测，因而具有反馈价值。相关的会计信息还应当具有预测价值，有助于使用者根据财务报告所提供的会计信息预测企业未来的财务状况、经营成果和现金流量。例如，区分流动资产和非流动资产、流动负债和非流动负债等，都可以提高会计信息的预测价值，进而提升会计信息的相关性。

会计信息质量的相关性要求，需要小企业在确认、计量和报告会计信息过程中，充分考虑使用者的决策模式和信息需要。但是相关性以可靠性为基础，两者之间是统一的，并不矛盾，不应将两者对立起来。也就是说，会计信息在可靠性前提下，尽可能地做到相关性，以满足投资者等财务报告使用者的决策需要。

（三）可理解性

可理解性要求企业提供的会计信息应当清晰明了，便于投资者等财务报告使用者理解和使用。

小企业编制财务报告、提供会计信息的目的在于使用，而要想让使用者有效使用会计信息，就应当让其了解会计信息的内涵，弄懂会计信息的内容，这就要求财务报告所提供的会计信息应当清晰明了、易于理解。只有这样，才能提高会计信息的有用性，实现财务报告的目标，满足向投资者等财务报告使用者提供决策有用信息的要求。

会计信息是一种专业性较强的信息产品，在强调会计信息的可理解性要求的同时，还应假设使用者具有一定的有关企业经营活动和会计方面的知识，并且愿意付出努力去研究这些信息。对于某些复杂的信息，如交易本身较为复杂或者会计处理较为复杂，但其与信息使用者的经济决策相关的，企业就应当在财务报告中予以充分披露。

（四）可比性

可比性要求企业提供的会计信息应当相互可比。这主要包括两层含义。

第一，同一企业不同时期可比。为了便于投资者等财务报告使用者了解企业财务状况、经营成果和现金流量的变化趋势，就需要比较企业在不同时期的财务报告信息，全面、客观地评价过去、预测未来，做出决策。会计信息质量的可比性要求同一企业不同时期发生的相同或者相似的交易或事项，应当采用一致的会计政策，不得随意变更。但是，满足会计信息可比性要求，并非表明企业不得变更会计政策，如果按照规定或者在会计政策变更后可以提供更可靠、更相关的会计信息，可以变更会计政策。有关会计政策变更的情况，应当在附注中予以说明。

第二，不同企业相同会计期间可比。为了便于投资者等财务报告使用者评价不同企业的财务状况、经营成果和现金流量及其变动情况，会计信息质量的可比性要求不同企业同一会计期间发生的相同或者相似的交易或事项，应当采用同一规定的会计政策，确保会计信息口径一致、相互可比，以使不同企业按照一致的确认、计量和报告要求提供有关会计信息。

（五）实质重于形式

实质重于形式要求企业应当按照交易或事项的经济实质进行会计确认、计量和报告，而不仅以交易或事项的法律形式为依据。

小企业发生的交易或事项在多数情况下，其经济实质和法律形式是一致的，但在有些情况下会出现不一致。例如，企业按照销售合同销售商品但又签订了按照固定价格进行售后回购协议，虽然从法律形式上看实现了收入，但如果企业没有将商品所有权上的主要风险和报酬转移给购货方，没有满足收入确认的各项条件，即使签订了商品销售合同或者已将商品交付给购货方，也不应当确认为收入。又如，以融资租赁方式租入的资产，虽然从法律形式来讲企业并不拥有其所有权，但是由于租赁合同中规定的租赁期相当长，接近于该资产的使用寿命；租赁期结束时承租企业有优先购买该资产的选择权；在租赁期内承租企业有权支配资产并从中受益等。因此，从其经济实质来看，企业能够控制融资租入资产所创造的未来经济利益，在会计确认、计量和报告上就应当将融资租赁方式租入的资产视为企业的资产，列入企业的资产负债表。

（六）重要性

重要性要求企业提供的会计信息应当反映与企业财务状况、经营成果和现金流量有关的所有重要交易或事项。

财务报告中提供的会计信息，如果省略或者错报，将会影响投资者等使用者据此做出决策，因此该信息就具有重要性。重要性的应用需要依赖职业判断，企业应当根据其所处环境和实际情况，从项目的性质和金额大小两方面加以判断。

（七）谨慎性

谨慎性要求企业对交易或事项进行会计确认、计量和报告时，应当保持应有的谨慎，不应高估资产或者收益、低估负债或者费用。

在市场经济环境下，企业的生产经营活动面临着许多风险和不确定性，如应收账款的可收回性、固定资产的使用寿命、无形资产的使用寿命、售出存货可能发生的退货或者返修等。会计信息质量的谨慎性要求，需要企业在面临不确定因素的情况下做出职业判断时，应当保持应有的谨慎，充分估计到各种风险和损失，既不高估资产或者收益，也不低估负债或者费用。该项要求在《小企业会计准则》中要求不多，主要是考虑到小企业会计人员的职业判断能力相对较弱，不要求小企业计提资产减值准备。在确定固定资产、生产性生物资产等资产的使用寿命时，要考虑税法规定等，从而大大减少了职业判断的内容。

（八）及时性

及时性要求企业对于已发生的交易或事项，应当及时进行确认、计量和报告，不得提前或者延后。

会计信息的价值在于帮助所有者或者其他财务报告使用者做出经济决策，具有时效性。在会计确认、计量和报告过程中贯彻及时性：一是要求及时收集会计信息，即在经济交易或事项发生后，及时收集整理各种原始单据或者凭证；二是要求及时处理会计信息，即按照小企业会计准则的规定，及时对经济交易或事项进行确认或者计量，并及时编制财务报告；三是要求及时传递会计信息，即按照国家规定的有关时限，及时地将编制的财务报告传递给财务报告使用者，便于其及时使用和决策。

在实务中，为了及时提供会计信息，可能需要在有关交易或事项的信息全部获得之前进行会计处理，从而满足会计信息的及时性要求，但这可能会影响会计信息的可靠性；反之，如果小企业等到与交易或事项有关的全部信息获得之后再进行会计处理，这样的信息披露可能会由于时效性问题，对投资者等财务报告使用者决策的有用性将大大降低。这就需要财务报告提供者在及时性和可靠性之间做相应权衡，以最好地满足投资者等财务报告使用者的经济决策需要为判断标准。

三、以权责发生制为会计核算基础

小企业应当以权责发生制为基础进行会计确认、计量和报告。权责发生制又称"应计制"，国际会计准则解释为："按照权责发生制，要在交易事项和其他事项发生时（而不是在收到和支付现金和现金等价物时）确认其影响，而且要将它们计入与它们相联系的期间，并在该期间的财务报告中予以报告。"

权责发生制的核心是确认收入和费用的归属期间。权责发生制的判断标准是权责的发生是否"属于当期"，应当以与之相关的经济权利和经济义务是否发生为判断依据。按照权责发生制的要求，凡属于当期的收入和费用，不论款项是否收付，均作为当期的收入和费用；不属于当期的收入和费用，即使款项已经在当期收付，也不作为当期的收入和费用。

四、以历史成本为计量属性

计量属性是指小企业在将符合确认条件的会计要素登记入账并列于会计报表及其附注时，应当按照规定的计量标准和计量方法进行计量，确定其金额的基础。

企业会计基本准则规定的计量属性包括历史成本、重置成本、可变现净值、现值和公允价值 5 种。《小企业会计准则》规定，小企业的资产应当按照成本计量，不计提资产减值准备，不涉及可变现净值和现值。投资者投入资产的成本，应当按照评估价值确定。盘盈固定资产的成本，应当按照同类或者类似固定资产的市场价格或评估价值，扣除按照该项固定资产新旧程度估计的折旧后的余额确定。

第四节

小企业会计要素

会计要素是根据交易或事项的经济特征所确定的财务会计对象的基本分类。基本准则规定，会计要素按照其性质分为资产、负债、所有者权益、收入、费用和利润。其中，资产、负债和所有者权益要素侧重于反映企业的财务状况，收入、费用和利润要素侧重于反映企业的经营成果。会计要素的界定和分类可以使财务会计系统更加科学严密，为投资者或财务报告使用者提供更加有用的信息。

《小企业会计准则》在遵循《企业会计准则》的基础上，结合小企业的实际情况，对会计六大要素的内容进行了适当的调整。它主要体现在简化收入的确定标准，根据结算方式确定收入实现的时间及金额，取消了有关利得及损失的内容。所有者权益的构成内容之一——资本公积，仅包括投资者投入资本时产生的资本溢价或股本溢价，不包括《企业会计准则》中所有者权益的构成内容：资本公积——其他资本公积及其他综合收益。除此之外，其他要素的内涵与《企业会计准则》所规定的相关要素的内涵基本一致。

一、资产

（一）资产的含义及特征

资产，是指小企业过去的交易或事项形成的、由小企业拥有或控制的、预期会给小企业带来经济利益的资源。根据资产的定义，资产具有以下几个方面的特征。

1. 资产应为小企业拥有或控制的资源

判断一项资产是否属于某企业，拥有所有权并不是唯一标准，如果小企业没有拥有某项资产的所有权，但能够控制某项资产，根据经济实质重于形式的原则，则该资产也属于企业的资产。例如，小企业以融资租赁的形式租入一项资产，从法律形式上看，该资产的所有权属于出租人，但从经济实质上看，承租人实际上长期控制着该项资产，因此该项融资租赁资产属于承租人的资产。

2. 资产预期会给小企业带来经济利益

资产预期会给小企业带来经济利益，是指资产直接或间接导致现金或现金等价物流入企业的潜力。这种潜力可以来自企业日常的生产经营活动，也可以是非日常活动；带来的经济利益可以是现金或现金等价物，或者是可以转化为现金或现金等价物的形式，或者是可以减少现金或现金等价物流出的形式。

资产预期能为小企业带来经济利益是资产的重要特征。例如，小企业采购的原材料、购置的固定资产等可以用于生产经营过程中制造商品或者提供劳务，对外出售后收回货款，货款即为小企业所获得的经济利益。如果某一项目预期不能给小企业带来经济利益，那么就不能将其确认为小企业的资产。前期已经确认为资产的，如果不能再为小企业带来经济利益的，也不能再确认为小企业的资产。

3. 资产是小企业在过去的交易或事项中形成的

"过去发生"原则在资产的定义中占有举足轻重的地位。资产应当由企业过去的交易或事项形成。过去的交易或事项包括购买、生产、建造行为或者其他交易或事项。换句话说，只有过去的交易或事项才能产生资产，企业预期在未来发生的交易或事项不形成资产。例如，企业有购买某存货的意愿或者计划，但是购买行为尚未发生，就不符合资产的定义，不能将其确认为存货资产。

（二）资产的确认条件

将一项资源确认为资产，不仅需要符合资产的定义，还应同时满足以下两个条件。

1. 与该资源有关的经济利益很可能流入企业

从资产的定义可以看到，能否带来经济利益是资产的一个本质特征。但在现实生活中，由于经济环境瞬息万变，与资源有关的经济利益能否流入企业或者能够流入多少实际上带有不确定性。因此，资产的确认还应与经济利益流入的不确定性程度的判断结合起来。如果根据编制财务报表时取得的证据，与资源有关的经济利益很可能流入企业，那么就应当将其作为资产予以确认；反之不能确认为资产。例如，某企业赊销一批商品给某一客户，从而形成了对该客户的应收账款。由于企业最终收到款项与销售实现之间有时间差，而且收款又在未来期间，因此，带有一定的不确定性。如果企业在销售时判断未来很可能收到款项或者能够确定收到款项，企业就应当将该应收账款确认为一项资产；如果企业判断在通常情况下很可能部分或者全部无法收回，表明该部分或者全部应收账款已经不符合资产的确认条件，应当减少资产的价值，甚至不确认为资产。

2. 资源的成本或者价值能够可靠计量

财务会计系统是一个确认、计量和报告的系统，其中计量起着枢纽作用，可计量性是所有会计要素确认的重要前提，资产的确认也是如此。只有当有关资源的成本或者价值能够可靠计量时，资产才能予以确认。在实务中，小企业取得的许多资产都是发生了实际成本。例如，企业购买或者生产的存货，企业购置的厂房或者设备等，对于这些资产，只要实际发生的购买成本或者生产成本能够可靠计量，就视为符合了资产确认的可计量条件。

（三）资产的构成

企业的资产按其流动性的不同，可以划分为流动资产和非流动资产。

1. 流动资产

流动资产是指可以在 1 年或者超过 1 年的一个营业周期内变现或者耗用的资产，主要包括库存现金、银行存款、应收及预付款项、存货等。其中：

（1）库存现金是指企业持有的现款，也称"现金"。库存现金主要用于支付日常发生的小额、零星的费用或支出。

（2）银行存款是指企业存入银行或其他金融机构的各种款项。企业的银行存款主要来源于投资者投入资本的款项、负债融入的款项、销售商品的货款等。

（3）应收及预付款项是指企业在日常生产经营过程中发生的各项债权，包括应收款项（应收票据、应收账款、应收利息、应收股利、其他应收款等）和预付账款等。

（4）存货是指企业在日常生产经营过程中持有以备出售的，或者仍然处在生产过程中将要消耗的，或者在生产或提供劳务过程中将要耗用的各种材料或物料，包括库存商品、半成品、在产品以及各类材料等。

2. 非流动资产

非流动资产是指不能在 1 年或者超过 1 年的一个营业周期内变现或者耗用的资产，主要包括长期债务投资、长期股权投资、固定资产、生产性生物资产、无形资产、长期待摊费用等。其中：

（1）长期债券投资是指将小企业准备长期（在 1 年以上）持有的债券投资。

（2）长期股权投资是指小企业准备长期持有的权益性投资。企业进行长期股权投资，是为了获得较为稳定的投资收益或者对被投资企业实施控制或影响。

（3）固定资产是指小企业为生产产品，提供劳务、出租或经营管理而持有的、使用寿命超过 1 年的有形资产。小企业的固定资产包括房屋、建筑物、机器、机械、运输工具以及其他与生产、经营有关的设备、器具、工具等。

（4）生产性生物溢产是指小企业农业、林业、牧业、渔业，为生产农产品提供劳务或出租为目的而持有的生物资产。生产性生物资产包括经济林、薪炭林、产畜和役畜等。

（5）无形资产是指小企业为生产产品，提供劳务、出租或经营管理而持有的没有实物形态的可辨认非货币性资产。无形资产包括专利权、非专利技术、商标权、著作权、土地使用权等。

二、负债

（一）负债的含义及特征

负债，是指小企业过去的交易或事项形成的，预期会导致经济利益流出小企业的现时义务。负债具有如下特征。

1. 负债是由企业过去的交易或事项所形成

也就是说，只有过去的交易或事项才能形成负债，企业在未来发生的承诺签订的合同等交易或事项，不能形成负债。例如，企业向银行借款 1 000 万元，即属于过去的交易或事项所形成的负债。企业同时还与银行达成了两个月后借入 2 000 万元的借款意向书，该交易就不属于过去的交易或事项，不应形成企业的负债。

2. 负债是企业承担的现时义务

负债必须是企业承担的现时义务，它是负债的一个基本特征。其中，现时义务是指企业在现行条件下已承担的义务。未来发生的交易或事项形成的义务，不属于现时义务，不应确认为负债。这里所指的义务可以是法定义务，也可以是推定义务。其中，法定义务是指具有约束力的合同或者法律法规规定的义务，通常在法律意义上需要强制执行。例如，企业购买原材料形成的应付账款、企业向银行借入款项形成的贷款、企业按照税法规定应当缴纳的税款等，均属于企业承担的法定义务，需要依法予以偿还。推定义务是指根据企业多年来的习惯做法、公开的承诺或者公开宣布的政策而导致企业将承担的责任，这些责任也使有关各方形成了企业将履行义务解脱责任的合理预期。但需要注意的是，《小企业会计准则》只强调了法定义务形成的负债。

3. 负债预期会导致经济利益流出企业

负债与其形成现时义务有关的经济利益很可能流出企业，而且是在未来流出企业。预期会导致经济利益流出企业也是负债的一个本质特征。只有企业在履行义务时会导致经济利益流出企业的，才符合负债的定义；如果不会导致经济利益流出企业的，就不符合负债的定义。在履行现时义务清偿负债时，导致经济利益流出企业的形式多种多样。例如，用现金偿还或以实物资产形式偿还；以提供劳务形式偿还；部分转移资产、部分提供劳务形式偿还；将负债转为资本等。

（二）负债确认的条件

将一项现时义务确认为负债，不仅需要符合负债的定义，还应当同时满足以下两个条件。

1. 与该义务有关的经济利益很可能流出企业

从负债的定义可以看到，预期会导致经济利益流出企业是负债的一个本质特征。在实务中，履行义务所需流出的经济利益带有不确定性，尤其是与推定义务相关的经济利益通常需要依赖于大量的估计。因此，负债的确认应当与经济利益流出的不确定性程度的判断结合起来。如果有确凿的证据表明，与现时义务有关的经济利益很可能流出企业，就应当将其作为负债予以确认；反之，如果企业承担了现时义务，但是会导致经济利益流出的可能性很小，就不符合负债的确认条件，不应将其作为负债予以确认。

2. 未来流出的经济利益的金额能够可靠计量

负债的确认在考虑经济利益流出企业的同时，对于未来流出的经济利益的金额应当能够可靠计量。对于与法定义务有关的经济利益流出金额，通常可以根据合同或者法律规定的金额予以确定。考虑到经济利益流出的金额通常在未来期间，有时未来期间比较长，则有关金额的计量需要考虑货币时间价值等因素的影响。对于与推定义务有关的经济利益流出金额，企业应当根据履行相关义务所需支出的最佳估计数进行估计，并综合考虑有关货币时间价值、风险等因素的影响。

（三）负债的构成

负债按照其流动性的不同，可以分为流动负债和非流动负债。

1. 流动负债

流动负债是指预计在 1 年内或者超过 1 年的一个正常营业周期内清偿的债务，包括短期借款、应付及预收款项等。其中：

（1）短期借款是指企业从银行或其他金融机构借入的期限在 1 年以内（含 1 年）的各种借款。例如，企业从银行取得的、用来补充流动资金不足的临时性借款。

（2）应付及预收款项是指企业在日常生产经营过程中发生的各项债务，包括应付款项（应付票据、应付账款、应付职工薪酬、应交税费、应付股利、应付利息、其他应付款等）和预收账款等。

2. 非流动负债

非流动负债是指流动负债以外的负债，包括长期借款、长期应付款等。其中：

（1）长期借款是指企业从银行或其他金融机构借入的期限在 1 年以上的各项借款。企业借入的长期借款，主要是为了长期工程项目。

（2）长期应付款是指除长期借款以外的其他长期应付项，包括应付融资租入固定资产的租赁费、以分期付款方式购入固定资产发生的应付款项等。

三、所有者权益

（一）所有者权益的含义

所有者权益，是指小企业资产扣除负债后由所有者享有的剩余权益。所有者权益即为企业的净资产，是企业资产总额中扣除债权人权益后的净额，反映所有者（股东）财富的净增加额。其确认、计量主要取决于资产、负债、收入、费用等其他会计要素的确认和计量。通常，当企业实现收入时，会导致资产的增加或负债的减少或两者兼而有之。根据会计恒等式，所有者权益必定增加；当企业发生费用时，会导致负债的增加或资产的减少或者两者兼而有之。根据会计恒等式，所有者权益必定减少。因此，企业日常经营的好坏和资产、负债的质量直接决定着企业所有者权益的增减变化和资本的保值增值。

（二）所有者权益的构成

从所有者权益的来源构成看，应由所有者享有的资金主要来自两种途径：一是外部投入；二是由小企业盈利积存形成。在外部投入资本不变的情况下，所有者权益增长主要依赖于小企业盈利的增加。具体来讲，所有者权益的来源包括所有者投入的资本、留存收益等。

1. 所有者投入的资本

所有者投入的资本包括实收资本和资本公积。企业的实收资本是指投资者按照企业章程、合同协议的约定。它是企业注册成立的基本条件之一，也是企业承担民事责任的财力保证。资本公积是指小企业收到的投资者出资额超过其在注册资本或股本中所占份额的部分。企业资本公积也称为准资本，小企业的资本公积不得用于弥补亏损。资本公积主要用于转增资本（或股本）。

2. 留存收益

留存收益是企业历年实现的净利润留存于企业的部分，一般包括盈余公积和未分配利润。盈余公积又分为以下几个方面。

（1）法定公积金，指企业按照《中华人民共和国公司法》（以下简称《公司法》）规定的比例从

净利润中提取的盈余公积金;

（2）任意公积金，指企业按经股东大会或类似机构批准后按照一定的比例从净利润中提取的盈余公积金。

企业的盈余公积可用于弥补亏损、转增资本（股本、扩大生产经营）。符合规定条件的企业，也可以用盈余公积分派现金股利。

未分配利润是指小企业实现的净利润，经过弥补亏损、提取法定公积金和任意公积金、自投资者分配利润后，留存在本企业的、历年结存的时间。它包括两层含义：一是留待以后年度分配的利润；二是未指定用途的利润。

【小贴士】

《小企业会计准则》中所有者权益与《企业会计准则》中所有者权益内涵有所不同，企业会计准则中的所有者权益不仅包括小企业会计准则中所有者权益的内容，还包括直接计入所有者权益的利得和损失的内容。

（三）所有者权益与负债的区别

所有者权益和负债虽然都体现企业的资金来源，但两者之间却有着本质的不同，具体表现为以下几点。

（1）企业对债权人所承担的经济责任，企业负有偿还的义务；而所有者权益则是企业对投资人所承担的经济责任，在一般情况下是不需要归还给投资者的。

（2）债权人只享有按期收回利息和债务本金的权利，而无参与企业的利润分配和经营管理的权利；投资者则既可参与企业的利润分配，也可参与企业的经营管理。

（3）在企业清算时，负债拥有优先求偿权；而所有者权益则只能在清偿了所有的负债以后，才返还给投资者。

四、收入

（一）收入的含义与特征

收入，是指小企业在日常生产经营活动中形成的、会导致所有者权益增加的、与所有者投入资本无关的经济利益总流入。收入的实质是企业经济活动的产出过程，即企业生产经营活动的结果。收入只有在经济利益很可能流入，从而导致企业资产增加或者负债减少或者两者兼而有之、而且经济利益的流入额能够可靠计量时才能予以确认。收入具有以下特征。

1. 收入从企业的日常生产经营活动中产生、而不是从偶发的交易或事项中产生

日常生产经营活动是指企业为完成其经营目标所从事的经常性活动以及与之相关的活动。例如，工业企业制造并销售产品、商业企业销售商品、保险公司签发保单、咨询公司提供咨询服务、软件公司为客户开发软件、安装公司提供安装服务、商业银行对外贷款、租赁公司出租资产等，均属于企业的日常生产经营活动。明确界定日常生产经营活动是为了将收入与非收入相区分，因为企业非日常生产经营活动所形成的经济利益流入不能确认为收入，而应计入营业外收入。

2. 收入是与所有者投入资本无关的经济利益的总流入

收入应当会导致经济利益的流入，从而导致资产的增加。例如，企业销售商品，应当收到货币资金或者在未来有权收到货币资金，才表明该交易符合收入的定义。但是在实务中，经济利益的流入有时候是所有者投入资本的增加所导致的，所有者投入资本的增加不应当确认为收入，应当将其直接确认为所有者权益。

3. 收入最终能导致企业所有者权益的增加

与收入相关的经济利益流入可能表现为企业资产的增加，也可能表现为企业负债的减少，或二者兼而有之。但是，最终的结果都应当导致所有者权益的增加，不会导致所有者权益增加的经济利益流入，不应确认为收入。例如，企业向银行借入款项，尽管也导致了企业经济利益的流入，但该流入并不导致所有者权益的增加，反而使企业承担了一项现时的义务，应当确认为一项负债。再例如，企业为第三方或客户代收的款项，虽然有经济利益流入企业，但并不能增加所有者权益，不能确认为收入。

（二）收入确认的条件

企业收入的来源渠道多种多样，不同收入来源的特征有所不同，其收入确认条件也往往存在一些差别，如销售商品、提供劳务、让渡资产使用权等。一般而言，收入只有在经济利益很可能流入企业，从而导致企业资产增加或者负债减少或者两者兼而有之、经济利益的流入额能可靠计量时才能予以确认。

此外，收入的确认应当以权责发生制为基础，凡属于本期发生的收入，不论其款项是否收到，均确认为本期收入；反之，不属于本期的收入，即使款项已在本期收到，也不确认为本期收入。

（三）收入的构成

收入主要包括主营业务收入、其他业务收入和投资收益等。

1. 主营业务收入

主营业务收入也称基本业务收入，是指企业在其基本或主流业务中所获得的收入。例如，工商企业的商品销售收入、服务业的劳务收入。

2. 其他业务收入

其他业务收入也称附营业务收入，是指企业非主流业务活动所获得的收入。例如，工业企业出租固定资产、出租无形资产、出租包装物和商品、销售材料等实现的收入。

3. 投资收益

投资收益是指企业对外投资所取得的收益减去发生的投资损失后的净额。

应该予以强调的是，上面所说的收入是指狭义的收入，它是营业收入的同义词。广义的收入还包括营业外收入。营业外收入是指企业发生的与其生产经营活动无直接关系的各项收入，包括处置固定资产净收益、处置无形资产净收益等。

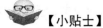 【小贴士】

《小企业会计准则》没有涉及利得和损失的概念，但仍然有营业外收入和营业外支出，营业外收入和营业外支出的核算内容实际就是利得和损失内容的一部分。

五、费用

（一）费用的含义与特征

费用，是指小企业在日常生产经营活动中发生的、会导致所有者权益减少的、与向所有者分配利润无关的经济利益的总流出。费用具有如下特征。

1. **费用是企业在日常生产经营活动中形成的**

费用必须是企业在日常生产经营活动中形成的，这些日常生产经营活动的界定与收入定义中涉及的日常生产经营活动的界定相一致。因日常活动所产生的费用通常包括销售成本（营业成本）、职工薪酬、折旧费、无形资产摊销费等。将费用界定为日常生产经营活动所形成的，目的是将其与非费用相区分，企业非日常生产经营活动所形成的经济利益的流出不能确认为费用，而应当计入营业外支出。

2. **费用是与向所有者分配利润无关的经济利益的总流出**

费用的发生应当会导致经济利益的流出，从而导致资产的减少或者负债的增加（最终会导致资产的减少）或者两者兼而有之。其表现形式包括现金或者现金等价物的流出，存货、固定资产和无形资产的流出或者消耗等。虽然企业向所有者分配利润会导致经济利益的流出，而该经济利益的流出显然属于所有者权益的抵减项目，不应确认为费用，应当将其排除在费用的定义之外。

3. **费用会导致所有者权益的减少**

费用相关的经济利益的流出可能表现为资产的减少，也可能表现为负债的增加，或者二者兼而有之，根据"资产=负债+所有者权益"的公式，费用一定会导致所有者权益的减少；不会导致所有者权益减少的经济利益的流出不符合费用的定义，不应确认为费用。例如，企业购买原材料的行为虽然导致企业经济利益流出，但并不会导致企业所有者权益的减少，它使企业增加了另外一项资产（存货），在这种情况下，就不应当将该经济利益的流出确认为费用。同理，企业的偿还负债也会导致经济利益流出，但是该经济利益流出没有导致企业所有者权益的减少，而是使企业负债（应付账款）减少了，因此，不应将该经济利益的流出作为费用予以确认。

（二）费用的确认

费用的确认除了应当符合定义外，也应当满足严格的条件，即费用只有在经济利益很可能流出，从而导致企业资产减少或者负债增加或者两者兼而有之、经济利益的流出额能够可靠计量时才能予以确认。

此外，费用的确认应当以权责发生制为基础，凡属于本期发生的费用，不论其款项是否支付，均确认为本期费用；反之，不属于本期发生的费用，即使款项已在本期支付，也不确认为本期费用。通常，小企业的费用应当在发生时按照其发生额计入当期损益。

（三）费用的构成

《小企业会计准则》按照费用的功能对小企业的费用进行了分类，具体分为营业成本、营业税金及附加、销售费用、管理费用、财务费用等。

1. **营业成本**

营业成本是指小企业销售商品的成本和提供劳务的成本。

2. 营业税金及附加

营业税金及附加是指小企业开展日常生产经营活动应负担的消费税、城市维护建设税、资源税、土地增值税、城镇土地使用税、房产税、车船税、印花税和教育费附加、矿产资源补偿费、排污费等。

3. 销售费用

销售费用是指小企业在销售商品或提供劳务过程中发生的各项费用,包括销售人员的职工薪酬、商品维修费、运输费、装卸费、包装费、保险费、广告费、业务宣传费、展览费等费用。

4. 管理费用

管理费用是指小企业为组织和管理生产经营活动而发生的各项费用,包括小企业在筹建期间内发生的开办费、行政管理部门发生的费用(包括固定资产折旧费、水电费、管理人员的职工薪酬等)、修理费、办公费和聘请中介机构费、咨询费(含顾问费)、业务招待费、诉讼费、财产保险费、技术转让费、研究费用、相关长期待摊费用等。管理费用的受益对象是整个企业,而不是企业的某个部门。

5. 财务费用

财务费用是指小企业为筹集生产经营所需资金而发生的筹资费用,包括利息费用(减利息收入)、汇兑损失、银行相关手续费小企业给予的现金折扣(减享受的现金折扣)等费用等。

六、利润

(一)利润的含义与特征

利润,是指小企业在一定会计期间的经营成果。通常情况下,如果企业实现了利润,表明企业的所有者权益将增加,业绩得到了提升;反之,如果企业发生了亏损(即利润为负数),表明企业的所有者权益将减少,业绩下降。利润是评价企业管理层的指标之一,也是投资者等财务报告使用者进行决策时的重要参考。

利润包括收入减去费用后的净额、营业外收入和营业外支出等。

(二)利润的确认条件

利润反映收入减去费用、加营业外收入减去营业外支出的净额。利润的确认主要依赖于收入和费用以及营业外收入和营业外支出的确认,其金额的确定也主要取决于收入、费用、营业外收入和营业外支出的计量。

(三)利润的构成

利润包括营业利润、利润总额和净利润。

营业利润是指营业收入(主营业务收入与其他业务之和)减去营业成本(主营业务成本与其他业务成本之和)、营业税金及附加、销售费用、管理费用、财务费用,加上投资净收益(或减去投资损失)后的金额。

利润总额是指营业利润加上营业外收入,减去营业外支出后的金额。

净利润是指利润总额减去所得税后的金额。

第五节 小企业会计机构的设置

小企业应当根据会计业务的需要设置会计机构，或者在有关机构中设置会计人员并指定会计主管人员；不具备设置条件的，应当委托经批准设立从事会计代理记账业务的中介机构代理记账。对如何设置会计机构和安排会计人员，小企业可以根据本单位会计业务繁简情况予以决定。

一、设置独立的会计机构和会计人员

具有一定规模和业务量的小企业可以设置独立的会计机构，设置时要贯彻精简、高效、节约的原则，反对机构臃肿重叠，人浮于事。会计机构内部要根据实际需要定岗定编，确定合适的会计人员，以提高会计工作效率。同时，设置独立会计机构时要注意内部控制的要求，各会计人员之间，既要做到分工负责，又要相互牵制、相互监督，防止出现差错和舞弊。

二、不设置独立的会计机构，在有关机构中设置专职会计人员

如果一个企业的经营规模比较小，会计业务工作量也比较少，可以不设置独立的会计机构，在有关机构中设置会计人员并且指定会计主管人员。会计人员设置在哪个机构，根据小企业的管理要求和管理组织形式决定，有的设置在总务部门，有的设置在办公室等。

三、代理记账

为节约人力成本和提高核算质量，小企业可以选择委托代理记账机构代理记账。代理记账是指从事代理记账业务的社会中介机构接受委托人的委托办理会计业务。委托人，是指委托代理记账机构办理会计业务的单位。代理记账机构，是指从事代理记账业务的中介机构。

为贯彻落实国务院行政审批制度和商事制度改革的相关要求，切实转变政府职能，并进一步规范代理记账资格管理，加强事中事后监管，促进代理记账行业健康发展，中华人民共和国财政部（以下简称"财政部"）对《代理记账管理办法》（财政部令第 27 号，以下简称旧《办法》）进行了修订，以财政部令第 80 号发布了新的《代理记账管理办法》（以下简称新《办法》），并于 2016 年 5 月 1 日起施行。新《办法》与旧《办法》相比，主要在以下 4 个方面进行了修订：一是放宽市场准入门槛，简化资格申请要求；二是建立信用约束机制，主动接受社会监督；三是加强事中事后监管，加大违规处罚力度；四是加强行业自我约束，发挥行业组织作用。

《代理记账管理办法》从申请人、申请条件、变更登记、年度核查、委托双方的权利和义务等方面规范了代理记账机构的审批及其运行。

1. 代理记账机构的申请条件

设立代理记账机构，除国家法律、行政法规另有规定外，应当符合下列条件。

（1）拥有 3 名以上持有会计从业资格证书的专职从业人员。

（2）主管代理记账业务的负责人具有会计师以上专业技术职务资格。

（3）有固定的办公场所。

（4）有健全的代理记账业务规范和财务会计管理制度。

2. 代理记账机构业务范围

代理记账机构可以接受委托、受托办理委托人的下列业务。

（1）根据委托人提供的原始凭证和其他资料，按照国家统一的会计制度的规定进行会计核算，包括审核原始凭证、填制记账凭证、登记会计账簿、编制财务会计报告等。

（2）对外提供财务会计报告。代理记账机构为委托人编制的财务会计报告，经代理记账机构负责人和委托人签名并盖章后，按照有关法律、行政法规和国家统一的会计制度的规定对外提供。

（3）向税务机关提供税务资料。

（4）委托人委托的其他会计业务。

3. 代理记账机构与委托人的关系

（1）委托及受托程序。小企业委托代理记账机构代理记账，应当在相互协商的基础上，订立书面委托合同。委托合同除应具备法律规定的基本条款外，应当明确下列内容：委托人、受托人对会计资料真实性、完整性承担的责任；会计资料传递程序和签收手续；编制和提供财务会计报告的要求；会计档案的保管要求及相应的责任；委托人、受托人终止委托合同应当办理的会计交接事宜。

（2）小企业委托代理记账时应当履行的义务。对本单位发生的经济业务事项，应当填制或者取得符合国家统一的会计制度规定的原始凭证；应当配备专人负责日常的货币收支和保管；及时向代理记账机构提供真实、完整的原始资料和其他相关资料；对于代理记账机构退回的、要求按照国家统一的会计制度规定进行更正、补充的原始凭证，应当及时予以更正、补充。

（3）代理记账机构及其从业人员应当履行的义务。按照委托合同办理代理记账业务，遵循有关法律、行政法规和国家统一的会计制度的规定；对在执行业务中知悉的商业秘密应当保密；对委托人示意其做出不恰当的会计处理，提供不真实的会计资料，以及其他不符合法律、行政法规和国家统一的会计制度规定的要求，应当拒绝；对委托人提出的有关会计处理原则问题应当予以解释。

习题精练

一、单选题

1. 下列企业，可以执行《小企业会计准则》的是（　　）。

　　A. 在中华人民共和国境内依法设立的制造企业，从业人员 30 人，年营业收入 500 万元

　　B. 股票或债券在市场上公开交易的小企业

　　C. 金融机构或其他具有金融性质的小企业

　　D. 具备小企业条件的企业集团内的子公司

2. 确立小企业会计核算范围所依据的会计基本假设是（　　　　）。

    A．会计主体　　　　B．持续经营　　　　　C．会计分期　　　　D．货币计量

3. 下列项目中，不属于流动负债的是（　　　　）。

    A．其他应付款　　　B．长期借款　　　　　C．应付股利　　　　D．应付票据

4. 下列项目中，属于资产项目的是（　　　　）。

    A．预付账款　　　　B．预收账款　　　　　C．资本公积　　　　D．应付账款

5. 下列项目中，不属于无形资产的有（　　　　）。

    A．专利权　　　　　B．土地使用权　　　　C．商誉　　　　　　D．非专利技术

二、多选题

1. 下列各项中，属于小企业会计的基本假设的有（　　　　）。

    A．会计主体　　　　B．持续经营　　　　　C．会计分期　　　　D．货币计量

2. 下列各项中，不属于留存收益的有（　　　　）。

    A．净利润　　　　　B．资本公积　　　　　C．盈余公积　　　　D．实收资本

3. 下列各项中，属于所有者权益的有（　　　　）。

    A．营业外收入　　　B．实收资本　　　　　C．盈余公积　　　　D．主营业务收入

4. 下列项目中，属于企业流动资产的有（　　　　）。

    A．现金和银行存款　　　　　　　　　　　B．预收账款

    C．应收账款　　　　　　　　　　　　　　D．存货

5. 下列项目中，属于长期负债的有（　　　　）。

    A．固定资产　　　　B．应付利润　　　　　C．长期借款　　　　D．长期应付款

三、计算分析题

某小企业被认定为增值税一般纳税人，20×6年6月发生以下业务（售价均为不含税价格）：

（1）销售商品100件，总售价60 000元，货款已收；

（2）预收货款30 000元，商品下月交付；

（3）预付下季度仓库租金6 000元；

（4）出售商品50件，总售价35 000元，货款将于下月收到；

（5）支付本月水电费22 500元；

（6）3月已预付第二季度的财产保险费27 000元。

要求：分别采用权责发生制和收付实现制计算该企业6月净损益。

【学习目标】

了解企业资金筹集的方式、投入资本与负债筹资的主要区别；

理解投入资本的概念、短期借款及长期借款的区别；

掌握投入资本及借入款项的会计核算、资金筹集业务的税收规定。

一个企业的生存和发展，离不开资产要素的存在，资产是企业进行生产经营活动的物质基础。对于任何一个企业，其资产形成的资金来源主要有两个渠道：一是接受投资人的投资及其增值，形成投资人的权益，该部分业务可以称为所有者权益资金筹集业务；二是向债权人借入的资金，形成债权人的权益，该部分业务可以称为负债资金筹集业务。负债资金筹集主要是银行借款，另外还有民间借贷。投资者将资金投入企业进而对企业资产所形成的要求权为企业的所有者权益，债权人将资金借给企业进而对企业资产所形成的要求权为企业的负债。所谓所有者权益是指企业资产扣除负债后由所有者享有的剩余权益，所有者权益又称为股东权益。在会计上，虽然将债权人的要求权和投资人的要求权统称为权益，但由于两者存在着本质上的区别，因而这两种权益的会计处理也必然有着显著的差异。

第一节 投入资本

设立公司，应当依法向公司登记机关申请设立登记。符合《中华人民共和国公司法》（以下简称《公司法》）规定的设立条件的，由公司登记机关分别登记为有限责任公司或者股份有限公司。依法设立的公司，由公司登记机关发给公司营业执照。根据 2014 年修订的《公司法》第二十六条规定，有限责任公司的注册资本为在公司登记机关登记的全体股东认缴的出资额。相比修订前的《公司法》，本次修订内容之一是将注册资本实缴登记制改为认缴登记制。即新《公司法》施行后，公司股东可以自主约定认缴出资额、出资方式、出资期限等，并记载于公司的章程中。实缴制是指企业营业执照上的注册资本是多少，该公司的银行验资账户上就必须有相应数额的资金。认缴制则是工商部门只登记公司认缴的注册资本总额，无须登记实收资本，不再收取验资证明文件。有限责任公司的股东以其认缴的出资额为限对公司承担责任；股份有限公司的股东以其认购的股份为限对公司承担责任。

一、投入资本的含义

投入资本是投资人提供给公司的资本，投资者设立企业首先必须投入资本。根据《公司法》的规定，股东可以用货币资金出资，也可以用实物、知识产权、土地使用权等可以用货币估价并可以依法转让的非货币财产作价出资，法律、行政法规规定不得作为出资的财产除外。对作为出资的非货币财产应当经评估机构评估作价，核实财产，不得高估或者低估作价。股东以货币资金出资的，应当将货币出资足额存入公司指定的开户银行；以非货币财产出资的，需要办理产权转移手续的，应当依法办理。在货币出资方式上，新《公司法》删除了原"全体股东的货币出资金额不得低于有限责任公司注册资本的百分之三十"的限制，具体比例完全由各股东在公司章程中进行限定。投入资本一般情况下无须偿还，企业可以长期周转使用。

投入资本由实收资本和资本公积两部分构成。根据新《公司法》的规定，实收资本是投资者按照合同协议约定或相关规定实际投入到小企业的资金。公司股东认缴出资额但还未实际投入企业的资金不进行核算。实收资本的构成比例表明所有者对小企业的基本产权关系，是小企业向投资者分配利润的主要依据，同时还是企业清算时确定所有者对净资产要求权的依据。股东按照公司章程在规定期限内足额缴纳认缴出资额后，实收资本与注册资本相等。实收资本是企业的股东或投资人向企业投入的股金，是企业最初的资金来源，也是一个企业维持正常的经营活动、以本求利、以本负亏的最基本的条件和保障，是企业独立承担民事责任的资金保证。它反映了企业的不同所有者通过投资而投入企业的外部资金来源，这部分资金是企业进行经营活动的原动力，正是有了这部分资金的投入，才有了企业的存在和发展。资本金是企业的永久性资金，在企业存续期间不必归还，股东一般不得要求企业退还其股金。除了符合规定条件的增资和减资之外，企业的实收资本一般不得随意变动。

资本公积是小企业收到投资者出资额超出其在注册资本或股本中所占份额的部分。

二、投入资本的核算

（一）科目设置

为了反映投资者投入资本的情况，各类小企业应设置"实收资本"科目，明确记录投资者实缴的出资额，反映各投资者对小企业享有的权利与承担的义务。科目的贷方登记实收资本的增加数，借方登记实收资本的减少数，期末余额在贷方，反映小企业期末实收资本的实有数额。该科目按投资者设置明细科目进行分类核算。

为了反映投资者投入资本的溢价情况，小企业还应设置"资本公积"科目，科目贷方登记小企业收到投资者出资额超出其在注册资本或股本中所占份额的部分，借方登记资本公积转增实收资本金额，期末余额在贷方，反映小企业接受投资形成的资本溢价金额。

（二）公司设立时接受投资的核算

小企业收到各方投资者投入资本金的入账价值的确定是实收资本核算中比较重要的问题。总体来说，投入资本是按照实际收到的投资额入账，对于收到的是货币资金投资的，应以实际收到的货币资金额入账，对于收到的是实物等其他形式投资的，应以投资各方确认的价值入账。对于实际收到的货币资金额或投资各方确认的资产价值超过其注册资本中所占的份额部分，作为资本溢价，计入资本公积金。

投资者投入资本的形式有多种，如投资者可以用现金投资，也可以用非现金资产投资。投资资产的形式不同，其会计核算也略有不同。

（1）小企业设立时接受现金资产投资，由于不存在资产估价问题，也不存在资本溢价问题，应当根据银行缴款单，以实际收到的金额，借记"银行存款"，贷记"实收资本"科目。

【例 2-1】先导电子科技有限公司（以下简称先导公司）于 20×6 年 1 月 1 日设立，设立时股东李兴华出资 500 000 元，已经存入公司开户银行。

先导公司应根据银行的缴款单编制如下会计分录：

借：银行存款	500 000
贷：实收资本——李兴华	500 000

（2）小企业在设立时接受非现金资产投资，也不存在资本溢价问题，因此，小企业在设立时收到投资者以非现金资产投入的资本时，应按投资合同或协议约定的价值（合同或协议约定价值不公允的除外）入账，借记有关资产科目，同时贷记"实收资本"科目。

具体来讲，小企业如接受投资者以其存货进行投资时，投资者应向被投资单位（即新设小企业）开具增值税专用发票，小企业收到投资者开具的增值税专用发票时，按发票上的价款借记"原材料""库存商品"等科目，按增值税专用发票上注明的增值税额，借记"应交税费——应交增值税（进项税额）"科目，按价税合计金额贷记"实收资本"科目。如果在接受投资过程中发生其他相关费用的，计入存货成本。

【例2-2】先导公司于20×6年1月1日设立，设立时法人股东思德科科技有限公司以一批原材料投资，双方签订了投资合同，合同注明原材料价值200 000元，增值税34 000元，思德科公司开具了相应的增值税专用发票。先导公司已收到了原材料和增值税专用发票，并办理了材料入库手续。

先导公司根据材料入库单及增值税专用发票，编制如下会计分录：

    借：原材料   200 000
        应交税费——应交增值税（进项税额）   34 000
        贷：实收资本   234 000

小企业接受投资者以其房屋建筑物、机器设备等固定资产进行的投资，在办理实物产权转移手续后，应按投资合同或协议约定的价值作为资产的入账价值，借记"固定资产""应交税费——应交增值税（进项税额）"科目，同时贷记"实收资本"科目。

小企业接受无形资产投资，应按照有关规定，在收到移交的有关凭证时，按投资合同或协议约定的价值，借记"无形资产""应交税费——应交增值税（进项税额）"科目，同时贷记"实收资本"科目。

接受股东实物（通常为房屋、设备）出资，应按照出资协议确认的价值作为出资额，根据增值税专用发票、投资合同一般编制如下会计分录：

    借：固定资产——名称
        应交税费——应交增值税（进项税额）
        贷：实收资本——股东名称

 【小贴士】

　　企业接受股东存货、固定资产等实物资产投资时，投资合同需要约定实物资产的入账价值，关键是投资方需要开具增值税专用发票，否则，接受投资方无法抵扣增值税进项税额。因新设立的企业需要向税务机关申请认定为增值税一般纳税人，因此，建议投资方待被投资方认定为增值税一般纳税人后再移交实物和开具增值税专用发票。

【例2-3】先导公司接受A公司以5台机床出资，双方签订的出资协议确认5台机床的价值为60 000元，A公司开具了税率为17%的增值税专用发票，并已经交付了机床。合同约定全部为实收资本。

先导公司根据投资合同、增值税专用发票、固定资产入库单编制如下会计分录：

借：固定资产——机床   60 000

  应交税费——应交增值税（进项税额） 10 200

  贷：实收资本——A公司   70 200

三、资本增减变动的核算

（一）实收资本增加的核算

通常，小企业增加实收资本的途径主要有3种。

（1）将资本公积转为实收资本。资本公积是投资者或者他人投入企业、所有权归属投资者并且金额上超过法定资本部分的资本，是企业所有者权益的重要组成部分。资本公积从本质上讲属于投入资本的范畴，其形成的主要原因是由于我国采用注册资本制度，限于法律的规定而无法将资本公积直接以实收资本的名义出现。因而，资本公积从其本质上看是一种准资本，它是资本的一种储备形式。但是，资本公积与实收资本又有一定的区别，实收资本是公司所有者为谋求价值增值而对公司的一种原始投入，从法律上讲属于公司的法定资本，而资本公积可以来源于投资者的额外投入，也可以来源于除投资者以外的其他企业或个人。可以说，实收资本无论在来源还是在金额上，都有着比较严格的限制，而不同来源形成的资本公积金却归所有投资者共同享有。

企业在经营过程中出于种种考虑，诸如增加资本的流动性，改变公司所有者投入资本的结构，体现公司稳健、持续发展的潜力等，对于形成的资本公积金可以按照规定的用途予以使用。资本公积的主要用途就在于转增资本，即在办理增资手续后用资本公积转增实收资本，按所有者原有投资比例增加投资人的实收资本。资本公积转增资本时，按转增的金额借记"资本公积"科目，贷记"实收资本"科目。

（2）将盈余公积转为实收资本。在账务处理上，借记"盈余公积"科目，贷记"实收资本"科目。资本公积和盈余公积均属所有者权益，转为实收资本时，如为独资小企业，直接结转即可；如为有限责任公司，应按股东原持股份同比例增加各股东的股权，股东之间另有约定的除外。

需要说明的是，《公司法》规定，法定公积金转为实收资本，留存的此项公积金不得少于转增前公司注册资本的25%。

（3）所有者（包括小企业原所有者和新投资者）投入。此种情况下，由于公司经过多年经营，积累了一定的盈余公积，新股东加入后要与老股东同股同权，必须出缴较多的股金，才能享受公司以前的积累。因此，新股东的出资额会大于其在公司享有的股份金额，两者差额计入资本公积。小企业应在收到投资者投入的出资时，借记"银行存款"等科目，按投资合同中约定的占注册资本的份额贷记"实收资本"科目，按其差额贷记"资本公积"科目。

【例2-4】先导公司因扩大经营规模，吸收新股东周明货币出资150 000元，按投资协议，周明投入的资金中只能增加实收资本100 000元，出资已存入本公司的开户银行，并办理了增资手续。

先导公司根据银行收款凭证、投资合同编制如下会计分录：

借：银行存款   150 000

　　贷：实收资本——周明   100 000

　　　　资本公积——资本溢价   50 000

【例2-5】 L公司为了扩大经营规模，经批准，公司注册资本增加200万元，通过吸收新投资者实现。新的投资者投入现金100万元以及专用设备一台，设备经评估确定的价值为200万元，增值税额为34万元。

L公司根据银行收款凭证、增值税专发票、固定资产验收单、投资合同编制如下会计分录：

借：银行存款   1 000 000

　　固定资产   2 000 000

　　应交税费——应交增值税（进项税额）   340 000

　　贷：实收资本   2 000 000

　　　　资本公积——资本溢价   1 340 000

（二）实收资本减少的核算

一般情况下，小企业的实收资本不能随意减少，尤其是法律禁止投资者在企业成立后，从企业抽逃出资。但是，个别情况下可以依法减资。小企业实收资本减少的原因主要有两种：第一种，资本过剩；第二种，小企业发生亏损，短期内无力弥补而需要减少实收资本。

减少应符合相关条件：

（1）事先通知所有债权人，债权人无异议方可允许减资；

（2）经股东会议同意，并经有关部门批准。

其账务处理一般为：按照减少的金额，借记"实收资本"科目，贷记"银行存款"等科目。

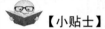 **【小贴士】**

一般小企业实际收到投资者投入的资本通过"实收资本"科目核算，如果是股份制小企业，股东认购的股份通过"股本"科目核算。

第二节　借入款项

企业的资金筹集方式除投资者投入资本外，还可以从银行或其他金融机构借入款项。除向银行或其他金融机构取得贷款外，小企业因其特殊性，很多小企业向银行或其他金融机构融资比较困难，在这情况下，小企业还会向个人或其他企业借入款项，这种借贷行为即为民间借贷。目前民间借贷已成为小企业融资的常见方式之一。

一、从银行或其他金融机构借入的款项

企业从银行或其他金融机构借入的款项，按其偿还时间的长短分为短期借款和长期借款。借款

时间短于 1 年的（含 1 年）为短期借款，长于 1 年的为长期借款。

（一）短期借款

1. 短期借款的含义

短期借款是指企业为了满足日常生产经营活动对资金的临时需要而向银行或其他金融机构等借入的偿还期限在 1 年以内（含 1 年）的各种借款。一般情况下，企业取得短期借款是为了维持正常的生产经营活动所需要的资金或者为了抵偿某项债务而借入的。企业取得各种短期借款时，应遵守银行或其他金融机构的有关规定，根据企业的借款计划及确定的担保形式，经贷款单位审批订立借款合同后方可取得借款。

2. 短期借款的核算

短期借款的会计核算主要涉及 3 个方面：第一，取得短期借款的核算；第二，短期借款利息的核算；第三，归还短期借款本金的核算。

为了核算短期借款业务，小企业应当设置"短期借款"科目。该科目属于负债类科目，贷方登记借入的各种短期借款，借方登记企业归还的短期借款数额，期末余额在贷方，表示企业尚未归还的短期借款。"短期借款"科目应按照借款种类、贷款人和币种进行明细核算。

企业从银行或其他金融机构等借入的各种短期借款，在取得借款的凭证后，按实际借款金额入账，借记"银行存款"科目，贷记"短期借款"科目。

短期借款的利息支出属于企业在理财活动过程中为筹集资金而发生的一项耗费，在会计核算中，企业应将其作为期间费用（财务费用）加以确认。由于短期借款利息的支付方式和支付时间不同，会计处理的方法也有一定的区别：如果银行对企业的短期借款按月计收利息，或者虽然在借款到期收回本金时一并收回利息，但利息数额不大，企业可以在收到银行的计息通知或在实际支付利息时，直接将发生的利息费用计入当期损益（财务费用）；如果银行对企业的短期借款采取按季或半年等较长期间计收利息，或者是在借款到期收回本金时一并收回利息且利息数额较大的，为了正确地计算各期损益额，保持各个期间损益额的均衡性，则通常按权责发生制核算基础的要求，采取计提的方法按月计提借款利息，计入期间费用（财务费用），待季度或半年等结息期终了或到期支付利息时，再冲销计提费用。短期借款利息的计算公式为：

短期借款利息=借款本金×利率×时间

由于按照权责发生制核算基础的要求，应于每月确认当月的利息费用。因为这里的"时间"是 1 个月，利息往往都是年利率，所以应将其转化为月利率，方可计算出 1 个月的利息额（年利率除以 12 即为月利率）。如果在月内的某一天取得的借款，以该日作为计息的起点时间，对于借款当月和还款月则应按实际经历天数计算（不足整月），此时应将月利率转化为日利率。在将月利率转化为日利率时，为简化起见，1 个月一般按照 30 天计算，一年按 360 天计算。

到期偿还借款本金时，借记"短期借款"科目，贷记"银行存款"科目。

（1）取得借款的核算。

【例 2-6】先导电子科技有限公司于 20×6 年 2 月 1 日向中国工商银行某支行借入半年期、年利率 6%的借款 200 000 元。借款合同利息每月月底支付，最后一期利息与本金一起支付。先导公司已收到银行借款本金。

先导公司应根据银行收款凭证及借款合同编制如下会计分录：

借：银行存款   200 000

贷：短期借款   200 000

（2）支付利息的核算。实务中，每月结算的借款利息，银行会主动从企业存款账户中扣回，企业根据银行转来的贷款利息通知单进行账务处理。短期借款利息为筹资费用，应计入财务费用科目。企业收到银行的付息凭证后，按实际支付的金额借记"财务费用"科目，贷记"银行存款"科目。

【例 2-7】承【例 2-6】，2 月底先导公司收到当月银行贷款利息付款单，利息金额为 1 000 元（200 000×6%÷12）。

先导公司根据银行的付息凭证编制如下会计分录：

借：财务费用   1 000

贷：银行存款   1 000

如果合同约定利息是按季支付，则每月应按借款本金和月利率计提当月应付利息，季满后支付利息。

 【小贴士】

实务中，借款利息不需要企业每月计算，因在借款合同中已经按贷款利率计算后写明了每月偿还利息金额，企业每月只需要根据银行付款凭证编制记账即可。

【例 2-8】如果【例 2-7】公司的借款利息是按季支付，则每月应计提利息。

月应付利息=200 000 元×6%÷12=1 000（元）

2 月底先导公司根据借款合同及利息计算单编制如下会计分录：

借：财务费用   1 000

贷：应付利息   1 000

3 月底编制同样的会计分录。

4 月底支付利息后，根据银行的付息凭证编制如下会计分录：

借：应付利息   2 000

财务费用   1 000

贷：银行存款   3 000

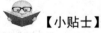 【小贴士】

实务中，这种按季度偿还借款利息的情况极少，按月偿还利息的情况比较常见。

（3）偿还本金的核算。借款到期后，根据银行转来的还款凭证，转销"短期借款"科目。

【例 2-9】承【例 2-8】，20×6 年 8 月 2 日借款到期，企业偿还借款本金 200 000 元。

先导公司根据银行的付款凭证编制如下会计分录：

借：短期借款   200 000

　　贷：银行存款   200 000

（二）长期借款

1. 长期借款的含义

长期借款是企业向银行及其他金融机构借入的偿还限期在 1 年以上的各种借款，既包括人民币借款，也包括外币借款。其债权不仅包括银行，还包括其他金融机构，如小额放贷公司等。

2. 长期借款的会计核算

长期借款的会计核算跟短期借款的核算一样，主要涉及 3 个方面：第一，取得长期借款的核算；第二，长期借款利息的核算；第三，归还长期借款本金的核算。虽然两者的会计核算大体内容相似，但也不完全相同，主要体现在利息费用的处理上。因为一般来说，企业举债长期借款，主要是为了增添大型机器设备、购置地产、增添或补充厂房，也就是为了扩充经营规模而增加各种长期耐用的固定资产的需要。因此，长期借款的利息费用可能会涉及资本化的问题，即将专门用于长期资产构建如固定资产的长期借款利息在资产建造期间计入资产的成本，即利息费用资本化。

（1）为了核算长期借款业务，小企业应当设置"长期借款"科目。该科目属于负债类科目，贷方登记借入的各种长期借款，借方登记企业归还的长期借款数额，期末余额在贷方，表示企业尚未偿还的长期借款的本金。"长期借款"科目应按照借款种类、贷款人和币种进行明细核算。

（2）关于长期借款利息费用的处理，在《小企业会计准则》中，不采用实际利率法计算利息，一律按照合同约定的名义利率进行计算，并且按照借款本金和借款合同利率在应付利息日计提利息费用。按照权责发生制核算基础的要求，按期计算提取计入所构建资产的成本（即予以资本化）或直接计入计算当期损益（财务费用）。具体来说，就是在该长期借款所进行的长期工程项目完工之前发生的利息，应将其资本化，计入该工程成本；在工程完工达到可使用状态之后产生的利息支出，应停止借款费用资本化而予以费用化，在利息费用发生的当期直接计入当期损益（财务费用）。

（3）取得长期借款时，按实际收到的金额，借记"银行存款"科目，贷记"长期借款"科目。在应付利息日，按照借款本金和借款合同利率计算的利息费用，借记"财务费用""在建工程"等科目，贷记"应付利息"科目。到期偿还本金时，借记"长期借款"科目，贷记"银行存款"科目。

【例 2-10】先导公司为扩建厂房，20×6 年 3 月 5 日与江苏银行某支行签订借款合同，向银行借入期限为 2 年的长期借款 2 000 000 元，合同约定，借款利率为 8%，借款付息按月支付，期满后一次归还本金，款项在 20×6 年 3 月 15 日转入先导公司的银行账户，该厂房于同日开始扩建，于 20×6 年 11 月完工，达到预计使用状态。

根据以上资料，先导公司的会计处理如下：

① 20×6 年 3 月 15 日取得借款时，先导公司根据银行的收款通知、借款合同编制如下会计分录：

借：银行存款   2 000 000

　　贷：长期借款   2 000 000

② 3 月底支付利息时，根据银行的付息凭证，编制如下会计分录：

3 月的利息费用=2 000 000×8%÷12÷2=6 666.67（元）

借：在建工程 　　　　　　　　　　　　　　　　6 666.67

　　贷：银行存款 　　　　　　　　　　　　　　　　6 666.67

③ 4 月底支付利息时，根据银行的付息凭证，编制如下会计分录：

4 月的利息费用=2 000 000×8%÷12=13 333.33（元）

借：在建工程 　　　　　　　　　　　　　　　　13 333.33

　　贷：银行存款 　　　　　　　　　　　　　　　　13 333.33

20×6 年 5～11 月及每月底支付利息时编制与 4 月底相同的会计分录。

④ 20×6 年 12 月支付利息时，根据银行的付息凭证，编制如下会计分录：

借：财务费用 　　　　　　　　　　　　　　　　13 333.33

　　贷：银行存款 　　　　　　　　　　　　　　　　13 333.33

【小贴士】

因厂房于 20×6 年 11 月已扩建完工，因此自 20×6 年 12 月开始借款利息费用不得继续资本化，只能费用化，计入财务费用。

20×7 年 1～12 月及 20×8 年 1～2 月每月月底支付利息时编制与 20×6 年 12 月底支付利息相同的会计分录。

⑤ 20×8 年 3 月 15 日借款到期，偿还本金及最后半月的利息，根据银行付款凭证，编制如下会计分录：

借：长期借款 　　　　　　　　　　　　　　　　2 000 000

　　财务费用 　　　　　　　　　　　　　　　　6 666.67

　　贷：银行存款 　　　　　　　　　　　　　　　　2 006 666.67

【小贴士】

借款到期时，20×8 年 3 月只有 15 天，只需支付半个月的利息费用。

二、民间借款

（一）民间借款的含义

企业有时因资金周转困难，无力支付日常开支，又无法得到银行借款，在这种情况下，企业会向个人或其他企业借入款项，这种自然人、法人、其他组织之间及其相互之间，而非经金融监管部门批准设立的从事贷款业务的金融机构及其分支机构进行资金融通的行为就是民间借贷，这也是企业筹集资金的一种渠道，尤其是中小企业。

（二）民间借款的核算

为核算民间借款，应设置"其他应付款"科目，该科目属于负债类科目，贷方登记取得的民间借款，借方登记归还的借款，期末余额一般在贷方，表示尚未归还的民间借款金额。

取得借款时，根据实际取得的借款金额，借记"库存现金""银行存款"科目，贷记"其他应付款"科目。

【例 2-11】先导公司 20×6 年 4 月 1 日因资金周转困难向公司老总钱江个人借入现金 100 000元，签订借款合同约定借款期限 3 个月，月利息 2 000 元，到期与本金一起支付。

取得借款时，根据收款收据编制如下会计分录：

　　　借：库存现金　　　　　　　　　　　　　　　　　　　　100 000

　　　　　贷：其他应付款——钱江　　　　　　　　　　　　　　100 000

4 月底计提利息时，根据利息计算单及借款合同编制如下：

　　　借：财务费用　　　　　　　　　　　　　　　　　　　　　2 000

　　　　　贷：应付利息　　　　　　　　　　　　　　　　　　　　2 000

5 月底、6 月底编制相同的会计分录。

20×6 年 7 月 1 日到期偿还本金及利息。

　　　借：其他应付款　　　　　　　　　　　　　　　　　　　100 000

　　　　应付利息　　　　　　　　　　　　　　　　　　　　　6 000

　　　　　贷：库存现金　　　　　　　　　　　　　　　　　　106 000

【小贴士】

　　目前会计准则并未对民间借贷的核算做具体规定，但实务中这种借贷行为确实非常普遍，其会计核算是避免不了的。因此，根据目前准则对从银行或其他金融机构借款项的核算的规定，推定出以上会计核算。以后随着准则的完善，关于民间借贷的会计核算也可能需要调整。

第三节
资金筹集业务涉税规定

一、小企业涉及的税种

按照我国现行税法体系，小企业涉及的税种分为流转税、所得税、财产行为税、资源税和特定目的税五大类 17 个税种，具体的类别和税种如表 2-1 所示。

表 2-1　　　　　　　　　　　　　　小企业涉及的税种一览表

主体税	流转税类（间接税）	增值税、消费税、关税
	所得税类（直接税）	企业所得税、个人所得税
非主体税	财产和行为税类	房产税、车船税、印花税、契税
	资源税类	资源税、土地增值税、城镇土地使用税
	特定目的税类	筵席税、城市维护建设税、车辆购置税、耕地占用税、烟叶税

企业成立后，需要按照《增值税一般纳税人资格认定管理办法》（2010 年国家税务总局令第 22 号）规定的条件和程序申请增值税一般纳税人资格，自认定机关认定为一般纳税人的次月起，按照《中华人民共和国增值税暂行条例》第四条的规定计算应纳税额，并按照规定领购、使用增值税专用发票。

二、投入资本的涉税规定

（一）投入非货币资金的增值税涉税规定

企业新设立时，股东以货物（包括存货、固定资产）进行出资时，需要向被投资企业移交货物并开具增值税专用发票，但由于新设立的企业需要按规定的条件和程序申请增值税一般纳税人资格，如果在被投资企业申请认定为增值税一般纳税人之前开具增值税专用发票，其进项税额不得抵扣，未来销售转让这类货物时还必须按照货物适用的税率计算销项税额，税负较重。因此，建议对于这类资产的投资，应当在被投资企业认定为一般纳税人的次月再进行移交和开具发票。

【例 2-12】先导公司设立时收到 B 公司作为资本投入的原材料一批，该批原材料的评估价值为 100 000 元，增值税进项税额为 17 000 元，不考虑其他因素，原材料按照实际成本进行日常核算。

先导公司应根据增值税专用发票、投资合同、原材料入库单编制会计分录如下：

借：原材料　　　　　　　　　　　　　　　　　　　　1 000 000

　　应交税费——应交增值税（进项税额）　　　　　　　17 000

　　贷：实收资本——B 公司　　　　　　　　　　　　　　117 000

【例 2-13】先导公司设立时收到乙公司作为资本投入的不需要安装的机器设备一台，合同约定该机器设备的价值为 2 000 000 元，增值税进项税额为 340 000 元。合同约定的固定资产价值与公允价值相符，不考虑其他因素。

先导公司应根据增值税专用发票、投资合同、固定资产验收单编制会计分录如下：

借：固定资产　　　　　　　　　　　　　　　　　　　2 000 000

　　应交税费——应交增值税（进项税额）　　　　　　　340 000

　　贷：实收资本——乙公司　　　　　　　　　　　　　2 340 000

（二）投入资本的所得税涉税规定

1. 投入固定资产的涉税规定

对于股东投入的已使用过的固定资产，小企业在确认折旧年限时，可以适当低于税法规定的最低折旧年限，但不得低于最低折旧年限减去股东已使用年限后的剩余年限，并且不得低于 2 年。

股东投入固定资产发生评估增值的，股东应就增值部分确认为当期所得缴纳企业所得税，小企业按照评估价值入账资产，并在未来年度计提折旧或摊销税前扣除。

2. 投入的知识产权涉税处理

依据《财政部、国家税务总局关于股权转让有关营业税问题的通知》（财税〔2002〕191 号）的规定，以无形资产、不动产投资入股，参与接受投资方利润分配，共同承担投资风险的行为，不征收营业税。

因此，股东以知识产权和不动产投资入股，不是经营活动，不得开具发票，作为小企业属于客观上无法取得发票的情形，可以入账计算相应摊销。但是，小企业的税务机关为了核实投资行为的真实性和投资金额的合理性，一般要求提供全体股东认可的证据，否则不允许在企业所得税前扣除相应的摊销。

对于股东投入的知识产权，如果存在法律规定的使用年限，按照剩余年限计算摊销；不存在法律规定的使用年限的，按照不低于 10 年摊销。

对于股东投入的土地使用权，应当按照土地使用证载明的剩余年限计算摊销，与被投资企业的公司章程约定的企业经营期限无关。对于股东投入的房屋，一般情况下按照不低于 20 年计算折旧。但如果对应的土地使用权剩余年限低于 20 年的，可以按照土地使用证载明的剩余年限计算折旧。

3．投入资本涉及的其他纳税义务

（1）印花税涉税规定。《中华人民共和国印花税暂行条例》（国务院令〔1988〕第 11 号）规定，下列凭证为应纳税凭证：①购销、加工承揽、建设工程承包、财产租赁、货物运输、仓储保管、借款、财产保险、技术合同或者具有合同性质的凭证；②产权转移书据；③营业账簿；④权利、许可证照；⑤经财政部确定征税的其他凭证。

小企业的营业账簿有两类：记载资金的账簿和其他账簿。记载资金的账簿，是指记载公司资本金增减变动的账簿，包括实收资本（股本）和资本公积的金额，现行规定按它们合计数的万分之五缴纳印花税（国税发〔1994〕第 25 号）。除了记载资金的账簿外，其他账簿在启用时按件（本）贴印花税票（以下简称贴花），每件 5 元。

权利、许可证照，主要有工商营业执照、税务登记证等，在领受时按件贴花，每件 5 元。

无论何种投资方式：投资合同不在印花税列举范围之内，无须缴纳印花税。

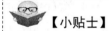

【小贴士】

先导公司 20×6 年 1 月 1 日设立，共收到投资人投入的货币及非货币资本 760 000 元，则先导公司在 20×6 年 2 月上旬申报纳税期限内申报纳税时，对投入资本应纳多少印花税？

按规定，应申报的印花税额=760 000×0.5‰=380（元）。

（2）契税的涉税规定。《中华人民共和国契税暂行条例》（国务院令〔1997〕第 224 号）规定，在中华人民共和国境内转移土地、房屋权属，承受的单位和个人为契税的纳税人，应当依照本条例的规定缴纳契税，契税税率为 3%～5%。

当股东以不动产、土地使用权等投资，不动产、土地使用权过户到小企业时，小企业应缴纳契税。

三、资本变动的涉税规定

（一）资本公积转增资本的涉税规定

1．企业所得税涉税规定

《国家税务总局关于贯彻落实企业所得税法若干税收问题的通知》（国税函〔2010〕79 号）规定，

企业权益性投资取得股息、红利等收入，应以被投资企业股东会或股东大会做出利润分配或转股决定的日期来确定收入的实现。被投资企业将股权（票）溢价所形成的资本公积转为股本的，不作为投资方企业的股息、红利收入，投资方企业也不得增加该项长期投资的计税基础。资本溢价或股本溢价形成的资本公积转增资本，免缴企业所得税。

2. 个人所得税的涉税规定

（1）《国家税务总局关于股份制企业转增股本和派发红股征免个人所得税的通知》（国税发〔1997〕198 号）规定，股份制企业用资本公积金转增股本不属于股息、红利性质的分配，对个人取得的转增股本数额，不作为个人所得，不征收个人所得税。

（2）《国家税务总局关于原城市信用社在转制为城市合作银行过程中个人股增值所得应纳个人所得税的批复》（国税函〔1998〕289 号）规定，国税发〔1997〕198 号中所表述的"资本公积金"是指股份制企业股票溢价发行收入所形成的资本公积金。将此转增股本由个人取得的数额，不作为应税所得征收个人所得税。而与此不相符合的其他资本公积金分配个人所得部分，应当依法征收个人所得税。

（3）根据《公司法》的规定，我国的股份制企业包括股份有限公司和有限责任公司两种组织形式。

（二）盈余公积转增资本的涉税规定

1. 企业所得税的规定

公司将从税后利润中提取的法定公积金和任意公积金转增注册资本，实际上是该公司将盈余公积金向股东分配了股息、红利，股东再以分得的股息、红利增加注册资本。

《中华人民共和国企业所得税法》第二十六条规定："企业的下列收入为免征收入：（一）国债利息收入；（二）符合条件的居民企业之间的股息、红利等权益性投资收益……"《企业所得税法实施条例》第三十八条规定："企业所得税法第二十六条第（二）项所称符合条件的居民企业之间的股息、红利等权益性投资收益，是指居民企业直接投资于其他居民企业取得的投资收益。企业所得税法第二十六条第（二）项和第（三）项所称股息、红利等权益性投资收益，不包括连续持有居民企业公开发行并上市流通的股票不足 12 个月取得的投资收益。"

因此，如果股东为法人或公司，被投资企业的盈余公积转增资本时，法人股东按照投资比例增加的部分注册资本时免征企业所得税。

2. 个人所得税的规定

《国家税务总局关于股份制企业转增股本和派发红股征免个人所得税的通知》（国税发〔1997〕198 号）规定：股份制企业用盈余公积金派发红股属于股息、红利性质的分配，对个人取得的红股数额，应按照 20% 的税率征收个人所得税。

《国家税务总局关于盈余公积金转增注册资本征收个人所得税问题的批复》（国税函〔1998〕333 号），公司将从税后利润中提取的法定公积金和任意公积金转增注册资本，实际上是该公司将盈余公积金向股东分配了股息、红利，股东再以分得的股息、红利增加注册资本。因此，对属于个人股东分得并再投入公司（转增注册资本）的部分应按照"利息、股息、红利所得"项目征收个人所得税。

《国家税务总局关于进一步加强高收入者个人所得税征收管理的通知》（国税发〔2010〕54 号）规定，加强企业转增注册资本和股本管理，对以未分配利润、盈余公积和股票溢价发行外的其他资本共计转增注册资本和股本的，要按照"利息、股息、红利所得"项目，依据现行政策规定计征个人所得税。

【例 2-14】N 公司由甲、乙、丙 3 个自然人投资设立，投资比例为 5∶3∶2。为了扩大资本总额，决定用企业盈余公积金 600 000 元和资本公积金 300 000 元转增资本。

N 公司接受投资时，账务处理如下：

借：盈余公积——法定盈余公积   600 000
    资本公积——资本溢价   300 000
    贷：实收资本——甲   450 000
           ——乙   270 000
           ——丙   180 000

根据国税发〔1997〕198 号文件规定，股份制企业用资本公积金转增资本不属于股息、红利性质的分配，对个人取得的转增股本数额，不作为个人所得，不征收个人所得税；股份制企业用盈余公积金派发红股属于股息、红利性质的分配，对个人取得的红股数额，应作为个人所得征税。因此：

股东甲应纳个人所得税=600 000×50%×20%=60 000（元）

股东乙应纳个人所得税=600 000×30%×20%=36 000（元）

股东丙应纳个人所得税=600 000×20%×20%=24 000（元）

四、借入款项的涉税规定

（一）涉税基本规定

（1）《企业所得税法实施条例》（中华人民共和国国务院令第 512 号）第三十八条规定，企业在生产经营活动中发生的下列利息支出，准予扣除。

非金融企业向金融企业借款的利息支出、金融企业的各项存款利息支出和同业拆借利息支出、企业经批准发行债券的利息支出。

非金融企业向非金融企业借款的利息支出，不得超过按照金融企业同期同类贷款利率计算的数额的部分。

（2）《国家税务总局关于企业所得税若干问题的公告》（国家税务总局公告 2011 年第 34 号）规定，根据《实施条例》第三十八条规定，非金融企业向非金融企业借款的利息支出，不超过按照金融企业同期同类贷款利率计算的数额的部分，准予税前扣除。鉴于目前我国对金融企业利率要求的具体情况，企业在按照合同要求首次支付利息并进行税前扣除时，应提供"金融企业的同期同类贷款利率情况说明"，以证明其利息支出的合理性。

"金融企业的同期同类贷款利率情况说明"中，应包括在签订该借款合同当时，本省任何一家金融企业提供同期同类贷款利率情况。该金融企业应为经政府有关部门批准成立的可以从事贷款业务的企业，包括银行、财务公司、信托公司等金融机构。"同期同类贷款利率"是指在贷款期限、贷款金额、贷款担保以及企业信誉等条件基本相同下，金融企业提供贷款的利率，既可以是金融企业公布的同期同类平均利率，也可以是金融企业对某些企业提供的实际贷款利率。

（3）《国家税务总局关于企业投资者投资未到位而发生的利息支出企业所得税前扣除问题的批复》（国税函〔2009〕312号）规定，凡企业投资者在规定期限内未缴足其应缴资本额的，该企业对外借款的利息，相当于投资者实缴资本额与在规定期限内应缴资本额的差额应计付的利息，其不属于企业合理的支出，应由企业投资者负担，不得在计算企业应纳税所得额时扣除。

（4）《财政部、国家税务总局关于企业关联方利息支出税前扣除标准有关税收政策问题的通知》（财税〔2008〕121号）规定。

① 在计算应纳税所得额时，企业实际支付给关联方的利息支出，不超过以下规定比例和税法及其实施条例有关规定计算的部分，准予扣除，超过的部分不得在发生当期和以后年度扣除。

企业实际支付给关联方的利息支出，符合本通知第二条规定外，其接受关联方债券性投资与其权益性投资比例为：金融企业5∶1；其他企业2∶1。

② 企业如果能够按照税法及其实施条例的有关规定提供相关资料，并证明相关交易活动符合独立交易原则的；或者该企业的实际税负不高于境内关联方的，其实际支付给境内关联方的利息支出，在计算应纳税所得额时准予扣除。

③ 企业同时从事金融业务和非金融业务，其实际支付给关联方的利息支出，应按照合理方法分开计算；没有按照合理方法分开计算的，一律按本通知第一条有关其他企业的比例计算准予税前扣除的利息支出。

（5）《国家税务总局关于企业向自然人借款的利息支出企业所得税税前扣除问题的通知》（国税函〔2009〕777号）规定。

① 企业向股东或其他与企业有关联关系的自然人借款的利息支出，应根据《中华人民共和国企业所得税法》第四十六条及《财政部、国家税务总局关于企业关联方利息支出税前扣除标准有关税收政策问题的通知》（财税〔2008〕121号）规定的条件，计算企业所得税扣除额。

② 企业向除第一条规定以外的内部职工或其他人员借款的利息支出，其借款情况同时符合以下条件的，其利息支出在不超过按照金融企业同期同类贷款利率计算的数额的部分，根据税法第八条和税法实施条例第二十七条规定，准予扣除。

a. 企业与个人之间的借贷是真实、合法、有效的，并且不具有非法集资目的或其他违反法律、法规的行为。

b. 企业与个人之间签订了借款合同。

（二）企业与企业之间借款的涉税规定

1. 企业与非关联企业之间借款的涉税规定

（1）利息税前扣除的金融企业同期同类贷款利息确定问题。《企业所得税法实施条例》第三十八条规定，非金融企业向非金融企业借款的利息支出，不超过按照金融企业同期同类贷款利率计算的数额的部分，准予税前扣除。

根据《国家税务总局关于企业所得税若干问题的公告》（国家税务总局2011年第34号公告）第

一条的规定，关于"金融企业同期同类贷款利率"问题必须明确4点：一是同期同类贷款利率包括基准利率加浮动利率；二是34号公告基本上将贷款利息放宽到全部"实际支付的利息"；三是"金融企业同期同类贷款利率情况说明"最晚应当在年末汇算清缴时提供并上报税务机关；四是利率参考标准包括了"信托公司、财务公司"等金融机构。而众所周知信托公司的利率是比较高的，因此，小企业在本省范围内找到一家这样的参考标准，并非难事，这样的规定也意味着，只要企业支付的利息不离谱，基本上就可以按照"实际支付的利息"扣除了。

另外，根据《最高人民法院关于人民法院审理借贷案件的若干意见》规定，民间借贷的利率可以适当高于银行的利率，但最高不得超过银行同类贷款利率的4倍。超出此限度的，超出部分的利息不予保护。在税务处理上对于超过银行同类贷款利率4倍的借款利息一律不得税前扣除，全部需要调增企业应纳税所得额。

（2）利息税前扣除的凭证问题。在《中华人民共和国营业税暂行条例实施细则》第十九条中规定合法有效凭证是指以下内容。

付给境内单位或者个人的款项，且该单位或者个人发生的行为属于营业税或者增值税征收范围的，以该单位或者个人开具的发票为合法有效凭证。

支付给行政事业性收费或者政府性基金，以开具的财政票据为合法有效凭证。

支付给境外单位或者个人的款项，以该单位或者个人的签收单据为合法有效凭证，税务机关对签收单据有疑义的，可以要求其提供境外公证机构的确认证明。

国家税务总局规定的其他合法有效凭证。

小企业从其他非金融机构借款时支付的利息需要取得对方到地税机关代开的利息发票方能在企业所得税前扣除。

2. 企业与关联企业之间借款的涉税规定

《企业所得税法》第四十六条规定，企业从其关联方接受的债权性投资与权益性投资的比例超过规定标准而发生的利息支出，不得在计算应纳税所得额时扣除。

根据《财政部、国家税务总局关于企业关联方利息支出税前扣除标准有关税收政策问题的通知》（财税〔2008〕121号）规定，在计算应纳税所得额时，小企业实际支付给关联方的利息支出，除另有规定外，其接受关联方债权性投资与其权益性投资比例不超过2∶1和税法及其实施条例有关规定计算的部分，准予扣除，超过的部分不得在发生当期和以后年度扣除，应该按照税法规定进行纳税调整。

《国家税务总局关于印发〈特别纳税调整实施办法（试行）〉的通知》（国税发〔2009〕2号）对于关联方企业借款利息费用扣除问题做了进一步规定。其中，不得扣除利息支出=年度实际支付的全部关联方利息×（1－标准比例÷关联债资比例）。

（三）企业与个人之间借款的涉税规定

（1）依据《国家税务总局关于企业向自然人借款的利息支出企业所得税税前扣除问题的通知》（国税函〔2009〕777号），企业与自然人应签订借款合同，而且企业与个人之间的借贷是真实、合法、有效的，并且不具有非法集资目的。

根据《最高人民法院关于如何确认公民与企业之间借贷行为效力问题的批复》（法释〔1999〕3号），公民与非金融企业（以下简称企业）之间的借贷属于民间借贷。只要双方当事人意思表示真实即可认定有效。但是，具有下列情形之一的，应当认定无效：企业以借贷名义向职工非法集资；企业以借贷名义非法向社会集资；企业以借贷名义向社会公众发放贷款；其他违反法律、行政法规的行为。

（2）小企业向个人股东或其他与小企业有关联关系的自然人借款的总额在一个会计年度内不高于股东在公司内的注册资本的 2 倍；小企业向上述以外的职工或其他人员借款的利息支出，其利息支出在不超过按照金融企业同期同类贷款利率计算的数额部分，根据《企业所得税法》第八条和《企业所得税法实施条例》第二十七条规定，准予扣除；同时要取得当地税务局代开的发票。

（3）如果个人股东向银行贷款，再把资金贷给自己的小企业使用时，必须在贷款合同中"资金使用用途"一栏中注明企业使用，然后与银行协商，把银行贷款直接汇入企业的公司账号。这样的话，银行开出的利息票据虽然是股东个人的名字，但根据实质重于形式的原则，可以在税前进行扣除。

（4）向个人借款支付利息，负有代扣代缴个人所得税的义务。《中华人民共和国所得税法》（后简称《个人所得税法》）第八条规定，个人所得税以所得人为纳税义务人，以支付所得的单位或者个人为扣缴义务人。支付借款利息时，应按"利息、股息、红利所得"代扣代缴个人所得税，税率为20%。

《国家税务总局关于利息、股息、红利所得征税问题的通知》（国税函〔1997〕656 号）："扣缴义务人将属于纳税义务人应得的利息、股息、红利收入，通过扣缴义务人的往来会计科目分配到个人名下，收入所有人有权随时提取。在这种情况下，扣缴义务人将利息、股息、红利所得分配到个人名下时，应按税收法规规定及时代扣代缴个人所得税。"

习题精练

一、单选题

1. 甲企业收到某单位作价投入的原材料一批，该批原材料实际成本为 450 000 元，评估价值为 460 000 元，经税务部门认定应交的增值税为 78 200 元，投入资本不存在溢价，则甲企业应计入"实收资本"科目的金额为（   ）元。

　　A. 460 000　　　　B. 538 200　　　　C. 450 000　　　　D. 526 500

2. 企业提取的盈余公积不可用于（   ）。

　　A. 弥补亏损　　　B. 转增资本　　　C. 扩大生产经营　　　D. 对外捐赠

3. 下列会计事项中，会引起企业所有者权益总额发生变化的是（   ）。

　　A. 从净利润中提取盈余公积　　　　B. 向投资者分配利润

　　C. 用任意盈余公积转增资本　　　　D. 向投资者支付利润

4．短期借款的利息支出应计入（　　）的借方。

  A．管理费用 B．财务费用   C．销售费用   D．短期借款

5．20×6年1月1日某小企业所有者权益情况如下：实收资本200万元，资本公积17万元，盈余公积38万元，未分配利润32万元。则该企业20×6年1月1日留存收益为（　　）。

  A．32   B．38   C．70   D．87

二、多选题

1．长期借款利息按其发生情况，可以计入（　　）科目。

  A．财务费用 B．固定资产   C．在建工程   D．其他应付款

2．企业实收资本增加的途径有（　　）。

  A．接受投资者投资   B．接受现金捐赠

  C．用盈余公积转增资本   D．用资本公积转增资本

3．下列关于盈余公积，正确的叙述有（　　）。

  A．盈余公积是指企业按照规定从利润总额中提取的积累资金

  B．法定盈余公积累计额达到注册资本的50%时可不再提取

  C．法定盈余公积按照税后利润10%的比例提取

  D．盈余公积转增资本后，以转增后留存的此项公积金不少于注册资本的25%为限

三、判断题

1．在企业增资扩股时，新加入的投资者所缴纳的出资额应全部作为实收资本。（　　）

2．投资者向企业投入的资本，在企业持续经营期间内，除依法转让外，不得以任何形式抽回。（　　）

3．企业收到以无形资产方式投入的资本，应按双方约定的价值入账。（　　）

4．为构建固定资产而发生的借款利息费用，应在资产建造过程中通过"在建工程"核算。（　　）

5．在某企业增资扩股时，新加入的投资者缴纳的出资额，大于其按约定比例计算的其在注册资本中所占有的份额的部分，应计入"资本公积"科目。（　　）

四、业务题

某企业某年7月发生下列经济业务。

（1）接受A公司投资70 000元，存入银行。

（2）收到B公司投资，其中设备协议价80 000元交付使用，材料价值100 000元验收入库，投资方均开具17%的增值税专用发票。接受的投资全部计入实收资本。

（3）7月1日，从银行取得借款50 000元，期限6个月，年利率为5.8%，利息每月月末支付，所得款项存入银行。

（4）用银行存款500 000元偿还到期的银行临时借款。

（5）7月28日，该企业因建造厂房向银行借入长期借款500 000元购买基建材料。

要求：根据以上资料编制相关会计分录。

第三章 生产准备业务

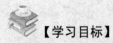

【学习目标】

理解存货、固定资产的概念、特征、确认条件和分类；

理解无形资产的含义和特点；

掌握存货的取得与付款、固定资产的取得与付款、无形资产的取得与付款业务的会计核算及相关税务规定。

企业将生产资金筹集好后，就要开始为生产产品做好多方面的物资准备工作，其中较为重要的就是准备劳动对象即购买原材料等存货和准备劳动资料即购建固定资产等。

存货的取得与付款业务

企业要进行正常的产品生产经营活动，就必须购买和储备一定品种和数量的存货，存货尤其是原材料是产品制造企业生产产品不可缺少的物质要素，在生产产品过程中，原材料经过加工而改变其原来的实物形态，构成产品实体的一部分。

一、存货的含义与确认条件

（一）存货的含义

存货，是指小企业在日常生产经营过程中持有的以备出售的产成品或商品、处在生产过程中的在产品，将在生产过程或提供劳务过程中耗用的材料和物料等，以及小企业（农业、林业、牧业、渔业）为出售而持有的或在将来收获为农产品的消耗性生物资产。

根据存货的定义，可见存货与其他资产相比具有以下特点。

（1）存货属于流动资产，但其流动性不如现金和应收款项，并且其时效性强，发生潜在损失的可能性也比前者大。

（2）存货与固定资产同为有形资产，但存货在日常的业务活动中，不断地处于销售和重置、耗用和重置之中，在短时期内能够有规律地转换为货币资金或其他资产。而固定资产使用周期长，其价值分期逐渐转移。

（3）存货是一项具有实物形态的有形资产，它不同于专利权、商标等无形资产。

（4）存货最基本的特征是，企业持有存货的最终目的是出售（不论是可供直接出售，还是需经过进一步加工后才能出售），而不是自用或消耗。这一特征就使存货明显区别于固定资产等长期资产。

（5）存货相对于非流动资产周转速度较快，通常在 1 年内变现、出售或耗用。

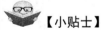【小贴士】

理解存货的定义时，抓住存货最本质的特点：企业持有存货的最终目的是出售，这是与同为有形资产的固定资产最本质的区别，企业持有固定资产的目的是使用。比如生产机器设备的企业，生产的机器设备是为了出售，尚未出售的，以及正处于生产过程的机器设备就是该企业的存货，但其他企业为了使用而购入机器设备就作为固定资产核算。

（二）存货的确认条件

存货必须在符合定义的前提下，应当同时满足以下两个条件，才能予以确认。

1. 与该存货有关的经济利益很可能流入

小企业资产最重要的特征是预期给企业带来经济利益。如果某一项目预期不能给企业带来经济利益，就不能确认为企业的资产。存货是企业的一项重要的流动资产，因此，对存货的确认，关键是判断其是否很可能给企业带来经济利益或其所包含的经济利益是否很可能流入企业。通常，拥有存货的所有权是与该存货有关的经济利益很可能流入本企业的一个重要标志。一般情况下，根据销售合同已经售出（取得现金或收取现金的权利），所有权已经转移的存货，因其所含经济利益已不能流入本企业，因而不能再作为企业的存货进行核算，即使该存货尚未远离企业。企业在判断与该存货有关的经济利益能否流入企业时，通常应结合考虑该存货所有权的归属，而不应当仅仅看其存放的地点等。

2. 该存货的成本能够可靠计量

成本或者价值能够可靠计量是资产确认的一项基本条件。存货作为企业资产的组成部分，要予以确认也必须能够对其成本进行可靠计量。存货的成本能够可靠计量必须以取得确凿证据为依据。如果存货成本不能可靠计量，则不能确认为一项存货。例如，企业承诺的订货合同，由于并未实际发生，不能可靠确定其成本，因此就不能确认为购买企业的存货。

二、存货的分类

存货的构成内容很多，不同存货的具体特点和管理要求各不相同。为了有效地进行各项存货的会计处理，应对存货进行科学分类。从会计处理的角度看，存货至少有以下两种分类方法。

1. 按存货的经济内容分类

存货按经济内容通常分为原材料、在产品、半成品、产成品、商品、周转材料、委托加工物资、消耗性生物资产等。

（1）原材料，是指小企业在生产过程中经加工改变其形态或性质并构成产品主要实体的各种原料及主要材料、辅助材料、外购半成品（外购件）、修理备件（备品备件）、包装材料、燃料等。

（2）在产品，是指小企业正在制造尚未完工的产品。它包括正在各个生产工序加工的产品，以及已加工完毕但尚未检验或已检验但尚未办理入库手续的产品。

（3）半成品，是指小企业经过一定生产过程并已检验合格交付半成品仓库保管，但尚未制造完工成为产成品，仍需进一步加工的中间产品。半成品一般需要入半成品库。从一个生产车间转到另一个生产车间继续加工制造的自制半成品，以及不能单独计价的自制半成品，属于在产品，不作为半成品对待。

（4）产成品，是指已经全部完成生产过程并验收入库符合标准规格和技术条件，达到可出售或交货状态，可以作为商品对外销售或按合同规定的条件送交订货单位的产品，既包括存放在成品库的产品，也包括存放在企业所属门市部门备售的产品、交展会展出的产品等。

（5）商品，是指小企业（批发业、零售业）外购或委托加工完成并已验收入库用于销售的各种商品。

（6）周转材料是指小企业能够多次使用、价值逐渐转移但仍保持原有形态且不确认为固定资产的材料，主要包括用于包装本企业商品的各种包装物、工具、管理用具、玻璃器皿、劳动保护用品、在生产经营过程中周转使用的容器等低值易耗品，以及建造承包商的钢模板、木模板、脚手架等周转材料。周转材料从性质上讲具有固定资产的特征，经多次使用不改变其实物形态，因而，只要周转材料符合固定资产标准，就应作为固定资产对待。

（7）委托加工物资，是指小企业委托外单位加工的各种材料、商品等物资。

（8）消耗性生物资产，是指小企业（农业、林业、牧业、渔业）生长中的大田作物、蔬菜、用材林以及存栏待售的牲畜等。

2. 按取得存货的不同来源分类

按取得存货的不同来源，存货可以分为外购取得的存货、加工制造取得的存货（含委托外单位加工存货）和其他方式取得的存货。

（1）外购取得的存货是直接从企业外部购入的存货，如商业企业的外购商品、工业企业的外购材料、外购零部件等。

（2）加工制造取得的存货是由企业制造的存货，如工业企业的自制材料、在产品、产成品等。委托加工存货也是一种自制存货，是指企业将外购或自制的某些存货通过支付加工费的方式委托外单位进行加工生产的存货，如工业企业的委托加工物资、委托加工商品等。

（3）其他方式取得的存货主要是外购和加工制造以外的方式取得存货，这些方式主要有：投资者投入；非货币资产交换换入；债务重组方式取得（如在给债务人做出让步情况下，用债务人的资产抵债而收到的存货）；进行财产清查，因盘点发生盘盈的存货等。

三、存货的初始计量与核算

存货的初始计量，是存货核算的重要内容，存货价值确定准确与否直接影响到小企业相关会计信息的准确性。小企业会计准则规定：小企业取得的存货，应当按照成本进行计量。这表明存货的初始计量，应遵循历史成本原则，以实际成本作为存货入账价值的基础。小企业的各种存货都应当按照取得时实际支付的款项作为存货的成本。存货成本主要包括采购成本、加工成本和其他相关成本。小企业存货取得途径的不同，存货成本包括的内容也不尽相同。

（一）外购存货的成本构成

外购存货的成本包括购买价款、相关税费、运输费、装卸费、保险费以及在外购存货过程中发生的其他直接费用。

相关税费，包括应计入存货成本的进口关税、消费税、资源税等，但不含按照税法规定可以抵扣的增值税进项税额。对于增值税的处理应分两种不同的情况区别处理：一是属于增值税一般纳税人的小企业，外购存货所承担的增值税，凡是取得增税专用发票，并符合税法的规定可以抵扣的，应计入"应交税费——应交增值税（进项税额）"科目，不计入所购存货的成本；未取得增值税专用发票或按税法规定不予抵扣的，应计入外购存货的成本。二是属于小规模纳税人的小企业，其外购存货所支付的增值税，一律计入所购存货的成本。

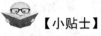

【小贴士】

增值税是否可以抵扣关键取决于两点：一是购买方是否属于增值税一般纳税人；二是是否取得增值税专用发票。只有购买方属于增值税一般纳税人，并且购买物资过程中（包括支付运费、装卸费）取得增值税专用发票，所支付增值税进项税额才可以抵扣。

其他可归属于存货采购成本的费用，主要指采购成本中除上述各项以外的可直接归属于存货采购的费用，如外购存货中发生的仓储费、包装费、运输途中的合理损耗、入库前的挑选整理费用等。这些费用能分清负担对象的，应直接计入存货的采购成本；不能分清负担对象的，应选择合理的分配方法，分配计入有关存货的采购成本。分配方法通常包括按所购存货的重量或价格比例进行分配。

商品流通企业在采购商品过程中发生的运输费、装卸费以及其他进货费用，可以在发生时直接计入当期销售费用。

【小贴士】

小企业（批发业、零售业）在购买商品过中发生的费用（包括运输费、装卸费、包装费、保险费、运输途中的合理损耗和入库前的挑选整理费等），在"销售费用"科目核算，不计入外购存货成本。这与《企业会计准则》的规定不同，《企业会计准则》中这些费用计入所购物资成本。

（二）外购存货的核算

本书主要以原材料为例说明外购存货的核算，其他存货的核算与原材料的核算方法相同。原材料的核算采用实际成本法，实务中，中小企业存货大多采用实际成本法核算。小企业购入的原材料，由于结算方式和采购地点的不同，原材料入库和货款支付在时间上可能不一致，其会计核算也存在差异。

1. 原材料核算的主要科目

按实际成本进行材料采购收发的总分类核算，应设置"原材料""在途物资"等科目核算企业原材料增减变动和结存情况。

"原材料"科目，核算企业库存的各种材料的实际成本。该科目借方登记原材料的实际成本；贷方登记发出原材料的实际成本；期末借方余额反映企业库存原材料的实际成本。其明细账应按原材料的保管地点（仓库）、材料的类别、品种和规格设置。

"在途物资"科目，核算企业采用实际成本进行材料（或商品）日常核算，货款已付但材料尚未验收入库的购入材料或商品的采购成本。该科目的借方登记在途物资的实际成本；贷方登记验收入库的实际成本；期末借方余额反映企业已付款或已开出承兑商业汇票，但尚未到达或尚未验收入库的在途材料、商品的采购成本。其明细账应按供应单位设置。

2. 采购原材料的核算

企业购入的原材料，由于结算方式和采购地点的不同，原材料入库和货款支付在时间上可能不一致，下面分情况进行讲解。

（1）货款已经支付或已开出承兑商业汇票，同时材料已验收入库。在这种情况下，应根据增值税专用发票上的价款，借记"原材料"科目，根据增值税专用发票上的税额，借记"应交税费——应交增值税（进项税额）"；根据价税合计，贷记"银行存款""应付票据"等科目。

如果购买方承担了运费，取得了增值税专用发票的，应将发票上价款计入所购材料成本，将增值税专用发票上的税额计入进项税额抵扣；如果运费金额不大，没有取得增值税专用发票，取得的是普通发票，则将运费全部计入材料成本。

【例3-1】先导公司为增值税一般纳税人，20×6年5月5日购入原材料一批，增值税专用发票上记载的货款为10 000元，增值税税额为1 700元，材料到达时，先导公司以库存现金支付运费300元，取得运费普通发票，所购材料款项已通过企业网银支付，发生手续费5元，材料已验收入库。

根据以上资料，先导公司根据材料入库单、支付货款的付款凭证、供货方开具的增值税专用发票及运费普通发票应编制如下会计录：

借：原材料（10 000+300）　　　　　　　　　　　　　　10 300
　　应交税费——应交增值税（进行税额）　　　　　　　　1 700
　　财务费用　　　　　　　　　　　　　　　　　　　　　　　5
　　贷：银行存款　　　　　　　　　　　　　　　　　　11 705
　　　　库存现金　　　　　　　　　　　　　　　　　　　　300

 【小贴士】

随着网上银行的发展，实务中，目前企业支付货款的方式大多是网银付款，方便快捷，但要向银行支付手续费。不同的银行，根据转账的金额大小、同行或跨行转款、手续费金额不等，一般每笔最少2元。运费是由购买方承担还是由销售方承担主要看合同是如何约定的。如果合同约定运费由购买方承担，并且取得物流公司开具的增值税专用发票，不含税的运费计入所购物资成本，增值税额计入"应交税费——应交增值税（进项税额）"；如果物流公司开具的是普通发票，则运费金额全部计入所购物资成本。如果合同约定运费由销售方承担，则由销售方进行会计处理，一般计入"销售费用"。

【例3-2】先导公司为增值税一般纳税人，20×6年5月8日，先导公司从华兴公司购进原材料一批，对方开具的增值税发票显示价款10 000元，增值税1 700元，合同规定运费由华兴公司承担。材料已验收入库，先导公司已通过网上银行支付了货款，付款回单显示付款手续费5元。

先导公司根据取得的增值税专用发票、银行付款回单及材料入库单，应编制如下会计分录：

借：原材料　　　　　　　　　　　　　　　　　　　　　10 000
　　应交税费——应交增值税（进项税额）　　　　　　　　1 700
　　财务费用　　　　　　　　　　　　　　　　　　　　　　　5
　　贷：银行存款　　　　　　　　　　　　　　　　　　11 705

（2）货款已经支付或已开出承兑商业汇票，材料尚未到达或尚未验收入库。

【例3-3】20×6年5月25日，先导公司从嘉诚公司购进原材料一批，购销合同约定含税价35 100元，收货后1个月后付款，运费待材料送达先导公司时由其支付。5月31日，先导公司收到嘉诚公司开具的增值税专用发票，但所购材料尚未到达。

5月31日先导公司应根据其取得的增值税专用发票编制如下会计分录：

借：在途物资 30 000

应交税费——应交增值税（进项税额） 5 100

贷：应付账款——嘉诚公司 35 100

【例3-4】承【例3-3】，20×6年6月5日，先导公司从嘉诚公司购进的原材料到达企业，先导公司以库存现金支付运费800元，取得物流公司开具的增值税税率为11%专用发票。

先导公司应根据运费增值税专用发票编制如下会计分录：

运费中应计入成本的金额=800/（1+11%）=720.72（元）

运费中应计入增值税进项税额=800-720.72=79.28（元）

借：在途物资 720.72

应交税费——应交增值税（进项税额） 79.28

贷：库存现金 800

根据材料入库单，应编制如下会计分录：

借：原材料 30 720.72

贷：在途物资 30 720.72

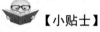

【小贴士】

实务中，由于受增值税专用发票领用份数的限制，企业一般不会每销售一笔产品就开具一份增值税专用发票，一般1个月汇总集中开具增值税专用发票。因而，实务中发票先于材料到达企业的情况很少。如果发票先于材料到达企业，但只要材料能与发票在同一月到达企业，一般企业收到发票可以暂不做会计处理，先填制材料入库单，等材料到达后，再进行会计处理。但如果材料要在收到发票的次月才能到达，收到发票的当月应按以上方法进行会计处理。

【例3-5】承【例3-4】，6月25日，先导公司签发6个月的银行承兑汇票支付嘉诚公司货款，用银行存款支付承兑手续费20元。

先导公司应根据银行付款回单及承兑汇票，编制如下会计分录：

借：应付账款——嘉诚公司 35 100

财务费用 20

贷：应付票据——嘉诚公司 35 100

银行存款 20

【例3-6】承【例3-5】，12月25日，先导公司签发给嘉诚公司6个月的银行承兑汇票到期，先导公司的开户银行将货款从先导公司的银行存款账户划给了嘉诚公司的开户银行，银行收取手续费5元。

先导公司应根据银行付款回单，编制如下会计分录：

  借：应付票据——嘉诚公司   35 100

    财务费用   5

    贷：银行存款   35 105

（3）货款尚未支付，材料已经验收入库。

【例 3-7】先导公司为增值税一般纳税人，20×6 年 5 月 10 日，先导公司从丁胜公司购进原材料一批，购销合同约定含税价 23 400 元，收货后 1 个月后付款，运费到付。5 月 13 日，材料运达，丁胜公司开具的增值税专用发票随货同时到达，先导公司以现金支付运费 500 元，取得物流公司开具的普通发票，材料已验收入库。

先导公司根据增值税专用发票、运费普通发票及材料入库单，应编制如下会计分录：

  借：原材料   20 500

    应交税费——应交增值税（进项税额）   3 400

    贷：库存现金   500

      应付账款——丁胜公司   23 400

【例 3-8】承【例 3-7】，6 月 10 日，先导公司通过网上银行支付丁胜公司货款 23 400 元，网银手续费 5 元。

先导公司根据银行付款回单，应编制如下会计分录：

  借：应付账款——丁胜公司   23 400

    财务费用   5

    贷：银行存款   23 405

（4）材料已验收入库但结算凭证尚未到达。

对于材料已到达并已验收入库但发票账单等结算凭证未到而未支付货款的采购业务，平时可以不做账务处理，等月内收到发票账单等结算凭证时，做正常账务处理。如到月末仍未收到发票账单的，应于月末按暂估价入账，下月初再用红字做同样的会计分录冲销原来的暂估价值，待收到发票账单时，再按正常采购业务进行账务处理。有关账务处理如下：

月末按暂估价编制如下会计分录：

  借：原材料   （暂估价）

    贷：应付账款——暂估应付账款   （暂估价）

下月初，编制红字凭证冲销：

  借：原材料   （金额用红字）

    贷：应付账款——暂估应付账款   （金额用红字）

待月内收到发票账单时，按正常采购业务处理。

【例 3-9】先导公司为增值税一般纳税人，20×6 年 6 月 25 日，先导公司从思科公司购进原材料一批，购销合同约定含税价 23 400 元，货到付款，运费由销售方承担。6 月 30 日，先导公司收到材料，但未收到增值税专用发票。

6月30日先导公司应根据材料入库单，编制如下会计分录：

  借：原材料   20 000

    贷：应付账款——暂估应付账款——思科公司   20 000

20×6年7月1日，先导公司编制红字记账凭证：

  借：原材料   <u>20 000</u>

    贷：应付账款——暂估应付账款——思科公司   <u>20 000</u>

【例3-10】承【例3-9】，7月5日，先导公司收到思科公司开具的增值税专用发票，先导公司通过网上银行支付了货款23 400元，网银手续费5元。

先导公司根据增值税专用发票及银行付款回单编制如下会计分录：

  借：原材料   20 000

    应交税费——应交增值税（进项税额）   3 400

    财务费用   5

    贷：银行存款   23 405

 【小贴士】

  由于各种原因，实务中当月收到所购物资但未收到发票的情况比较常见，月底必须按照暂估价入账，下月初做红字记账凭证冲账，待发票到达企业后，按正常的采购业务进行处理。

（三）加工取得的存货

通过进一步加工而取得的存货的成本由采购成本、加工成本以及为使存货达到目前场所和状态所发生的其他成本构成。

1. 自制存货

（1）自制存货的成本。小企业通过进一步加工取得的存货，主要包括产成品、半成品、在产品等，其成本由材料采购成本、加工成本构成。通过进一步加工取得的存货的成本中采购成本是由所使用或消耗的原材料采购成本转移而来的，即直接材料。因此，计量加工取得的存货的成本，重点是确定存货的加工成本。

存货加工成本，由直接人工和制造费用构成，其实质是企业在进一步加工存货的过程中追加发生的生产成本，不包括直接由材料转移来的价值，主要包括直接人工和制造费用。

直接人工，是指小企业在生产产品过程中，直接从事产品生产工人的职工薪酬。

制造费用，是指小企业为生产产品和提供劳务而发生的各项间接费用，包括生产车间管理人员的职工薪酬、折旧费用、办公费、水电费、机物料消耗、劳动保护费等。

直接人工以及制造费用是企业在存货加工的过程发生的追加费用，直接人工在发生时直接计入所加工存货的成本，制造费用需要按照受益对象进行归集，月末应按照一定方法分配计入有关成本核算对象。

经过1年期以上的制造才能达到预定可销售状态的存货发生的借款费用，也计入存货的成本。借款费用，是指小企业因借款而发生的利息及其他相关成本。其包括借款利息、辅助费用以及因外币借款而发生的汇兑差额等。

（2）自制存货的核算。小企业应设置"生产成本"科目核算小企业进行工业性生产发生的各项生产成本。"生产成本"科目借方登记加工存货过程中发生的各项直接成本及由间接费用即制造费用分配转入的成本，贷方登记加工完成验收入库的存货的实际成本。期末借方余额反映尚未加工完成的在产品成本。

为核算小企业生产车间为生产产品而发生的各项间接费用，小企业还应设置"制造费用"科目。本科目借方登记各生产车间为生产产品应负担的各项间接费用，贷方登记期末分配转入"生产成本"科目的金额，除季节性的生产性小企业外，本科目期末无余额。

小企业发生的各项直接生产成本，借记"生产成本"科目，贷记"原材料""库存现金""银行存款""应付职工薪酬"等相关科目。

小企业生产车间发生的各项费用，借记"制造费用"科目，贷记"应付职工薪酬""原材料""银行存款"等科目。月末，制造费用按照一定的分配方法（可以以生产工人工资、生产工人工时、机器工时等作为分配标准）分配到各产品成本中去，借记"生产成本"科目，贷记"制造费用"科目。

待自制存货验收入库时，按照生产成本，借记"库存商品"科目，贷记"生产成本"科目。

【例3-11】先导公司一生产车间分别以甲、乙两种材料生产两种产品A和B，20×6年6月投入甲材料50 000元生产A产品，投入乙材料20 000元生产B产品，当月生产A产品发生直接人工费用20 000元，生产B产品发生直接人工费用10 000元，该生产车间发生的制造费用总额为30 000元。假定当月投入生产的A、B两种产品均于当月完工，该企业生产车间的制造费用按生产工人工资比例进行分配。

A产品应分摊的制造费用=30 000×[20 000÷（20 000+10 000）]=20 000（元）

B产品应分摊的制造费用=30 000×[10 000÷（20 000+10 000）]=10 000（元）

A产品完工成本（即A存货的成本）=50 000+20 000+20 000=90 000（元）

B产品完工成本（即B存货的成本）=20 000+10 000+10 000=40 000（元）

相关的会计处理如下：

生产领用原材料时，根据领料单编制如下会计分录：

借：生产成本——A产品		50 000
——B产品		20 000
贷：原材料——甲材料		50 000
——乙材料		20 000

分配工资费用，根据职工薪酬分配计算表编制如下会计分录：

借：生产成本——A产品		20 000
——B产品		10 000
贷：应付职工薪酬——工资		30 000

根据制造费用分配计算表，编制如下会计分录：

借：生产成本——A产品		20 000
——B产品		10 000
贷：制造费用		30 000

根据产品入库单，编制如下会计分录：

借：库存商品——A产品　　　　　　　　　　　　　　　　　90 000

　　　　　　——B产品　　　　　　　　　　　　　　　　　40 000

　　贷：生产成本——A产品　　　　　　　　　　　　　　　　　90 000

　　　　　　　　——B产品　　　　　　　　　　　　　　　　　20 000

2. 委托加工物资

（1）委托加工物资的成本。小企业委托其他单位加工的物资，其实际成本包括：加工中实际耗用物资的实际成本；支付的加工费用；支付的税金，包括委托加工物资负担的增值税和消费税（指属于消费税应税范围的加工物资），其中：

委托方是一般纳税人的，其加工物资负担的增值税作为进项税额，不计入加工物资成本，如果委托方是小规模纳税人的，或者未取得增值税专用发票的，其加工物资负担的增值税进项税额计入加工物资成本。

需要缴纳消费税的委托加工物资，除委托加工的金银首饰外，其消费税由受托方代收代缴，并根据加工物资收回后的不同用途分别处理：加工收回直接用于销售的物资，由受托方代收代缴的消费税计入委托加工物资的成本；加工物资收回后用于连续生产应交消费税产品的，则应将受托方代收代缴的消费税计入"应交税费——应交消费税"科目的借方，待应交消费税的加工物资连续生产完工销售时，抵扣其销售环节应纳的消费税。

（2）委托加工物资的会计处理。为了反映和控制委托加工物资的发出及收回，正确计算委托加工物资的实际成本，应设置"委托加工物资"科目，借方登记发出材料的实际成本、支付的加工费和往返运杂费；贷方登记已加工完成并验收入库的委托加工物资的实际成本。借方余额反映企业委托外单位加工但尚未加工完成物资的实际成本。该科目按加工合同设置明细科目。

发给外单位加工的物资，按实际成本，借记"委托加工物资"科目，贷记"原材料""库存商品"等科目。支付加工费、运杂费等，借记"委托加工物资""应交税费——应交增值税（进项税额）"等科目，贷记"银行存款"等科目；需要缴纳消费税的委托加工物资，如果收回后用于直接出售的，由受托方代收代缴的消费税，借记"委托加工物资"科目；如果收回后用于继续加工的，则由受托方代收代缴的消费税，借记"应交税费——应交消费税"科目，贷记"应付账款""银行存款"等科目。加工完成验收入库的物资，按加工收回物资的实际成本，借记"原材料""库存商品"等科目，贷记"委托加工物资"科目。

【例3-12】甲企业委托乙企业代为加工一批应交消费税的材料（非金银首饰）。甲企业的材料成本为1 000 000元，加工费为200 000元，增值税额34 000元，由乙企业代收代缴的消费税为80 000元。材料已经加工完成，并由甲企业收回验收入库，加工费尚未支付。甲企业采用实际成本法进行原材料的核算。

① 如果甲企业收回的委托加工物资用于继续生产应税消费品，甲企业的有关会计分录如下：

甲企业发出材料时，根据材料出库单编制如下会计分录：

借：委托加工物资　　　　　　　　　　　　　　　　　1 000 000

　　贷：原材料　　　　　　　　　　　　　　　　　　　　1 000 000

根据受托方开具的加工费增值税专用发票，确认加工费及消费税应编制如下会计分录：

借：委托加工物资	200 000
应交税费——应交增值税（进项税额）	34 000
应交税费——应交消费税	80 000
贷：应付账款	314 000

收回加工物资，根据材料入库单编制如下会计分录：

| 借：原材料 | 1 200 000 |
| 贷：委托加工物资 | 1 200 000 |

② 如果甲企业收回的委托加工物资直接用于对外销售，甲企业的有关会计处理如下：

甲企业发出材料时，根据材料出库单编制如下会计分录：

| 借：委托加工物资 | 1 000 000 |
| 贷：原材料 | 1 000 000 |

根据受托方开具的加工费增值税专用发票，确认加工费及消费税应编制如下会计分录：

借：委托加工物资	280 000
应交税费——应交增值税（进项税额）	34 000
贷：应付账款	314 000

收回加工物资，根据产品入库单编制如下会计分录：

| 借：库存商品 | 1 280 000 |
| 贷：委托加工物资 | 1 280 000 |

（四）投资者投入的存货

投资者投入存货的成本，应当按照投入存货的评估确认的价值，借记"原材料"科目等；按照增值税专用发票上注明的增值税数额，借记"应交税费——应交增值税（进项税额）"科目；按投资合同约定的投资占被投资单位注册资本的份额，贷记"实收资本"科目；按其差额，贷记"资本公积"科目。

【例3-13】M 公司收到甲企业作为资本投入的材料一批，取得增值税专用发票上注明的价款200 000元，增值税税额为34 000元。投资协议约定M公司接受甲企业的投入资本为200 000元。

根据以上资料，M 公司根据增值税专用发票、材料入库单等凭证编制会计分录如下：

借：原材料	200 000
应交税费——应交增值税（进项税额）	34 000
贷：实收资本	200 000
资本公积——资本溢价	34 000

（五）盘盈的存货

小企业盘盈的存货是指在财产清查中存货的实存数量超过账面结存数量的差额。发生盘盈的存货应当按照同类或类似存货的市场价格或评估价值作为入账价值。实务中盘盈的情况一般不多见，一般可能是由于记录错误的原因，也可能是一些容易损耗的材料，供货方多发出的原因。

盘盈存货时，按照同类或类似存货的市场价格或评估价值借记"原材料"科目，贷记"待处理财产损溢——待处理流动资产损溢"科目，报经上级主管领导批准后，借记"待处理财产损溢——待处理流动资产损溢"科目，贷记"营业外收入"科目。

【例 3-14】先导公司 20×6 年 6 月 30 日年度中期盘点中，发现甲材料的盘存数量与账面不符，账面显示其余额为 250 公斤，但是实际盘存时，经称重得知，材料 A 实际上有 260 公斤。经查，此项盘盈是由于客户称重不准多发货而得，因此，经上级审批后，盘盈的材料记入"营业外收入"科目。甲材料的单价为 20 元 / 公斤。

发现盘盈时，根据存货盘存单编制如下会计分录：

  借：原材料（20×10）   200
    贷：待处理财产损溢——待处理流动资产损溢   200

报经上级领导批准，报告单编制如下会计分录：

  借：待处理财产损溢——待处理流动资产损溢   200
    贷：营业外收入

【小贴士】

《小企业会计准则》规定的盘盈存货的会计处理与《企业会计准则》的规定不同，《企业会计准则》规定的存货盘盈冲减管理费用。

第二节 固定资产的取得与付款业务

企业为生产产品除需准备劳动对象即购买原材料等存货外，还需要准备劳动资料即购建厂房、机器设备等固定资产。固定资产是企业比较重要的资产，在一程度上代表着企业的生产能力和生产规模。

一、固定资产的含义与确认条件

（一）固定资产的含义

固定资产，是指小企业为生产产品、提供劳务、出租或经营管理而持有的，使用寿命超过 1 年的有形资产。小企业的固定资产包括房屋、建筑物、机器、机械、运输工具、设备、器具、工具等。

根据固定资产的定义，固定资产具有以下 3 个特征。

1. 固定资产是小企业为了生产商品、提供劳务、出租或生产经营而持有

这就意味着，小企业持有的固定资产是小企业的劳动工具或手段，而不像商品一样为了对外出售。这一特征是固定资产区别于商品等流动资产的重要标志。需要说明的是，小企业以经营租赁方式出租的建筑物也属于固定资产，这不同于大中型企业根据《企业会计准则》的有关规定需将其单

独划分为投资性房地产。

2. 小企业的固定资产使用寿命一般超过一个会计年度

固定资产的使用寿命，是指小企业使用固定资产的预计期间，或者该固定资产所能生产产品或者提供劳务的数量。通常情况下，固定资产的使用寿命是指使用固定资产的预计期间，如自用建筑物的使用寿命或者使用年限。某些机器设备或者运输设备等固定资产，其使用寿命往往以该固定资产所能生产产品或者提供劳务的数量来表示，例如，汽车按其预计行驶里程估计使用寿命。固定资产使用寿命超过一个会计年度，意味着固定资产属于长期资产，随着使用和磨损，通过折旧方式逐渐减少账面价值。

3. 固定资产是有形资产

具有实物特征，该特征可将固定资产与无形资产区别开来。有些无形资产可能同时符合固定资产的其他特征，如无形资产是为生产商品、提供劳务而持有，使用寿命超过一个会计年度。但是，由于其没有实物形态，因而不属于固定资产。

（二）固定资产的确认条件

固定资产在符合定义的前提下，应当同时满足以下两个条件，才能加以确认。

1. 与该固定资产有关的经济利益很可能流入小企业

小企业在确认固定资产时，需要判断与该固定资产有关的经济利益是否很可能流入小企业。如果与该固定资产有关的经济利益很可能流入小企业，并同时满足固定资产确认的其他条件，那么，小企业应将其确认为固定资产；否则，不应将其确认为固定资产。

在实务中，判断与固定资产有关的经济利益是否很可能流入小企业，主要判断与该固定资产相关的风险和报酬是否转移到了小企业。与固定资产所有权相关的风险，是指由于经营情况变化造成的相关受益的变动，以及由于资产闲置、技术陈旧等原因造成的损失；与固定资产相关的报酬，是指在固定资产使用寿命内使用该固定资产而获得的收入，以及处置该资产所实现的利得等。

2. 该固定资产成本能够可靠计量

成本能够可靠计量是资产确认的一项基本条件。小企业在确定固定资产成本时必须取得确凿证据，但是，有时需要根据所获得的最新资料，对固定资产的成本进行合理的估计。例如，小企业对于已经达到预定使用状态但尚未办理竣工结算的固定资产，需要根据工程预算、工程造价或者工程实际发生的成本等资料，按估计价值确定成本，办理竣工结算后，再按照实际成本调整原来的暂估价值。

二、固定资产的分类

小企业的固定资产种类繁多规格不一，为加强管理，有必要对其进行科学合理的分类。根据不同的管理需要和会计处理要求以及不同的分类标准，可以对固定资产进行不同的分类。

按固定资产的经济用途和使用情况等综合分类，可把小企业的固定资产划分为七大类。

（1）生产经营用固定资产。它是指直接服务于小企业生产经营过程的各种固定资产，如生产经营部门和管理部门所使用的房屋建筑物、机器设备、仪器仪表、器具工具等。

（2）非生产经营用固定资产。它是指不直接服务于企业生产经营活动，而是在非生产经营领域内使用的固定资产，如职工宿舍、食堂、浴室、理发室等使用的房屋、设备和其他固定资产等。

（3）租出固定资产。它是指以经营租赁的方式出租给外单位使用的固定资产。

（4）不需用的固定资产。它是指本企业多余或不适用、待处理的固定资产。

（5）未使用的固定资产。它是指已完工或已购建的尚未投入使用的新增固定资产及因改扩建等原因暂停使用的固定资产。

（6）土地。它是指过去已经估价单独入账的土地。因征地而支付的补偿费，计入和土地有关的房屋建筑物的价值内，不单独作为土地价值入账。小企业取得的土地使用权，作为无形资产管理，不作为固定资产管理。

（7）融资租入固定资产。它是指小企业以融资租赁方式租入的固定资产，在租赁期内，应视同自有固定资产进行管理。

小企业根据实际情况设置"固定资产登记簿"和"固定资产卡片"。小企业根据《小企业会计准则》规定的固定资产标准，结合本企业的具体情况，制定固定资产目录，作为会计处理依据，并且设置"固定资产"科目进行会计处理。小企业临时租入的固定资产和以经营租赁租入的固定资产，另设备查账簿进行登记，不通过"固定资产"科目进行会计处理。

三、固定资产的初始计量与核算

固定资产的初始计量是指小企业最初取得固定资产时对其入账价值的确定。固定资产取得方式的不同决定了其入账价值所包含的内容也不同，其会计核算也存在差异。下面分别以不同的固定资产取得方式来说明固定资产入账价值的确定方法及其会计核算。

（一）外购固定资产

1. 成本构成

外购固定资产的成本包括购买价款、相关税费、运输费、装卸费、保险费、安装费等，但不包含按照税法规定可以抵扣的增值税进项税额。

（1）购买价款，它是外购固定资产成本的主体构成部分，是指小企业为购买固定资产所支付的直接对价，金额即为供应商开具的增值税专用发票上注明的价款部分。

（2）相关税费包括增值税和其他税费。外购固定资产所支付的增值税，应区别两种不同情况的处理：一是属于增值税一般纳税人的小企业，外购固定资产支付的增值税，凡是取得增税专用发票，并符合税法规定可以抵扣的，应计入"应交税费——应交增值税（进项税额）"科目，不计入所购固定资产的成本；未取得增值税专用发票或按税法规定不予抵扣的，应计入外购固定资产的成本。二是属于小规模纳税人的小企业，其外购固定资产支付的增值税，一律计入所购固定资产的成本。对于其他税费例如进口设备所支付的关税，一律计入固定资产成本。

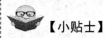【小贴士】

购买固定资产的增值税能否抵扣问题与前述购入存货一样。

（3）其他相关支出。属于增值税一般纳税人的小企业因固定资产购置发生的运费，在取得货物运输业增值税专用发票并经过认证后，按照专用发票上注明的税额，借记"应交税费——应交增值税（进项税额）"科目，专用发票注明的运费金额计入固定资产的成本。如果是小规模纳税人，则价税合计全部计入所购固定资产的成本。保险费、装卸费、安装费和专业人员服务费比照着运费的处理原则进行处理。

2. 外购固定资产的核算

（1）不需要安装的固定资产。外购不需要安装的固定资产是指固定资产购入后即可投入使用，其成本的确定较为简单，将购置固定资产所发生的购买价款、进口关税等税费、运输费、装卸费、保险费等必要支出全部计入固定资产成本，不包括按照税法规定可以抵扣的增值税进项税额。

小企业购入不需要安装的固定资产，按照实际支付的购买价款和应计入成本的相关税费及其他支出等，借记"固定资产"科目；按照税法规定可抵扣的增值税进项税额，借记"应交税费——应交增值税（进项税额）"科目；按照实际支出的金额或应支付的金额贷记"银行存款""应付账款"等科目。

【例 3-15】先导公司为增值税一般纳税人，20×6 年 7 月 1 日，先导公司从德发公司购进生产用设备一台，购销合同约定含税价 585 000 元，运费由销售方承担，先导公司收货后付款 50%，余款两个月后付清。7 月 10 日，先导公司收到德发公司开具的增值税专用发票，设备一并到达，设备当即投入使用。7 月 11 日，先导公司通过网银支付设备价款的 50% 即 292 500 元，网银手续费 10 元。

先导公司应根据增值税专用发票、银行付款凭证、固定资产验收单编制如下会计分录：

借：固定资产		500 000
应交税费——应交增值税（进项税额）		85 000
财务费用		10
贷：银行存款		292 510
应付账款——德发公司		292 500

 【小贴士】

运费的处理与前述购入存货的运费处理一样。

【例 3-16】承【例 3-15】，20×6 年 9 月 10 日，先导公司通过网上银行支付德发公司剩余设备价款，网银行手续费 10 元。

先导公司应根据网银付款凭证编制如下会计分录：

借：应付账款——德发公司		292 500
财务费用		10
贷：银行存款		292 510

【例 3-17】20×6 年 2 月 10 日，增值税一般纳税人先导公司购入 1 台不需要安装即可投入使用的大型机器设备，取得的增值税专用发票上注明的设备价款为 1 000 000 元，增值税税额为 170 000

元，发生运费 11 100 元，取得物流公司开具的运费增值税税率为 11% 的专用发票，设备运达企业后，支付了 30% 的货款，余款待设备试用 3 个月后支付。运费及 30% 的货款全部通过网银支付，分别发生手续费 2 元、3 元。

$$固定资产的入账价值=1\ 000\ 000+11\ 100/（1+11\%）=1\ 010\ 000（元）$$

$$应计入增值税进项税额=170\ 000+11\ 100/（1+11\%）\times11\%=171\ 100（元）$$

先导公司应根据供应商开具的增值税专用发票、运费专用发票及网银付款凭证编制如下会计分录：

借：固定资产	1 010 000
应交税费——应交增值税（进项税额）	171 100
财务费用	5
贷：银行存款[（1 000 000+170 000）×30%+11 100+5]	362 105
应付账款[（1 000 000+170 000）×70%]	819 000

如 3 个月试用结束后，该设备使用状况良好，先导公司通过网银行支付余款，发生手续费 10 元。

先导公司则根据网银付款凭证编制如下会计分录：

借：应付账款	819 000
财务费用	10
贷：银行存款	819 010

（2）需要安装的固定资产。外购需要安装的固定资产是指固定资产购入后，需要经过安装、调试和试运行，才能交付使用。

小企业购入需要安装的固定资产时，按实际支付的价款、应计入成本的相关税费和其他支出，借记"在建工程"科目；按可抵扣的增值税进项税额，借记"应交税费——应交增值税（进项税额）"科目，根据货款结算情况，贷记"银行存款""应付账款"等科目；发生的安装费用，借记"在建工程"科目；按可抵扣的增值税进项税额，借记"应交税费——应交增值税（进项税额）"科目，根据安装支出实际情况，贷记有关科目；安装完成交付验收使用时，根据发生的全部支出，借记"固定资产"科目，贷记"在建工程"科目。

【例 3-18】20×6 年 3 月 6 日，增值税一般纳税人先导公司通过网银支付款项方式购入 1 台需要安装的机床，增值税专用发票上注明的设备买价为 300 000 元，增值税额为 51 000 元，支付运输费 4 995 元，取得增值税税率为 11% 的运费增值税专用发票。安装过程发生安装费 40 000 元，另付增值税 4 400 元。安装机床时，领用生产用材料的成本为 20 000 元，购进该批材料时支付的增值税税额为 3 400 元。以上业务 3 笔付业务均通过网银支付款项，分别发生手续费 10 元、2 元、3 元。

$$在建工程入账成本=300\ 000+4\ 995/（1+11\%）=304\ 500（元）$$

$$应计入增值税进项税额=51\ 000+4\ 995/（1+11\%）\times11\%=51\ 495（元）$$

① 购入机床时，先导公司根据供应商开具的增值税专用发票、运输费增值税专用发票及网银付款凭证、设备验收单编制如下会计分录：

借：在建工程 304 500

应交税费——应交增值税（进项税额） 51 495

财务费用 12

贷：银行存款 356 007

② 根据安装费专用发票及网银付款凭证：

借：在建工程 40 000

应交税费——应交增值税（进项税额） 4 400

财务费用 3

贷：银行存款 44 403

③ 领用安装材料时，根据领料单：

借：在建工程 20 00

贷：原材料 20 000

【小贴士】

所购原材料的进项税额不需要转出，机器设备属于增值税应税项目。按照最新的营业税改征增值税（以下简称营改增）政策，原材料用于厂房等建筑物，其进项税额也不需要转出。

④ 机床安装完毕交付使用时：

固定资产入账成本=304 500+40 000+20 000=364 500（元）

借：固定资产 364 500

贷：在建工程 364 500

（二）自行建造固定资产

小企业自行建造固定资产，是指小企业自行建造生产经营所需的各种设备、建筑物等。根据实施的方式不同，可分为自营工程和出包工程两种方式。由于采用的建设方式不同，其会计处理也不同。

1. 自营工程

自营工程，是指小企业自行组织工程物资采购、自行组织施工人员施工的建筑工程和安装工程。

小企业购入为工程准备的物资，应当按照实际支付的购买价款和相关税费（不包括可抵扣的增值税），借记"在建工程"；按专用发票上注明的可抵扣的增值税，借记"应交税费——应交增值税（进项税额）"；根据款项结算情况，贷记"应付账款"等科目。

领用工程物资时，按实际成本，借记"在建工程"科目，贷记"工程物资"科目。在建工程应负担的职工薪酬，借记"在建工程"科目，贷记"应付职工薪酬"科目。在建工程领用本企业材料的，按照材料的实际成本，借记"在建工程"科目，贷记"原材料"科目。在建工程使用本企业的产品或商品，按照产品或商品的实际成本，借记"在建工程"科目，贷记"库存商品"科目。在建工程在竣工决算前发生的专门为工程建设计入的长期借款的利息，在应付利息日应当根据合同利率计算确定的利息费用，借记"在建工程"科目，贷记"应付利息"科目。工程办理竣工决算后发生的利息费，在应付利息日，借记"财务费用"科目，贷记"应付利息"等科目。

在建工程例如设备类在试运转过程中发生的支出，借记"在建工程"科目，贷记"银行存款"等科目；形成的产品或副产品对外销售或转为库存商品的，借记"银行存款""库存商品"等科目，贷记"在建工程"科目。自营工程办理竣工决算，按照实际发生的成本，借记"固定资产"科目，贷记"在建工程"科目。

工程完工后将领出的剩余工程物资退库时借记"工程物资"科目，贷记"在建工程"科目。工程完工后剩余的工程物资转作本企业存货的，借记"原材料"等科目，贷记"工程物资"科目。

【例3-19】20×6年4月5日，先导公司自建仓库一幢，赊购为工程准备的各种物资400 000元，增值税额为68 000元，全部用于工程建设。领用本企业生产的材料一批，实际成本为60 000元，税务部门确定的计税价格为80 000元，增值税税率为17%；工程人员应计工资80 000元，支付的其他费用25 000元，发生手续费5元。当年，工程完工并办理竣工决算。

根据以上资料，先导公司的会计处理如下：

① 先导公司购入工程物资时，根据供应商开具的增值税专用发票、工程物资入库单编制如下会计分录：

借：工程物资		400 000
应交税费——应交增值税（进项税额）		68 000
贷：应付账款		468 000

 【小贴士】

根据最新的营改增政策，工程物资进项税额可以抵扣，不计入工程物资成本。

② 先导公司工程领用工程物资时，根据工程物资出库单编制如下会计分录：

借：在建工程		400 000
贷：工程物资		400 000

③ 先导公司工程领用本公司生产的材料时，根据领料单编制如下会计分录：

借：在建工程		60 000
贷：原材料		60 000

 【小贴士】

根据最新的营改增政策，购进原材料的进项税额也不需要转出，营改增之前，进项额是不能抵扣的，需要转出。

④ 先导公司分配工程人员工资时，根据工资分配表编制如下会计分录：

借：在建工程		80 000
贷：应付职工薪酬		80 000

⑤ 先导公司支付工程发生的其他费用时，根据有关凭证编制如下会计分录：

借：在建工程	25 000
财务费用	5
贷：银行存款	25 005

⑥ 先导公司工程完工转入固定资产，根据竣工决算单编制如下会计分录：

借：固定资产	565 000
贷：在建工程	565 000

【例 3-20】先导公司于 20×6 年 5 月 15 日自行建造一条生产线，购入各种工程物资，取得的增值税专用发票上注明的价款为 300 000 元，增值税税额为 51 000 元，款项通过网银支付，发生手续费 10 元。实际领用工程物资 280 000 元，剩余物资转为原材料。工程领用本企业产品一批，其成本为 25 000 元，计税价格为 30 000 元，该产品适用的增值税税率为 17%；分配工程人员工资 50 000 元，企业辅助生产车间为工程提供有关劳务支出 10 000 元。生产线于 20×6 年 6 月 25 日建造完工投入使用。

根据以上资料，先导公司的会计处理如下：

① 先导公司购入工程物资时，根据供应商开具的增值税专用发票、工程物资入库单、网银付款凭证编制如下会计分录：

借：工程物资	300 000
应交税费——应交增值税（进项税额）	51 000
财务费用	10
贷：银行存款	351 010

② 先导公司工程领用工程物资时，根据工程物资出库单编制如下会计分录：

借：在建工程	280 000
贷：工程物资	280 000

③ 先导公司工程领用本公司生产的产品时，根据产品出库单编制如下会计分录：

借：在建工程	25 000
贷：库存商品	25 000

④ 先导公司分配工程人员工资时，根据工资分配表编制如下会计分录：

借：在建工程	50 000
贷：应付职工薪酬	50 000

⑤ 先导公司分配辅助生产车间提供的劳务支出，根据辅助生产费用分配表编制如下会计分录：

借：在建工程	10 000
贷：生产成本——辅助生产成本	10 000

⑥ 先导公司剩余物资转为材料时，根据材料入库单编制如下会计分录：

借：原材料	20 000
贷：工程物资	20 000

⑦ 先导公司工程办理竣工决算时，根据竣工决算单编制如下会计分录：

借：固定资产 365 000

贷：在建工程 365 000

2. 出包工程

出包工程，是指小企业通过招标等方式将工程项目发包给承包企业，由承包企业组织施工的建筑工程和安装工程。在这种方式下，工程的具体支出由承包企业核算，"在建工程"科目主要核算与承包企业工程价款的结算。小企业出包工程，按照合同规定预付的工程价款，借记"预付账款"科目，贷记"银行存款"等科目；按照工程进度结算工程价款，借记"在建工程"科目，贷记"银行存款""预付账款"等科目。工程完工收到承包方的结算单时，借记"固定资产"科目，贷记"在建工程"科目。

【例 3-21】先导公司将一幢厂房工程出包给 M 公司承建，按规定在工程开工时向 M 公司预付工程价款 800 000 元，厂房工程完工后收到 M 公司结算账单，该项工程实际支出 1 000 000 元，先导公司补付工程价款 200 000 元，所有款项都通过网银行支付，先后发生手续费 10 元及 5 元。出包厂房完工后，经验收合格交付使用。

根据以上资料，先导公司的会计处理如下：

① 先导公司预付工程款时，根据建设工程施工合同及网银付款凭证编制如下会计分录：

借：预付账款——出包工程（厂房） 800 000

财务费用 10

贷：银行存款 800 010

② 先导公司按照工程进度结算工程价款时，根据工程价款结算账单、发票、网银付款凭证编制如下会计分录：

借：在建工程——出包工程（厂房） 1 000 000

财务费用 5

贷：银行存款 200 005

预付账款——出包工程（厂房） 800 000

③ 工程完工办理竣工结算时：

借：固定资产 1 000 000

贷：在建工程——出包工程（厂房） 1 000 000

（三）投资者投入的固定资产

投资者投入固定资产的成本，应当按照评估价值和相关税费确定。会计核算时，小企业在办理固定资产移交手续之后，按投资合同或者协议约定的价值作为固定资产的入账价值，借记"固定资产"等科目。按投资各方确认的价值在其注册资本中所占的份额，确认为实收资本或股本；两者差额确认为"资本公积"，贷记"资本公积——资本溢价"科目。

【例 3-22】先导有限责任公司收到红星企业作为资本投入的不需要安装的设备一台，取得增值税专用发票上注明的价款 300 000 元，增值税税额为 51 000 元。投资协议约定先导公司接受红星公司的投入资本为 250 000 元。

根据以上资料，先导公司根据增值税专用发票、固定资产验收入库单等凭证编制会计分录如下：

借：固定资产 300 000

应交税费——应交增值税（进项税额） 51 000

贷：实收资本 250 000

资本公积——资本溢价 101 000

（四）融资租入的固定资产

融资租赁，是指在实质上转移了与资产所有权有关的全部风险和报酬的一种租赁。小企业采用融资租赁方式租入固定资产，在固定资产租赁期间虽然所有权尚未转移，但其全部的风险和报酬已全部转移到承租方。因此，小企业应将融资租赁方式租入的固定资产作为企业自有资产入账，同时确认相应的负债，并计提固定资产折旧。

融资租入的固定资产，在租赁期开始日，应当按照租赁合同约定的付款总额和在签订租赁合同过程中发生的相关税费等，借记"固定资产"科目或"在建工程"科目，贷记"长期应付款"科目。

【例 3-23】先导公司以融资租赁方式从宏达租赁公司租入生产用设备一台，租赁合同确定的设备租赁价款为 350 000 元，通过网银支付设备运费 11 100 元，发生手续费 3 元。

先导公司应根据设备融资租赁合同、物流公司开具的运费专用发票及网银付款凭证编制如下会计分录：

固定资产的入账价值=350 000+11 100÷（1+11%）=360 000（元）

借：固定资产——融资租入固定资产 360 000

应交税费——应交增值税（进项税额） 1 100

财务费用 3

贷：长期应付款——应付融资租赁款 350 000

银行存款 11 103

（五）盘盈的固定资产

盘盈的固定资产是指盘点中发现的账外固定资产。由于固定资产一般单位价值较高、使用时限较长，对于管理规范的小企业而言，盘盈固定资产的情况比较少见。因而一旦发现，应当立即补登会计账簿。由于盘盈的固定资产往往在小企业以前的会计账簿上没有记载或者记载的相关资料不全等原因，无法有效确定其历史成本，因而《小企业会计准则》规定盘盈固定资产的成本，应当按照同类或者类似固定资产的市场价格或评估价值，扣除按照该固定资产新旧程度估计之后的余额确定，相当于采用重置成本计量。

盘盈的固定资产，按照同类或类似固定资产的市场价格或评估价值扣除按照新旧程度估计的折旧后的余额，借记"固定资产"科目，贷记"待处理财产损溢——待处理非流动资产损溢"科目。报经上级主管领导批准后，借记"待处理财产损溢——待处理非流动资产损溢"科目，贷记"营业外收入"科目。

【例 3-24】先导公司 20×6 年 6 月 30 日年度中期盘点中，发现一台仪器未在账簿中记录。该仪器当前市场价格 7 000 元，根据其新旧程度估计价值损耗 2 000 元。

① 先导公司根据固定资产盘存报告单编制如下会计分录：

　　借：固定资产　　　　　　　　　　　　　　　　　　　5 000

　　　　贷：待处理财产损溢——待处理非流动资产损溢　　　　　5 000

② 报经上级主管领导批准后，根据批准报告单编制如下会计分录：

　　借：待处理财产损溢——待处理非流动资产损溢　　　　5 000

　　　　贷：营业外收入　　　　　　　　　　　　　　　　　　5 000

【小贴士】

　　《小企业会计准则》规定的盘盈的固定资产的会计处理与《企业会计准则》的规定不同，《企业会计准则》中盘盈的固定资产作为会计差错处理，盘盈时按重置成本计入"以前年度损益调整"科目，并进行追溯调整。

第三节　无形资产的取得与付款业务

　　无形资产是指企业拥有或者控制的没有实物形态的可辨认非货币性资产。无形资产具有广义和狭义之分，会计上通常从狭义的角度理解无形资产，即指专利权、商标权等。

一、无形资产的含义与确认条件

（一）无形资产的含义

　　无形资产，是指小企业为生产产品、提供劳务、出租或经营管理而持有的、没有实物形态的可辨认非货币性资产。

　　无形资产尽管不存在物质实体，但它们表明企业拥有一种特殊的权利。这种权利有助于企业取得高于一般水平的获利能力，在较长时期内为企业带来经济利益。与其他资产相比，无形资产具有以下特征。

　　1. 无形资产不具有实物形态

　　无形资产通常表现为某种权利、某项技术或是某种获取超额利润的能力，它们不具有实物形态。例如，土地使用权、非专利技术等，却能为企业带来经济利益或使企业获取超额收益。某些无形资产的存在有赖于实物载体。例如，计算机软件需要存储在磁盘中，但这并不改变无形资产本身不具实物形态的特性。无论是否存在实物载体，只要将一项资产归类为无形资产，则不具有实物形态仍然是无形资产的特征之一。不具有独立的物质实体，是无形资产区别于其他资产的显著标志。

　　2. 无形资产具有可辨认性

　　符合以下条件之一的，则认为其具有可辨认性。

　　（1）能够从小企业分离或者划分出来，并能单独用于出售或转让等，表明无形资产可以辨认。某些情况下，无形资产可能需要与有关的合同一起用于出售转让等，这种情况下也视其为可辨认资产。

（2）产生于合同性权利或其他法定权利，无论这些权利是否可以从小企业或其他权利和义务中转移或者分离。例如，一方通过与另一方签订特许权合同而获得的特许使用权；又如，通过法律程序申请获得的商标权、专利权。

3. 无形资产属于非货币性资产

非货币性资产是相对于货币性资产而言的，货币性资产是指导企业持有的货币资金和将以固定或可确定的金额收取的资产，包括现金、银行存款、应收账款和应收票据以及准备持有至到期的债券投资等。如果资产在将来为企业带来的经济利益是固定的或是可确定的，则该资产是货币性资产；反之，如果资产在将来为企业带来的经济利益是不固定的，或不可确定的，则该资产是非货币性资产。因无形资产将来会在较长时间内为企业带来经济利益，且带来的经济利益的金额是不确定的，所以无形资产属于非货币性资产。

（二）无形资产的确认条件

1. 与该资产有关的经济利益很可能流入小企业

作为无形资产确认的项目，必须具备产生的经济利益很可能流入企业。通常情况下，无形资产产生的未来经济利益很可能包括在销售商品、提供劳务的收入中，或者小企业使用该项无形资产而减少或者节约的成本中，或体现在获得的其他利益中。实务中，要确定无形资产创造的经济利益是否很可能流入小企业，需要进行职业判断。

2. 该无形资产的成本能够可靠计量

成本能够可靠计量是资产确认的一项基本条件。对于无形资产来说，这个条件更为重要。例如，企业内部产生的品牌、报刊名等，因其成本无法可靠计量，不作为无形资产确认。

二、无形资产的内容

小企业的无形资产通常包括土地使用权、专利权、商标权、著作权、非专利技术等。

1. 土地使用权

土地使用权，是指国家准许某企业在一定期间内对国有土地享有开发、利用、经营的权利。根据我国《土地管理法》的规定，我国土地实行公有制，任何单位和个人不得侵占、买卖或者以其他形式非法转让。国家和集体可以依照法定程序对土地使用权实行有偿出让，企业也可以依照法定程序取得土地使用权，或将已取得的土地使用权依法转让。企业取得土地使用权的方式大致有几种：行政划拨取得、外购取得及投资者投资取得。

2. 专利权

专利权，是指国家专利主管机关依法授予发明创造专利申请人，对其发明创造在法定期限内所享有的专有权利，包括发明专利权、实用新型专利权和外观设计专利权。根据我国的专利法规定，专利权分为发明专利和实用新型及外观设计两种，自申请日期计算，发明专利权的期限为20年，实用新型及外观设计的期限为10年。发明者在取得专利权后，在有效期内将享有专利的独占权。

3. 商标权

商标权，是指专门在某类指定的商品或产品上使用特定的名称或图案的权力，依法注册登记后，取得的受法律保护的独家使用权利。商标是用来辨认特定的商品或劳务的标记，代表着企业的一种荣誉，从而具有相应的经济价值。根据我国商标法规定，注册商标的有效期限为 10 年，期满可依法延长。

4. 著作权

著作权又称版权，是作者对其创作的文学、科学和艺术作品依法享有的某些特殊权利。著作权包括作品署名权、发表权、修改权和保护作品完整权，还包括复制权、发行权、出租权、表演权、放映权、广播权、信息网络传播权、摄制权、改编权、翻译权、汇编权以及应当由著作权人享有的其他权利。

5. 非专利技术

非专利技术也称专有技术，是指不为外界所知、在生产经营活动中已采用的、不享有法律保护的可以带来经济效益的各种技术和诀窍。非专利技术一般包括工业专有技术、商业贸易专有技术、管理专有技术等。

非专利技术因为未经法定机关按法定程序批准和认可，所以不受法律保护。非专利技术没有法律上的有限年限，只有经济上的有效年限。

6. 特许权

特许权又称特许经营权、专营权，是指企业在某一地区经营或销售某种特定商品的权力，或是一家企业接受另一家企业使用其商标、商号、秘密技术等权利。前者一般是由政府机构授权准企业使用或在一定地区享有经营某种业务的特权，如烟草专卖权；后者是由企业依照签订的合同有期限或无期限使用另一家企业的某些权利，如连锁店分店使用总店的名称等。

三、无形资产的初始计量与核算

无形资产的初始计量是指小企业初始取得无形资产时入账价值的确定。无形资产的取得方式有很多，不同方式取得的无形资产，其入账价值的确定方法也是不同的。

（一）无形资产入账价值的确定

小企业无形资产应按取得时的实际成本入账。取得时的实际成本按以下原则确定。

（1）外购无形资产的成本包括购买价款、相关税费和相关的其他支出，但不含按照税法规定可以抵扣的增值税进项税额。相关税费，即在购买无形资产的过程中发生的直接相关的税费，如购买土地使用权时缴纳的契税、商标权的注册费等。相关的其他支出包括使无形资产达到预定用途所发生的借款费用、专业服务费、测试无形资产是否能够正常发挥作用的费用等，但不包括为引入新产品进行宣传而发生的广告费、管理费用及其他间接费用，也不包括在无形资产已经达到预定用途以后发生的费用。

（2）投资者投入的无形资产的成本，应当按照评估价值确定。如果涉及增值税进项税额和其他相关税费，还应按照税法规定进行相应会计处理。

（3）自行开发的无形资产的成本，由符合资本化条件后至达到预定用途前发生的支出（含相关的借款费用）构成。

（二）取得无形资产的核算

1. 外购无形资产

小企业外购无形资产应当按照实际支付的购买价款、相关税费（不包括按照税法规定可抵扣的增值税进项税额）、其他相关支出等，借记"无形资产"科目；按照税法规定可抵扣的增值税进项税额，借记"应交税费——应交增值税（进项税额）"；根据购买款项实际结算情况，贷记"银行存款"等科目。

【例3-25】 先导公司于20×6年7月10日从科华公司购入一项商标权，增值税专用发票上注明的价款400 000元，税额24 000元，总计424 000元，企业通过网银支付，发生手续费10元。

先导公司根据增值税专用发票、网银付款凭证编制如下会计分录：

借：无形资产	400 000
应交税费——应交增值税（进项税额）	24 000
财务费用	10
贷：银行存款	424 010

 **【小贴士】**

全面营改增后，购入商标权也需要缴纳增值税，适用的增值税税率为6%。

2. 投资者投入的无形资产

小企业收到投资者投入的无形资产，应当按照评估价值和相关税费，但不包括按照税法规定可抵扣的增值税进项税额，借记"无形资产"科目，贷记"实收资本""资本公积"科目。

【例3-26】 先导公司接受卡特尔公司投入的一项专利权投资，卡特尔公司提供的增值税专用发票上注明的价款为300 000元，税额为18 000元，合计318 000元。其中300 000元为双方确认的资本。

先导公司根据增值税专用发票、投资协议等凭证编制如下会计处理：

借：无形资产	300 000
应交税费——应交增值税（进项税额）	18 000
贷：实收资本	300 000
资本公积——资本溢价	18 000

3. 自行开发的无形资产

（1）小企业自行研究开发项目应划分为研究阶段和开发阶段。

① 研究阶段是指为获取并理解新的科学或技术知识而进行的独创性的有计划调查。研究阶段是探索性的，为进一步开发活动进行资料及相关方面的准备，已进行的研究活动将来是否会转入开发、开发后是否会形成无形资产等均具有较大的不确定性。

② 开发阶段是指在进行商业性生产或使用前，将研究成果或其他知识应用于一项计划或设计，以生产出新的或具有实质性改进的材料、装置、产品等。对于研究阶段而言，开发阶段应当是已完成研究阶段的工作，在很大程度上具备了形成一项新产品或新技术的基本条件。

（2）自行研究开发项目发生的支出，按照下列规定处理。

① 研究阶段的支出在发生时，直接计入当期损益（管理费用）。

② 开发阶段的支出符合资本化条件的，计入无形资产的成本；不符合资本化条件的，计入当期损益（管理费用）。

（3）小企业自行开发无形资产发生的支出，同时满足下列条件的，才能认为是无形资产。

① 完成该无形资产以使其能够使用或出售在技术上具有可行性。判断无形资产的开发在技术上是否具有可行性，应当以目前阶段的成果为基础，并提供相关证据和材料，证明企业进行开发所需的技术条件等已经具备，不存在技术上障碍或其他不确定性。

② 具有完成该无形资产并使用或出售的意图。开发某项产品或专利技术产品等，通常是根据管理当局决定该项研发活动的目的或者意图所决定，即研发项目形成成果以后，是为出售，还是为自己使用并从使用中获得经济利益，应当依管理当局的意图而定。因此，企业的管理当局应能够说明其持有拟开发无形资产的目的，并具有完成该项无形资产开发并使其能够使用或出售的可能性。

③ 能够证明运用该无形资产生产的产品存在市场或无形资产将在内部使用的，应当证明其有用性。无形资产确认的基本条件是能够为企业带来未来经济。就其能够为企业带来未来经济利益的方式而言，如果有关的无形资产在形成以后，主要是用于形成新产品或新工艺的，企业应对运用该无形资产生产的产品市场情况进行估计，应能够证明所生产的产品存在市场，能够带来经济利益的流入；如果有关的无形资产开发以后主要对外出售，则企业应能够证明市场上存在对该类无形资产需求，开发以后存在外在的市场可以出售并带来经济利益的流入；如果无形资产开发以后不是用于生产产品，也不是用于对外出售，而是在企业内部使用的，则企业应能够证明在企业内部使用时对企业的有用性。

④ 有足够的技术、财务资源和其他资源支持，以完成该无形资产的开发，并有能力使用或出售该无形资产。这就要求为完成该项无形资产具有技术的可靠性，开发的无形资产并使其形成成果在技术上的可靠性是继续开发活动的关键。因此，必须有确凿证据证明企业继续开发该项无形资产有足够的技术支持和技术能力。财务资源和其他资源支持是指能够完成该项无形资产开发的经济基础，因此，企业必须能够说明为完成该项无形资产的开发所需的财务和其他资源，是否能够足以支持完成该项无形资产的开发。例如，在企业自有资金不足以提供支持的情况下，是否存在外部其他方面的资金支持，如以银行等借款机构愿意为该无形资产的开发提供所需资金的声明等来证实。有能力使用或出售该无形资产以取得收益。

⑤ 归属于该无形资产开发阶段的支出能够可靠计量。

（4）自行开发无形资产的会计处理。小企业应设置"研发支出"科目，并分设两个明细科目"资本化支出"和"费用化支出"核算小企业进行研究与开发无形资产过程中发生的各项支出。该科目借方登记实际发生的各项支出，包括研究阶段和开发阶段的支出。贷方登记会计期末转为管理费用的金额及研发成本转为无形资产的金额；期末借方余额，反映小企业正在开发尚未达到预定可使用状态的满足资本化条件的研发支出。

小企业自行研究开发无形资产发生的研发支出，不满足资本化条件的，借记"研发支出——费用化支出"科目，满足资本化条件的借记"研发支出——资本化支出"科目，贷记"原材料""应付职工薪酬""应付利息"等科目。月末，应将"研发支出"科目归集的费用化支出金额转入"管理费用"科目，借记"管理费用"科目，贷记"研发支出——费用化支出"科目。研究开发项目达到预定用途形成无形资产的，应按"研发支出——资本化支出"科目的余额，借记"无形资产"科目，贷记"研发支出——资本化支出"科目。

【例 3-27】先导公司于 20×6 年 8 月开始自行研制某项新型技术，该项目在研究开发过程中发生材料费用 800 000 元、人工费用 400 000 元以及其他费用 300 000 元（银行存款支付），总计 1 500 000 元，其中，符合资本化条件的支出为 1 000 000 元。20×6 年 12 月，该项新型技术已经达到预定用途。

根据以上资料，先导公司应编制如下会计分录：

① 发生研发支出时，先导公司根据领料单、工资结算汇总表、发票、银行付款凭证等凭证，编制如下会计处理：

借：研发支出——费用化支出	500 000	
——资本化支出	1 000 000	
贷：原材料		800 000
应付职工薪酬		400 000
银行存款		300 000

② 20×6 年 12 月，将不符合资本化条件的研发支出转入当期损益时编制如下会计分录：

借：管理费用	500 000	
贷：研发支出——费用化支出		500 000

【小贴士】

实务中，应每月末将"研发支出——费用化金额"科目归集的金额转入"管理费用"科目，这里为简化核算，假设年末一起结转。

③ 20×6 年 12 月，该项新型技术达到预定用途，将符合资本化条件的资本化支出转入无形资产：

借：无形资产	1 000 000	
贷：研发支出——资本化支出		1 000 000

第四节

采购业务涉税规定及处理

经国务院批准，自 2016 年 5 月 1 日起，在全国范围内全面推开营业税改征增值税（以下称营改增）试点，建筑业、房地产业、金融业、生活服务业等全部营业税纳税人，纳入试点范围，由缴纳营业税改为缴纳增值税。同时，颁布了《营业税改征增值税试点实施办法》，采购业务中涉及增值税规定主要由《营业税改征增值税试点实施办法》及《营业税改征增值税试点有关事项的规定》规范。

一、采购业务增值税的涉税规定

（1）《营业税改征增值税试点实施办法》第二十四条规定进项税额，是指纳税人购进货物、加工修理修配劳务、服务、无形资产或者不动产，支付或者负担的增值税额。

（2）《营业税改征增值税试点实施办法》第二十五条规定下列进项税额准予从销项税额中抵扣。

① 从销售方取得的增值税专用发票（含税控机动车销售统一发票，下同）上注明的增值税额。

② 从海关取得的海关进口增值税专用缴款书上注明的增值税额。

③ 购进农产品，除取得增值税专用发票或者海关进口增值税专用缴款书外，按照农产品收购发票或者销售发票上注明的农产品买价和13%的扣除率计算的进项税额。计算公式为：

$$进项税额=买价×扣除率$$

买价，是指纳税人购进农产品在农产品收购发票或者销售发票上注明的价款和按照规定缴纳的烟叶税。

购进农产品，按照《农产品增值税进项税额核定扣除试点实施办法》抵扣进项税额的除外。

【小贴士】

　　某生产企业A用银行存款100万元从某一私人粮食种植大户购买粮食一批作为进一步加工农产品的原材料，收购凭证上的金额为100万元。则该企业所购农产品可以抵扣的进项税额=100×13%=13（万元），所购原材料的成本=100-13=87（万元）。

④ 从境外单位或者个人购进服务、无形资产或者不动产，自税务机关或者扣缴义务人取得的解缴税款的完税凭证上注明的增值税额。

（3）《营业税改征增值税试点实施办法》第二十六条规定，纳税人取得的增值税扣税凭证不符合法律、行政法规或者国家税务总局有关规定的，其进项税额不得从销项税额中抵扣。

增值税扣税凭证，是指增值税专用发票、海关进口增值税专用缴款书、农产品收购发票、农产品销售发票和完税凭证。

纳税人凭完税凭证抵扣进项税额的，应当具备书面合同、付款证明和境外单位的对账单或者发票。资料不全的，其进项税额不得从销项税额中抵扣。

（4）《营业税改征增值税试点实施办法》第二十七条规定，下列项目的进项税额不得从销项税额中抵扣。

① 用于简易计税方法计税项目、免征增值税项目、集体福利或者个人消费的购进货物、加工修理修配劳务、服务、无形资产和不动产。其中涉及的固定资产、无形资产、不动产，仅指专用于上述项目的固定资产、无形资产（不包括其他权益性无形资产）、不动产。纳税人的交际应酬消费属于

个人消费。

**【小贴士】**

个人消费包括纳税人的交际应酬消费。交际应酬消费不属于生产经营中的生产投入和支出，是一种生活性消费活动，而增值税是对消费行为征税的，消费者即是负税者。因此，交际应酬消费需要负担对应的进项税额。同时，交际应酬消费和个人消费难以准确划分，征管中不宜掌握界限，如果对交际应酬消费和个人消费分别适用不同的税收政策，容易诱发偷税避税行为。因此，为了简化操作，公平税负，对交际应酬消费所用的货物、加工修理修配劳务、服务、无形资产和不动产不得抵扣进项税额。例如，公司将买来的烟、酒、茶叶等用品，用于了公司日常招待，则属于交际应酬消费，其购买烟、酒、茶叶所支付的增值税进项税额不得抵扣。

② 非正常损失的购进货物，以及相关的加工修理修配劳务和交通运输服务。

③ 非正常损失的在产品、产成品所耗用的购进货物（不包括固定资产）、加工修理修配劳务和交通运输服务。

④ 非正常损失的不动产，以及该不动产所耗用的购进货物、设计服务和建筑服务。

⑤ 非正常损失的不动产在建工程所耗用的购进货物、设计服务和建筑服务。纳税人新建、改建、扩建、修缮、装饰不动产，均属于不动产在建工程。

⑥ 购进的旅客运输服务、贷款服务、餐饮服务、居民日常服务和娱乐服务。

⑦ 财政部和国家税务总局规定的其他情形。

本条第④项、第⑤项所称货物，是指构成不动产实体的材料和设备，包括建筑装饰材料和给排水、采暖、卫生、通风、照明、通信、煤气、消防、中央空调、电梯、电气、智能化楼宇设备及配套设施。

（5）《营业税改征增值税试点实施办法》第二十八条规定不动产、无形资产的具体范围，按照本办法所附的《销售服务、无形资产或者不动产注释》执行。

固定资产，是指使用期限超过 12 个月的机器、机械、运输工具以及其他与生产经营有关的设备、工具、器具等有形动产。

非正常损失，是指因管理不善造成货物被盗、丢失、霉烂变质，以及因违反法律法规造成货物或者不动产被依法没收、销毁、拆除的情形。

二、不动产的增值税的特别规定

根据《营业税改征增值税试点有关事项的规定》，适用一般计税方法的试点纳税人，2016 年 5 月 1 日后取得并在会计制度上按固定资产核算的不动产或者 2016 年 5 月 1 日后取得的不动产在建工程，其进项税额应自取得之日起分 2 年从销项税额中抵扣，第一年抵扣比例为 60%，第二年抵扣比例为 40%。

取得不动产，包括以直接购买、接受捐赠、接受投资入股、自建以及抵债等各种形式取得不动产，不包括房地产开发企业自行开发的房地产项目。

融资租入的不动产以及在施工现场修建的临时建筑物、构筑物，其进项税额不适用上述分2年抵扣的规定。

按照《试点实施办法》第二十七条第（一）项规定不得抵扣且未抵扣进项税额的固定资产、无形资产、不动产，发生用途改变，用于允许抵扣进项税额的应税项目，可在用途改变的次月按照下列公式计算可以抵扣的进项税额：

可以抵扣的进项税额=固定资产、无形资产、不动产净值÷（1+适用税率）×适用税率

上述可以抵扣的进项税额应取得合法有效的增值税扣税凭证。

三、增值税进项税额抵扣的规定

根据《国家税务总局关于调整增值税扣税凭证抵扣期限有关问题的通知》（国税函〔2009〕617号）规定，增值税一般纳税人取得的增值税专用发票和机动车销售统一发票，应在开具之日起180日内到税务机关办理认证，并在认证通过的次月申报期内，向主管税务机关申报抵扣进项税额。

实行海关进口增值税专用缴款书"先比对后抵扣"管理办法的增值税一般纳税人取得的海关缴款书，应在开具之日起180日内向主管税务机关报送《海关完税凭证抵扣清单》（包括纸质资料和电子数据）申请稽核比对。未实行海关缴款书"先比对后抵扣"管理办法的增值税一般纳税人取得的海关缴款书，应在开具之日起180日后的第一个纳税申报期结束以前，向主管税务机关申报抵扣进项税额。

增值税一般纳税人取得的增值税专用发票和机动车销售统一发票以及海关缴款书等，未在规定期限内到税务机关办理认证、申报抵扣或者申请稽核比对的，不得作为合法的增值税扣税凭证，不得计算进项税额抵扣。

《国家税务总局关于逾期增值税扣税凭证抵扣问题的公告》（国家税务总局公告2011年第50号）规定，对增值税一般纳税人发生真实交易但由于客观原因造成增值税扣税凭证逾期的，经主管税务机关审核、逐级上报，由国家税务总局认证、稽核比对后，对比对相符的增值税扣税凭证，允许纳税人继续抵扣其进项税额。

 【小贴士】

增值税进项税额的抵扣不仅要取得合法的抵扣凭证，还需要在规定的时间（自开票日起180天内）内到税务机关办理认证，只有认证通过的进项税额才可以在下月申报纳税时从销项税额中抵扣。目前进项税额认证主要有两种方式：第一种是到税务局认证（主要是通过税务局提供的认证系统自助完成）；第二种购买认证软件和认证设备（扫描仪），在单位自行认证，这种方式需要按年支付服务费。

四、企业所得税的纳税规定

（一）企业所得税对存货的涉税规定

1. 存货的界定

《企业所得税法实施条例》第七十二条规定，存货是指企业持有以备出售的产品或者商品、处在

生产过程中的在产品、在生产或者提供劳务过程中耗用的材料和物料等。

2. 存货计税基础的确定

《企业所得税法实施条例》第七十二条第二款规定，存货按照以下方法确定成本。

（1）通过支付现金方式取得的存货，以购买价款和支付的相关税费为成本；

（2）通过支付现金以外的方式取得的存货，以该存货的公允价值和支付的相关税费为成本；

（3）生产性生物资产收获的农产品，以产出或者采收过程中发生的材料费、人工费和分摊的间接费用等必要支出为成本。

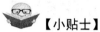

【小贴士】

《小企业会计准则》的规定与税法的规定相同。

（二）企业所得税对固定资产的涉税规定

1. 固定资产计税基础的确定

（1）《企业所得税法实施条例》第五十八条规定，固定资产按照以下方法确定计税基础。

① 外购的固定资产，以购买价款和支付的相关税费以及直接归属于使该资产达到预定用途发生的其他支出为计税基础。

② 自行建造的固定资产，以竣工结算前发生的支出为计税基础。

③ 融资租入的固定资产，以租赁合同约定的付款总额和承租人在签订租赁会同过程中发生的相关费用为计税基础，租赁合同未约定付款总额的，以该资产的公允价值和承租人在签订租赁合同过程中发生的相关费用为计税基础。

④ 盘盈的固定资产，以同类固定资产的重置完全价值为计税基础。

⑤ 通过捐赠、投资、非货币性资产交换、债务重组等方式取得的固定资产，以该资产的公允价值和支付的相关税费为计税基础。

⑥ 改建的固定资产，除另有规定外，以改建过程中发生的改建支出增加计税基础。

（2）特殊规定。《国家税务总局关于贯彻落实企业所得税法若干税收问题的通知》（国税函〔2010〕79号）规定，企业固定资产投入使用后，由于工程款项未结清尚未取得全额发票的，可暂按合同规定的金额计入固定资产计税基础计提折旧，待发票取得后进行调整。但该项调整应在固定资产投入使用后12个月内进行，具体分以下两种情形。

一是投入使用后的12个月内取得相应发票的，以前按照暂估价计算扣除的折旧不做处理，差额部分只影响以后新折旧年限。

二是投入使用后的12个月内没有取得相应发票的，以前按照暂估价计算扣除的折旧应当进行追溯调整，即没有相应发票的，对应的折旧不允许申报扣除。

（三）企业所得税对无形资产的涉税规定

1. 无形资产的界定

《企业所得税法实施条例》第六十五条规定，无形资产是指企业为生产产品、提供劳务、出租或者经营管理而持有的、没有实物形态的非货币性长期资产，包括专利权、商标权、著作权、土地使用权、非专利技术等。

2. 无形资产的计税基础

《企业所得税法实施条例》第六十六条规定，无形资产按照以下方法确定计税基础。

（1）外购的无形资产，以购买价款和支付的相关税费以及直接归属于使该资产达到预定用途发生的其他支出为计税基础。

（2）自行开发的无形资产，以开发过程中该资产符合资本化条件后至达到预定用途前发生的支出为计税基础。

（3）通过捐赠、投资、非货币性资产交换、债务重组等方式取得的无形资产，以该资产的公允价值和支付的相关税费为计税基础。

《企业所得税法实施条例》第九十五条规定，研究开发费用的加计扣除，是指企业为开发新技术、新产品、新工艺发生的研究开发费用，未形成无形资产计入当期损益的，在按照规定据实扣除的基础上，按照研究开发费用50%加计扣除；形成无形资产的，按照无形资产成本的150%摊销。

企业在年度企业所得税纳税申报时，对发生的研发费用需要加计扣除的必须符合《国家税务总局关于印发〈企业研究开发费用税前扣除管理办法（试行）〉的通知》（国税发〔2008〕116号的条件及财税〔2013〕70号文件规定的条件，对不符合加计扣除条件的，不能加计扣除；对于符合加计扣除条件但未形成无形资产的研究开发费用，允许再按其当年研发费用实际发生额的50%，直接抵扣当年的应纳税所得额。

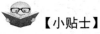

【小贴士】

承【例 3-27】，如果先导公司 20×6 年研制的某项新型技术发生的费用，符合《企业研究开发费用税前扣除管理办法（试行）》规定的加计扣除条件，在 20×6 年度企业所得税纳税申报时，对费用化的 50 万元支出在据实扣除的基础上，允许再按其50%[（50×50%=25（万元）]直接抵扣当年的应纳税所得额；对于形成无形资产的资本化 100 万元，按照其成本的 150%[（100×150%=150（万元）]在税前摊销。假设该无形资产的摊销年限为 10 年，则 20×6 年 12 月允许摊销的金额为 0.83 万元[100÷10÷12=0.83（万元）]，允许加计扣除的金额为 0.42 万元[50÷10÷12=0.42（万元）]。因此，20×6 年度应抵减应纳税所得额 25.42 万元[25+0.42=25.42（万元）]。

习题精练

一、单选题

1. 下列各项中不应计入一般纳税人所购入存货成本的税费是（　　）。

　　A. 可以抵扣的增值税税额　　　　　　B. 消费税

　　C. 资源税　　　　　　　　　　　　　D. 不能抵扣的增值税进项税额

2．下列各项中，不属于存货范围的是（　　）。

A．尚在加工中的产品

B．委托加工存货

C．购货单位已交款并已开出提货单而尚未提走的货物

D．款项已支付，而尚未到达企业的存货

3．某小企业研制一项新技术，在研究过程中总共发生研发支出 120 万元，其中研究阶段的支出 40 万元，开发阶段的支出 80 万元（其中，符合资本化条件的为 55 万元）。研究成功后，为申请获得专利权发生专利登记费 5 万元，律师费 1 万元。该专利权的入账价值（　　）万元。

A．61　　　　D．86　　　　C．126　　　　D．60

4．工业企业有偿取得的土地使用权，应计入（　　）。

A．无形资产　　　　　　　B．管理费用

C．长期待摊费用　　　　　D．开发成本或在建工程成本

5．某一般纳税人购入一台需要安装的设备，取得增值税专用发票上注明的设备买价为 40 000 元，增值税额 6 800 元。设备到达企业时，支付运费 500 元，取得普通发票。设备安装过程领用材料 1 000 元（不含税），购进该批材料的增值税进项税额为 170 元，支付其他安装费用 2 000 元，取得普通发票。安装完成后，该设备的入账价值为（　　）元。

A．43 500　　　B．50 300　　　C．43 670　　　D．50 470

6．某工业小企业为增值税一般纳税人，20×6 年 3 月 9 日购入材料一批，取得的增值税专用发票上注明的价款为 10 000 元，增值税税额 1 700 元，该材料入库前的挑选整理费为 200 元，材料已验收入库。则该材料的入账价值应为（　　）元。

A．10 200　　　B．11 700　　　C．11 900　　　D．10 000

二、多选题

1．某水泥公司于 20×6 年 4 月动工兴建一厂房，在建造过程发生的下列支出或者费用中，应计入厂房建造成本的有（　　）。

A．用银行存款购买工程物资　　　B．支付在建工程人员工资

C．工程项目领用本企业生产的水泥　　　D．发生的业务招待费支出

2．下列各项中，不应当作为小企业无形资产入账价值的是（　　）。

A．开办费　　　　　　　B．为获得土地使用权支付的土地出让金

C．广告费　　　　　　　D．为开发新技术而在研究阶段发生的费用

3．下列资产项目中，属于企业存货的有（　　）。

A．原材料　　　B．工程物资　　　C．生产成本　　　D．库存商品

4．下列税金中，应计入存货成本的是（　　）。

A．一般纳税企业进口原材料支付的关税

B．一般纳税企业购进原材料支付的增值税

C．小规模纳税企业购进原材料支付的增值税

D．一般纳税企业进口应税消费品支付的消费税

5．小企业甲（增值税一般纳税人）20×6 年 5 月购入生产用设备并投入使用，价款 40 万元，进项税额 6.8 万元。甲企业通过网银支付货款 26.8 万元，发生手续费 10 元，余款 3 个月后再付。对于该项经济业务的会计处理，正确的有（　　）。

    A．借记"固定资产"科目 40 万元　　B．借记"固定资产"科目 46.8 万元

    C．贷记"应付账款"科目 20 万元　　D．借记"财务费用"科目 10 元

三、判断题

1．在确定存货数量时，凡是存放在企业的一切货物均应作为企业的存货。（　　）

2．固定资产是指使用寿命超过一年的资产。（　　）

3．小企业接受的投资者投入的商品就应按照该商品在投出方的账面价值入账。（　　）

4．小企业无形资产是指小企业为生产商品、提供劳务、为管理目的而持有的、没有实物形态的非货币性长期资产。（　　）

5．小企业采用出包方式自行建造固定资产时，预付承包单位的工程价款应通过"预付账款"科目核算。（　　）

四、业务题

资料：甲公司为增值税一般纳税人，增值税税率为 17%，甲公司 20×6 年 6 月发生以下业务：

（1）6 月 3 日，持银行汇票 250 万元购入 W 材料 800 千克，增值税专用发票上注明的货款为 200 万元，增值税额 34 万元，材料已验收入库，剩余票款退回并存入银行。

（2）6 月 6 日，签发一张商业承兑汇票购入 W 材料 600 千克，增值税专用发票上注明的货款为 180 万元，增值税额 30.6 万元，材料已验收入库。

（3）6 月 10 日购入一台不需要安装的设备，取得增值税专用发票，不含税价款 1 000 万元，增值税税额 170 万元，甲公司签发一张 1 170 万元银行承兑汇票支付货款。

（4）6 月 15 日，购进 W 材料 500 千克，收到增值税专用发票上注明价款 100 万元，增值税 17 万元，另支付运费 0.2 万元，取得运费普通发票。全部款项以转账支票付清。

（5）6 月 16 日购进财务软件一套，取得增值税专用发票，不含税价款 5 万元，增值税 0.85 万元，甲公司通过网银支付了货款，发生手续费 10 元。

（6）6 月 20 日购入一台需要安装的设备，增值税专用发票上注明设备买价为 200 000 元，增值税额为 34 000 元，设备运达企业后，用转账支票支付运输费 10 000 元，增值税额 1 100 元，取得增值税专用发票。安装过程发生安装费 30 000 元，全部为工程人员薪酬。8 月 15 日设备安装完毕交付使用。设备货款尚欠，合同约定试用 3 个月后运转正常再全额付款。

（7）6 月 25 日购入一项商标权，增值税专用发票上注明的价款 100 000 元，税额 6 000 元，总计 106 000 元，企业通过网银支付，发生手续费 5 元。

要求：根据以上资料编制会计分录。

生产业务

【学习目标】

理解发出存货的方法、固定资产折旧的含义;

理解职工薪酬的内容;

掌握发出存货的 4 种计价方法、固定资产折旧计算的 3 种方法、无形资产摊销的方法;

掌握发出存货的会计核算、职工薪酬的会计核算、固定资产折旧的会计核算、无形资产摊销的会计核算;

掌握生产业务有关税务规定。

制造企业的主要经济活动是生产符合社会需要的产品，产品的生产过程同时也是生产的耗费过程。企业在生产经营过程中发生的各项耗费，是企业为获得收入而预先垫支并需要得到补偿的资金耗费，因而也是收入形成、实现的必要条件。企业要生产产品就要发生各种生产耗费，包括生产资料中的劳动手段（如机器设备）和劳动对象（如原材料）的耗费，以及劳动力等方面的耗费。

第一节 材料费用

小企业在其经营过程中，总是不可避免要消耗各种各样的材料，尤其是制造企业更是如此。材料费用是构成产品成本的主要内容之一。

一、发出材料的计价方法

《小企业会计准则》规定，小企业可以用于确定发出材料成本计价方法分别是：个别计价法、先进先出发、加权平均法。其中，加权平均法还可以进一步分为移动加权平均法和月末一次加权平均法。因此，小企业确定发出材料成本时可以使用 4 种方法。计价方法一经选用，不得随意变更。

（一）选择发出材料计价方法应遵循的具体原则

小企业应该根据各种各样材料的实物流转方式、企业管理要求、材料性质等实际情况，合理选择发出材料成本的计算方法，来确定当期发出材料的实际成本。

（1）对于性质和用途相似的材料，应当采用相同的成本计算方法确定发出存货成本，不得采用不同的方法。

（2）对于不能替代使用的材料、为特定项目专门购入或制造的存货，采用个别计价法确定发出材料的成本。

（3）对于周转材料，采用一次转销法进行处理，在领用时按其成本计入生产成本或当期损益；金额较大的周转材料，也可以采用分次摊销法进行会计处理。

（4）对于已售存货，应当将其成本结转为营业成本。

（二）发出材料计价方法的应用

1. 先进先出法

先进先出法是以先购进的材料先发出（销售或耗用）这样一种材料实物流转假设为前提，对发出材料进行计价的一种方法。其具体方法是：收入材料时，逐笔登记收入材料的数量、单价和金额；发出材料时，按照先购入的材料先发出的原则逐笔登记材料的发出成本和结存金额。

【例 4-1】先导公司 20×6 年 5 月 1 日结存甲种材料 300 公斤，每公斤实际成本为 8 元；5 月 8 日和 5 月 22 日分别购入该材料 400 公斤和 300 公斤，每公斤实际成本分别为 9 元和 10 元；5 月 12 日和 5 月 25 日分别发出该材料 500 公斤和 300 公斤。按先进先出法计价核算时，发出和结存材料的成本如表 4-1 所示。

表 4-1　　　　　　　　　　　　　　　　　材料明细账

名称及规格：甲材料　　　　　　　　　　　　　　　　　　　　　　　　　　　　　　单位：元

20×6年		凭证号	摘要	收入			发出			结存		
月	日			数量	单价	金额	数量	单价	金额	数量	单价	金额
5	1		期初结存							300	8	2 400
	8		购入	400	9	3 600				300 400	8 9	2 400 3 600
	12		发出				300 200	8 9	2 400 1 800	200	9	1 800
	22		购入	300	10	3 000				200 300	9 10	1 800 3 000
	25		发出				200 100	9 10	1 800 1 000	200	10	2 000
	30		本月合计	700		6 600	800		7 000	200	10	2 000

采用先进先出法对发出材料进行计价，可以随时结转材料发出成本，且期末材料成本是按最近购进材料成本计价，但较烦琐。如果材料收发业务较多且材料单价不稳定，其工作量较大。

2. 全月一次加权平均法

全月一次加权平均法是在计算本月材料单位成本时，用月初材料数量和本月各批购入材料的数量作为权数，去除本月全部购进材料成本与月初材料成本，计算出材料的加权平均单位成本，以此为基础计算本月发出材料成本和月末结存材料成本的一种方法。

其计算公式为：

$$材料全月一次加权平均单位成本=\frac{月初库存材料的实际成本+本月购进材料成本}{月初库存材料数量+本月购进材料数量}$$

$$其中，本月购进材料成本=\sum 本月各批购进材料的实际单位成本×本月各批购进材料数量$$

$$发出材料的成本=本月发出材料的数量×加权平均单位成本$$

月末库存材料成本=月初库存材料的实际成本+本月购进材料成本−本月发出材料的成本

【例 4-2】沿用【例 4-1】先导公司的资料，按全月一次加权平均法计算发出材料的成本如下。

表 4-2　　　　　　　　　　　　　　　　　材料明细账

名称及规格：甲材料　　　　　　　　　　　　　　　　　　　　　　　　　　　　　　单位：元

20×6年		凭证号	摘要	收入			发出			结存		
月	日			数量	单价	金额	数量	单价	金额	数量	单价	金额
5	1		期初结存							300	8	2 400
	8		购入	400	9	3 600				900		
	12		发出				500			200		
	22		购入	300	10	3 000				500		
	25		发出				300			200		
	30		本月合计	700		6 600	800			200	9	1 800

$$全月一次加权平均单位成本 = \frac{2\,400 + 6\,600}{300 + 700} = 9（元）$$

本月发出存货成本=800×9=7 200（元）

月末库存材料实际成本=2 400+6 600-7 200=1 800（元）

采用月末一次加权平均法只在月末一次计算加权平均单价，比较简单，有利于简化成本计算工作，但由于平时无法从账上提供发出和结存材料单价及金额，因此不利于材料成本的日常管理与控制。

3. 移动加权平均法

移动加权平均法是指以原有库存材料成本与本次进货成本之和除原有库存材料数量与本次进货数量之和，据以计算加权平均单位成本，作为在下次购进材料前计算各次发出材料成本依据的一种方法。其计算公式为：

$$材料单位成本 = \frac{原有库存材料的实际成本 + 本次购进材料的实际成本}{原有库存材料的数量 + 本次购进材料的数量}$$

本次发出材料的成本=本次发出材料的数量×材料单位成本

本月月末结存材料成本=月初库存材料的实际成本+本月购进材料的实际成本

－本月发出材料的实际成本

【例4-3】沿用【例4-1】先导公司的资料，按移动加权平均法计算发出材料的成本如下。

5月8日购入材料后：

$$材料的加权平均单位成本 = \frac{2\,400 + 3\,600}{300 + 400} = 8.57（元）$$

5月12日发出材料成本 = 500×8.57 = 4 285（元）

5月12日发出材料后结存材料成本 = 2 400 + 3 600 - 4 285 = 1 715（元）

$$5月22日购入材料后，加权平均单位成本 = \frac{1\,715 + 3\,000}{200 + 300} = 9.43（元）$$

5月25日发出材料成本 = 9.43×300 = 2 829（元）

5月25日发出材料后结存材料成本 = 1 715 + 3 000 - 2 829 = 1 886（元）

移动加权平均法被视为较为客观，不易受主观因素影响的存货计价方法。此方法可随时计提存货的收入、发出、结存的情况，便于管理人员及时了解存货的结存情况，加强管理。但由于每次收货都要计算一次平均单价，计算工作量较大，对收发货较频繁的小企业不适用，适合于计算机操作或在手工操作的情况下，存货品种较少或收发次数较少的企业。

4. 个别计价法

个别计价法，也称个别认定法、具体辨认法、分批实际法，其特征是注重所发出材料具体项目的实际流转与成本流转之间的联系，逐一辨认各批发出材料和期末材料所属的购进批别或者生产批别，分别按其购入或者生产时所确定的单位成本计算各批发出材料和期末材料的成本。即把每一种材料的实际成本作为计算发出材料成本和期末材料成本的基础。

【小贴士】

不同的发出存货计价方法对当期结转的发出存货成本金额的影响会有所不同，因为本期发出

存货成本=期初结存存货成本+本期增加存货成本-期末结存存货成本。期末结存存货的大小与本期发出存货成本成反方向变化，与利润成正方向变化，从而影响企业当期的应纳税所得额。主要表现在以下两个方面：

（1）如果期末存货计价过低，则结转当期发出存货成本过高，利润因此被低估；

（2）如果期末存货计价过高，则结转当期发出存货成本过低，利润因此被高估。

因此，企业根据实际情况自行选择发出存货成本，但一经选用，不得随意变更。

二、发出原材料的核算

小企业各生产单位及有关部门领用的材料具有种类多、业务频繁等特点。为了简化核算，会计人员可以在月末根据"领料单"或"限额领料单"中根据领料的单位、部门等加以归类，编制"发料凭证汇总表"，据以编制记账凭证、登账。

按生产耗用的材料费用，借记"生产成本"科目；按生产管理部门耗用的材料费用，借记"制造费用"科目；按企业行政管理部门耗用的材料费用，借记"管理费用"科目；按企业销售部门耗用的材料费用，借记"销售费用"科目；按发出材料的费用总额，贷记"原材料"科目。

【例 4-4】先导公司 20×6 年 9 月 30 日根据"发料凭证汇总表"的记录，基本生产车间领用 A 材料 600 000 元，辅助生产车间领用 A 材料 35 000 元，车间管理部门领用 A 材料 4 000 元，企业行政管理部门领用 A 材料 3 600 元，合计 642 600 元。甲公司应该编制会计分录如下：

```
借：生产成本——基本生产成本                          600 000
         ——辅助生产成本                              35 000
    制造费用                                          4 000
    管理费用                                          3 600
    贷：原材料——A 材料                                        642 600
```

三、发出周转材料的核算

发出周转材料时，通常采用一次转销法进行会计处理，在领用时将其成本计入生产成本或当期损益；金额较大的周转材料，也可以采用分次摊销法进行会计处理。

生产领用周转材料，按其成本，借记"生产成本""制造费用"等科目，贷记"周转材料"科目。金额较大的周转材料，可分次摊销，领用时按其成本借记"周转材料——在用"科目，贷记"周转材料——在库"科目；按照使用次数摊销时，应按照其摊销额，借记"生产成本""制造费用"等科目，贷记"周转材料——摊销"科目。

随同产品出售但不单独计价的包装物，按照其成本，借记"销售费用"科目，贷记"周转材料"科目。随同产品出售并单独计价的包装物，按照其成本，借记"其他业务成本"科目，贷记"周转材料"科目。

小企业出租或出借周转材料时，只对收到的租金和押金进行会计处理，不需要结转其成本，但应当进行备查登记。

【**例4-5**】先导公司20×6年9月20日生产车间生产A产品领用库存全新包装物一批，实际成本3 000元，采用一次转销法核算。

先导公司根据周转材料出库单编制如下会计分录：

借：生产成本   3 000

  贷：周转材料——包装物   3 000

【**例4-6**】先导公司20×6年9月10日基本生产车间领用专用工具一批，实际成本40 000元，不符合固定资产定义，采用分次摊销法进行摊销。该专用工具的估计使用次数为2次。

先导公司根据领用专用工具领料单编制如下会计分录：

借：周转材料——低值易耗品——在用   40 000

  贷：周转材料——低值易耗品——在库   40 000

第一次领用摊销其价值的一半应编制如下会计分录：

借：制造费用   20 000

  贷：周转材料——低值易耗品——摊销   20 000

第二次领用时摊销其另一半价值：

借：制造费用   20 000

  贷：周转材料——低值易耗品——摊销   20 000

同时：

借：周转材料——低值易耗品——摊销   40 000

  贷：周转材料——低值易耗品——在用   40 000

【**例4-7**】先导公司在销售产品时，领用单独计价的包装物一批，实际成本为6 000元，售价7 000元，适用的增值税税率为17%，先导公司已收到银行收款凭证。

先导公司根据周转材料出库凭证编制如下会计分录：

借：其他业务成本   6 000

  贷：周转材料   6 000

先导公司根据其开具的增值税专用发票、银行收款凭证编制如下会计分录：

借：银行存款   8 190

  贷：其他业务收入   7 000

    应交税费——应交增值税（销项税额） 1 190

第二节 职工薪酬

一、职工薪酬的内容

《小企业会计准则》规定，职工薪酬，是指小企业为获得职工提供的服务而应付给职工的各种形式的报酬以及其他相关支出。小企业的职工薪酬包括：

（一）职工工资、奖金、津贴和补贴

按照国家统计局《关于职工工资总额组成的规定》（1990 年国家统计局第 1 号令发布）规定，工资总额由以下 6 部分构成。

（1）计时工资，是指按计时工资标准和工作时间支付给职工的劳动报酬。

（2）计件工资，是指对已做工作按计件单价支付的劳动报酬。

（3）奖金，是指支付给职工的超额劳动报酬和增收节支的劳动报酬，如生产奖包括超产奖、质量奖、安全奖、考核各项经济指标的综合奖、年终奖、劳动分红等；又如，劳动竞赛包括发给劳动模范、先进个人的各种奖金和实物奖励等。

（4）津贴和补贴，是指为了补偿职工特殊或额外的劳动消耗和其他特殊原因支付给职工的津贴，以及为保证职工工资水平不受物价影响支付给职工的物价补贴。其包括补偿职工特殊或额外劳动消耗的津贴（如高空津贴、井下作业津贴等）、保健津贴、技术性津贴、工龄津贴及其他津贴（如直接支付的伙食津贴、合同制职工工资性补贴及书报费等）。

（5）加班加点工资，是指小企业按规定支付给职工的加班工资和加点工资。

（6）特殊情况下支付的工资，是指根据国家法律、法规和政策规定，小企业在职工因病、工伤、产假、计划生育假、婚丧假、事假、探亲假、定期休假、停工学习、执行国家或社会义务等特殊情况下，按照计时工资或计件工资标准的一定比例支付的工资，也属于工资总额范畴。在职工休假或缺勤时，不应当从工资总额中扣除。

（二）职工福利费

根据《关于企业加强职工福利费财务管理的通知》（财企〔2009〕242 号）规定，企业职工福利费是指企业为职工提供的除职工工资、奖金、津贴、纳入职工工资总额管理的补贴、职工教育经费、社会保险费和补充养老保险（年金）、补充医疗保险费及住房公积金以外的福利待遇支出，包括发放给职工或为职工支付的以下各项现金补贴和非货币性集体福利，主要包括：职工因公负伤外地就医费、职工疗养费用、自办职工食堂经费补贴；职工生活困难补助；未实行医疗统筹小企业职工医疗费用，以及按规定发生的其他职工福利支出（如职工异地安家费、抚恤费、探亲假路费等）。

以下两种情况，小企业不应作为职工福利费管理，而应纳入职工工资总额。

（1）小企业为职工提供的交通、住房、通信待遇，已经实行货币化改革的，按月按标准发放或支付的住房补贴、交通补贴或者车改补贴、通信补贴；尚未实行货币化改革的，企业发生的相关支出作为职工福利费管理，但根据国家有关企业住房制度改革政策的统一规定，不得再为职工购建住房。

（2）企业给职工发放的节日补助、未统一供餐而按月发放的午餐费补贴，应当纳入工资总额管理。

（三）社会保险费

社会保险费是指小企业按照国家规定或企业年金计划规定的基准和比例计算，向社会保险经办机构缴纳医疗保险费、基本养老保险费、失业保险费、工伤保险费和生育保险费，即通常所说的"五险"。

（四）住房公积金

住房公积金是指小企业按照《住房公积金管理条条例》规定的基准和比例计算，向住房公积金管理机构缴存的住房公积金。

（五）工会经费和职工教育经费

工会经费和职工教育经费是指小企业为了改善职工文化生活、为职工学习先进技术和提高文化水平及业务素质，用于开展工会活动和职工教育及职业技能培训等相关支出。

（六）非货币性福利

非货币性福利是指小企业以自己的产品或外购商品发放给职工作为福利，小企业提供给职工无偿使用自己拥有的资产或租赁资产供职工无偿使用。

（七）因解除与职工的劳动关系给予的补偿

因解除与职工的劳动关系给予的补偿，又称为辞退福利。具体包括两种：一是职工劳动合同尚未到期之前解除与职工的劳动关系，不论职工本人是否愿意，企业决定解除与职工的劳动关系而给予的补偿；二是职工劳动合同尚未到期前，为鼓励职工自愿接受裁减而提出补偿，职工有权利继续在职或接受补偿离职。

（八）其他与获得职工提供的服务相关的支出等

其他与获得职工提供的服务相关的支出等是指除上述 7 种薪酬以外的其他为获得职工提供的服务而给予的薪酬。

二、职工薪酬的确认与计量

（一）职工薪酬的确认

小企业应当在职工为其提供服务的会计期间，将应付的职工薪酬确认为负债，并根据职工提供服务的受益对象（"谁受益谁承担"原则），分下列情况处理。

（1）应由生产产品、提供劳务负担的职工薪酬，计入产品成本或劳务成本。小企业在生产产品、提供劳务过程中直接从事产品生产的工人以及生产车间管理人员和直接提供劳务的人员发生的职工薪酬，作为直接人工成本计入生产成本或劳务成本，即构成存货成本。

（2）应由在建工程、无形资产开发项目负担的职工薪酬，计入固定资产成本或无形资产成本。

小企业自行建造固定资产过程中直接从事工程建造和管理的人员发生的职工薪酬，只要是在竣工决算前发生的，应当计入建造固定资产成本；在竣工决算后发生的，应当计入当期损益。

小企业自行开发无形资产过程中直接从事开发项目的人员发生的职工薪酬，只要符合资本化条件，就应当计入所开发无形资产成本，但是不符合资本化条件的，应当计入当期损益。

（3）其他职工薪酬计入当期损益。除直接生产人员、直接提供劳务人员、生产车间管理人员、建造固定资产人员、无形资产开发人员等以外的职工，包括小企业行政管理部门人员的职工薪酬、难以确定直接对应的受益对象人员的职工薪酬，以及因解除与职工的劳动关系给予的补偿，均应当在发生时计入当期损益。

（二）职工薪酬的计量

1. 货币性职工薪酬的计量

对于货币性职工薪酬的计量，如果具有明确计提标准的货币性薪酬，企业应当按照规定的标准计提。如"五险一金"，即医疗保险费、养老保险费、失业保险费、工伤保险费、生育保险费和住房公积金，企业应当按照国务院、所在地政府或企业年金计划规定的标准，按工资总额的一定比例计提。

没有明确规定计提基数和计提比例的职工薪酬，小企业应当根据历史经验数据和自身实际情况，合理预计当期应付职工薪酬。当期实际发生金额大于预计金额的，补提应付职工薪酬；当期实际发生金额小于预计金额的，冲回多提的应付职工薪酬。

2. 非货币生职工薪酬的计量

小企业以其自产产品作为非货币性福利发放给职工的，应当根据受益对象按照该产品的含税销售价格计入相关资产成本或当期损益，同时确认应付职工薪酬。小企业如果外购商品作为福利发放给职工的，应当根据受益对象按照该商品的含税购买价格计入相关资产成本或当期损益，同时确认应付职工薪酬。

 【小贴士】

小企业以自产产品作为非货币性福利发放给职工，是增值税的视同销售行为，也需要缴纳企业所得税。因此，会计核算上要做视同销售处理，需要将产品的售价及需要缴纳的增值税合计金额计入职工薪酬金额，并根据受益对象分配计入相关资产成本或当期损益。小企业如果以外购商品作为福利放给职工，属于进项税额不予抵扣的情况，因此需要将外购商品的购买价和所支付的进项税额的合计金额确认为职工薪酬，同时根据受益对象分配计入相关资产成本或当期损益。

3. 辞退福利的计量

小企业支付的因解除与职工的劳动关系给予职工的补偿，应当按照辞退计划条款的规定，合理预计并确认辞退福利产生的应付职工薪酬。

三、职工薪酬的核算

（一）科目设置

小企业为了便于归集职工薪酬，设置"应付职工薪酬"总科目，核算应付职工薪酬的提取、结算、使用等情况。该科目贷方登记已分配计入有关成本费用科目的职工薪酬的金额，借方登记实际发放的职工薪酬金额，期末余额一般在贷方，反映小企业应付未付的职工薪酬。小企业应根据职工薪酬类别，设置"职工工资""职工福利""社会保险费""住房公积金""工会经费""职工教育经费""非货币性福利""辞退福利"等明细科目进行核算。

（二）货币性职工薪酬的核算

小企业应当按照劳动工资制度的规定，根据考勤记录、工时记录、产量记录、工资标准、工资等级等资料编制"工资结算单"（也称"工资单""工资表""工资计算表"等）。会计部门应将"工资结算单"进行汇总,编制"工资结算汇总表",办理工资的结算和发放。

1. 月末分配职工薪酬

月末,小企业应当将本月发生的职工薪酬区分以下情况进行分配:生产工人的职工薪酬,借记"生产成本"科目,贷记"应付职工薪酬"科目;生产车间管理人员的薪酬,借记"制造费用"科目,贷记"应付职工薪酬"科目;应由在建工程、无形资产开发项目负担的职工薪酬,借记"在建工程""研发支出"等科目,贷记"应付职工薪酬"科目;管理部门人员的职工薪酬和因解除与职工的劳动关系给予的补偿,借记"管理费用"科目,贷记"应付职工薪酬"科目;销售人员的职工薪酬,借记"销售费用"科目,贷记"应付职工薪酬"。

2. 发放职工薪酬

小企业发放职工薪酬应当区分以下情况进行处理:向职工支付工资、奖金、津贴、福利费等,从应付职工薪酬中扣除各种款项(职工个人承担的社会保险费、住房公积金、个人所得税等)等,借记"应付职工薪酬"科目,贷记"银行存款""库存现金""其他应收款""应交税费——应交个人所得税"等科目;支付工会经费和职工教育经费用于工会活动和职工培训时,借记"应付职工薪酬"科目,贷记"银行存款"科目。

【例4-8】先导公司20×6年9月应付工资总额112 000元,公司按照应付工资总额的20%、10%、12%、1%分别为职工计提养老保险、医疗保险、住房公积金、失业保险费。此外,公司按工资总额的2%和1.5%计提工会经费及职工教育经费,详见下面职工薪酬分配表(见表4-3)。

表4-3   职工薪酬分配表

编制单位:先导电子科技有限公司   20×6年9月30日   单位:元

薪酬＼部门	工资总额	医疗保险费（10%）	养老保险费（20%）	住房公积金（12%）	失业保险费（1%）	工会经费（2%）	职工教育经费（1.5%）	合计
生产车间	29 100	2 910	5 820	3 492	291	582	436.5	42 631.5
车间管理	6 700	670	1 340	804	67	134	100.5	9 815.5
行政管理	67 800	6 780	13 560	8 136	678	1 356	1 017	99 327
销售部门	8 400	840	1 680	1 008	84	168	126	12 306
合计	112 000	11 200	22 400	13 440	1 120	2 240	1 680	164 080

根据以上职工薪酬分配表,先导公司月末应编制如下会计分录:

借:生产成本   42 631.5

    制造费用   9 815.5

    管理费用   99 327

    销售费用   12 306

    贷:应付职工薪酬——工资   112 000

            ——社会保险费   34 720

            ——住房公积金   13 440

            ——工会经费   2 240

            ——职工教育经费   1 680

【例 4-9】先导 20×6 年 10 月 10 日发放 9 月工资，职工个人则按工资比例的 8%、2%、0.2%和 12%承担养老保险费、医疗保险费、失业保险及住房公积金，先导公司发放工资时从职工工资中代扣，包括由个人承担的个人所得税。详见表 4-4 工资结算汇总表，实际发放工资通过银行转账发放到个人工资卡中。

表 4-4 工资结算汇总表

编制单位：先导电子科技有限公司　　　　　　　　　20×6 年 9 月 30 日　　　　　　　　　　单位：元

| 车间及部门 | 基本工资 | 奖金 | 岗位津贴 | 应发合计 | 社会保险 | | | | 住房公积金 12% | 个人所得税 | 实发工资 |
					养老 8%	医疗 2%	失业 0.2%	小计			
车间工人	25 600	2 000	1 500	29 100	2 328	582	58.2	2 968.2	3 492	68.38	22 571.42
车间管理人员	6 000	400	300	6 700	536	134	13.4	683.4	804	34.8	5 177.8
企业管理人员	65 800	800	1 200	67 800	5 424	1 356	135.6	6 915.6	8 136	789.4	51 959
销售人员	7 500	500	400	8 400	672	168	16.8	856.8	1 008	56.8	6 478.4
合计	104 900	3 700	3 400	112 000	8 960	2 240	224	11 424	13 440	949.38	86 186.62

先导公司根据以上工资结算汇总表及银行付款凭证，应编制如下会计分录：

借：应付职工薪酬——工资　　　　　　　　　　　　　　112 000
　　贷：银行存款　　　　　　　　　　　　　　　　　　　　　86 186.62
　　　　其他应收款——社会保险费　　　　　　　　　　　　　11 424
　　　　　　　　　——住房公积金　　　　　　　　　　　　　13 440
　　　　应交税费——应交个人所得税　　　　　　　　　　　　949.38

【例 4-10】先导公司 20×6 年 10 月 15 日通过银行转账向社会保障局缴纳职工 9 月的社会保险费。

先导公司应根据社会保险费电子转账凭证编制如下会计分录：

借：应付职工薪酬——社会保险费　　　　　　　　　　34 720
　　其他应收款——社会保险费　　　　　　　　　　　11 424
　　贷：银行存款　　　　　　　　　　　　　　　　　　　　　46 144

【例 4-11】先导公司 20×6 年 10 月 15 日通过银行转账向住房公积中心缴纳职工 9 月的住房公积金。

先导公司应根据住房公积金汇缴书编制如下会计分录：

借：应付职工薪酬——住房公积金　　　　　　　　　　13 440
　　其他应收款——住房公积金　　　　　　　　　　　13 440
　　贷：银行存款　　　　　　　　　　　　　　　　　　　　　26 880

【例 4-12】先导公司 20×6 年 10 月 12 日申报缴纳 9 月的税时，上缴代扣代缴的个人所得税 949.38 元。

先导公司应根据缴款专用书编制如下会计分录：

借：应交税费——应交个人所得税 949.38

 贷：银行存款 949.38

（三）非货币性职工薪酬的核算

小企业以其自产产品作为非货币性福利发放给职工的，根据受益对象，按照该产品的含税市场价格，计入相关资产成本或当期损益，同时确认应付职工薪酬。借记"管理费用""制造费用"等科目，贷记"应付职工薪酬"科目，同时确认主营业务收入，其销售成本的结转和相关税费的处理和正常商品销售相同。以外购商品作为非货币性福利发放给职工的，按该商品的市场价值和相关税费计入相关资产成本或当期损益，同时确认应付职工薪酬；实际购买时冲销应付职工薪酬。

【例 4-13】思科公司共有职工 30 人，其中 10 名为直接参加生产的职工，2 名车间管理人，15 名行政管理人员，3 名销售人员。20×6 年 12 月，思科公司以其生产的每台成本为 960 元的电暖器作为春节福利发放给公司每名职工。该型号的电暖气市场售价为每台 1 100 元，思科公司适用的增值税税率为 17%。

应计入职工薪酬金额=1 100×30×（1+17%）=38 610（元）

思科公司应根据产品出库单及发放电暖器登记表，编制如下会计分录：

借：应付职工薪酬——非货币性福利 38 610

 贷：主营业务收入 33 000

  应交税费——应交增值税（销项税额） 5 610

借：主营业务成本 28 800

 贷：库存商品 28 800

月末根据发放电暖器登记表，确认非货币性福利时：

本月应计入生产成本的非货币性福利=1 100×10×（1+17%）=12 870（元）

本月应计入制造费用的非货币性福利=1 100×2×（1+17%）=2 574（元）

本月应计入管理费用的非货币性福利=1 100×15×（1+17%）=19 305（元）

本月应计入销售费用的非货币性福利=1 100×3×（1+17%）=3 861（元）

借：生产成本 12 870

 制造费用 2 574

 管理费用 19 305

 销售费用 3 861

 贷：应付职工薪酬——非货币性福利 38 610

（四）辞退福利的核算

与其他形式的职工薪酬不同的是，由于被辞退的职工不再为企业提供服务，因而不论辞退职工原先在哪个部门，小企业都应将本期确认的辞退福利全部计入当期的管理费用，而不能计入资产成本。确认时借记"管理费用"科目，贷记"应付职工薪酬"科目；支付时，借记"应付职工薪酬"科目，贷记"银行存款""库存现金"科目。

第三节 | 固定资产折旧与修理

固定资产自取得以后在其存续的过程中由于受到自然力的作用、正常的使用以及其所面临的外部环境因素的影响，其价值也在发生变化。本节主要阐述固定资产折旧与修理业务。

一、固定资产折旧

（一）固定资产折旧的含义

固定资产在使用过程中由于磨损和损耗价值会逐渐减少。因此，固定资产折旧，是指在固定资产使用寿命内，按照确定的方法对应计提折旧额进行系统分摊。应计折旧额，是指应当计提折旧的固定资产原值（取得成本）扣除其预计净残值后的金额。预计净残值，是指固定资产预计使用寿命已满，小企业从该项固定资产处置中获得的扣除预计处置费用后的净额。

小企业应当根据固定资产性质和使用情况，并考虑税法的规定，合理确定固定资产的使用寿命和预计净残值。

固定资产的使用寿命、预计净残值一经确定，不得随意变更。

（二）影响固定资产折旧的因素及折旧范围

1. 影响固定资产折旧的因素

为了保证合理、正确的计提固定资产折旧，首先要了解影响折旧的因素。影响小企业计提固定资产折旧的因素有以下三个方面。

（1）固定资产原价。因为折旧是固定资产原值的损耗和转移，所以固定资产的原值是计提折旧的基数，小企业对任意固定资产计提的折旧总额，一般不超过该固定资产的原值。

（2）固定资产的使用寿命。固定资产使用寿命，是指小企业使用固定资产的预计期间。小企业在确定固定资产预计使用年限时，考虑下列因素：

① 该项资产预计生产能力或产量；

② 该项资产预计有形损耗，如设备使用中发生磨损、房屋建筑物受到自然侵蚀等；

③ 该项资产预计无形损耗，如因新技术的出现而使现有的资产技术水平相对陈旧、市场需求变化使产品过时等；

④ 法律或者类似规定对该项资产使用的限制。

《企业所得税法实施条例》规定，一般固定资产计算折旧的最低年限如表4-5所示。

表4-5　　　　固定资产折旧年限表

名称	最低折旧年限（年）
房屋、建筑物	20
飞机、火车、轮船、机器、机械和其他生产设备	10

名称	最低折旧年限（年）
与生产经营活动有关的器具、工具、家具等	5
飞机、火车、轮船以外的运输工具	4
电子设备	3

（3）固定资产预计净残值。固定资产预计净残值，是指固定资产预计使用寿命已满，小企业从该项固定资产处置中获得的扣除预计处置费用后的净额。预计净残值估计的准确与否，直接影响每期折旧额的高低，从而进一步影响各期利润计算的准确性。小企业根据固定资产的性质和使用情况，合理确定固定资产的预计净残值。

2. 固定资产折旧范围

小企业应当对所有固定资产计提折旧，但已提足折旧仍继续使用的固定资产和单独计价入账的土地不得计提折旧。所谓提足折旧，是指已经提足该项固定资产的应计折旧额。固定资产提足折旧后，不论能否继续使用，均不再计提折旧；提前报废的固定资产，也不再补提折旧。

已达到预定可使用状态但尚未办理竣工结算的固定资产，按照估计价值确定其成本，并计提折旧；待办理竣工结算后，再按实际成本调整原来的暂估价值，但不需要调整原已计提的折旧额。

（三）固定资产折旧方法

《小企业会计准则》规定，小企业应当按照年限平均法（即直线法）计提折旧，同时考虑到企业自身实际情况，也给予了小企业选择折旧方法的权利，固定资产由于技术进步等原因确需加速折旧的，可以采用加速折旧的方法。加速折旧法包括年数总和法和双倍余额递减法两种。

固定资产的折旧方法一经确定，不得随意变更。

1. 年限平均法

年限平均法又称直线法，是指将固定资产的应计折旧额均衡地分摊到固定资产预计使用寿命内的一种方法。采用这种方法计算的每期折旧额均相等。计算公式如下：

年折旧额=（原价-预计净残值）÷预计使用年

月折旧额=年折旧额÷12

在小企业会计实务中固定资产折旧是根据折旧率计算的。折旧率是指折旧额占固定资产原值的比重。用公式表示如下：

年折旧率=（1-预计净残值率）÷预计使用寿命

其中预计净残值率=预计净残值÷固定资产原值×100%

月折旧率=年折旧率÷12

月折旧额=固定资产原值×月折旧率

【例4-14】先导公司拥有一幢办公楼，原值为 1 000 000 元，预计使用年限为 20 年，预计净残值为 4 000 元，按年限平均法计提折旧。

先导公司每年应计提的折旧额=（1 000 000-4 000）÷20=49 800（元）

每月应计提的折旧额=49 800÷12 =4 150（元）

或者：

预计净值率=4 000÷1 000 000×100%=0.4%

年折旧率=（1-预计净残值率）÷预计使用寿命=（1-0.4%）÷20=4.98%

月折旧率=年折旧率÷12 =4.98%÷12=0.415%

月折旧额=固定资产原价×月折旧率=1 000 000×0.415% =4 150（元）

2．双倍余额递减法

双倍余额递减法，是指在不考虑固定资产预计净残值的情况下，根据每期期初固定资产的账面净值和双倍的直线法折旧率计算固定资产折旧的一种方法。计算公式如下：

前 N-2 年折旧率=2÷预计使用寿命×100%（假设预计使用寿命为 N 年）

月折旧率=年折旧率÷12（前 N-2 年）

月折旧额=期初固定资产账面净值×月折旧率（前 N-2 年）

其中固定资产账面净值=固定资产原值-累计折旧

最后两年改为直线法：

最后两年年折旧额=（原值-累计折旧-预计净残值）÷2

【例 4-15】先导公司 20×4 年 12 月购入一台生产设备，原值为 100 000 元，预计净残值率为 4%，预计使用年限为 5 年。采用双倍余额递减法计提折旧。

该生产设备前 3 年的年折旧率=2÷5×100%=40%

表 4-6 所示为该设备年折旧额的计算过程。

表 4-6 　　　　　　　　　　　固定资产折旧计算表 　　　　　　　　　　　单位：元

年度	年初账面净值 1	年折旧率 2	年折旧额 3=1×2	累计折旧 4	年末账面净值 5=1-4
20×5	100 000	40%	40 000	40 000	60 000
20×6	60 000	40%	24 000	64 000	36 000
20×7	36 000	40%	14 400	78 400	21 600
20×8	21 600		8 800	87 200	12 800
20×9	12 800		8 800	96 000	4 000

在实际工作中，小企业应当按月计提折旧，每年各月折旧额可以根据年折旧额除以 12 来计算。尽管采用双倍余额递减法计提折旧，除最后两年年折旧额一样外，其余年份年折旧额是不同的，但每年年份内月折旧额是相同的。

3．年数总和法

年数总和法，是将固定资产的原值减去预计净残值后差额再乘以一个逐年递减的折旧率计算确定固定资产折旧额的一种计算方法，是一种加速折旧方法。其计算公式为：

年折旧率=（预计使用年限-已使用年限）÷预计使用年限年数总和×100%

其中年数总和=N×（N+1）÷2（假设 N 代表预计使用年限）

年折旧额=（原值-预计净残值）×年折旧率

【例 4-16】承【例 4-13】，假设该生产设备采用年数总和法计提折旧，其折旧计算表如表 4-7 所示。

表 4-7 固定资产折旧计算表 单位：元

年度	原值减预计净残值 1	年折旧率 2	年折旧额 3=1×2	累计折旧 4	年末账面净值 5=1-4
20×5	96 000	5/15	32 000	32 000	68 000
20×6	96 000	4/15	25 600	57 600	42 400
20×7	96 000	3/15	19 200	76 800	23 200
20×8	96 000	2/15	12 800	89 600	10 400
20×9	96 000	1/15	6 400	96 000	4 000

双倍余额递减法和年数总和法都属于加速折旧法，其特点是在固定资产使用的早期多提折旧，后期少提折旧，递减的速度逐年加快，从而相对加快折旧的速度，目的是使固定资产成本在估计使用寿命内加快得到补偿。

（四）固定资产折旧的核算

小企业应当按月计提折旧，当月增加的固定资产，当月不提折旧，从下月起提折旧；当月减少的固定资产，当月仍计提折旧，从下月起不计提折旧。

小企业应设置"累计折旧"科目核算小企业固定资产的折旧，并根据固定资产受益对象，计入相关资产的成本或者当期损益。企业基本生产车间所使用的固定资产，计提的折旧应计入制造费用。管理部门所使用的固定资产，计提的折旧应计入管理费用。销售部门所使用的固定资产，计提的折旧应计入销售费用。自行建造固定资产过程中使用的固定资产，计提的折旧应计入在建工程成本。经营租出的固定资产，计提的折旧应计入其他业务成本。未使用的固定资产，计提的折旧应计入管理费用。

【小贴士】

实务中，企业计提各月固定资产折旧时，可在上月计提折旧的基础上，对上月固定资产的增减情况进行调整后计算当月应计提的折旧额。用公式表示如下：

当月固定资产应计提折旧总额=上月固定资产计提的折旧额+上月增加固定资产应计提的折旧额

－上月减少的固定资产应计提的折旧额

【例 4-17】先导公司 20×6 年 1 月固定资产计提折旧情况如下：第一生产车间厂房计提折旧 76 000 元，机器设备计提折旧 90 000 元。管理部门房屋建筑物计提折旧 130 000 元，运输工具计提折旧 48 000 万元。销售部门房屋建筑物计提折旧 64 000 万元，运输工具计提折旧 52 600 万元。此外，本月第一生产车间新购置一台设备，原价为 1 210 000 万元，预计使用寿命 10 年，预计净残值 10 000 万元，按年限平均法计提折旧。

本例中，新购置的设备本月不提折旧，应从 20×6 年 2 月开始计提折旧。先导公司 20×6 年 1 月计提折旧的会计处理如下：

借：制造费用——第一生产车间 166 000

管理费用 178 000

销售费用 116 600

贷：累计折旧 460 600

新购置的生产设备自 20×6 年 2 月开始计提折旧,

$$月折旧额 = (1\,210\,000 - 10\,000) \div 10 \div 12 = 10\,000(元)$$

先导公司 20×6 年 2 月计提折旧的会计处理如下:

借:制造费用——第一生产车间	176 000
管理费用	178 000
销售费用	116 600
贷:累计折旧	470 600

二、固定资产修理

固定资产在使用过程中,由于各个组成部分的耐磨程度和使用条件不同,往往会发生固定资产的局部损坏,为了维护固定资产的使用效能,保证固定资产的正常运转和使用,小企业必须对固定资产有计划地、及时地进行修理。按修理范围的大小、费用支出多少、间隔时间的长短,固定资产修理可以分为日常修理和大修理。

（一）固定资产日常修理的核算

固定资产的日常修理费,应当在发生时根据固定资产的受益对象计入相关资产成本或者当期损益。在固定资产使用过程中发生的修理费,应当按照固定资产的受益对象,借记"制造费用""管理费用"等科目,贷记"银行存款"等科目。

【例 4-18】20×6 年 2 月,先导公司第一车间对生产设备进行日常修理,修理过程中领用材料 8 000 元,应支付修理人员工资 12 200 元。

先导公司根据领料单、工资结算分配表等凭证编制作如下会计分录:

借:制造费用	20 200
贷:原材料	8 000
应付职工薪酬	12 200

【小贴士】

小企业生产车间固定资产日常修理费用计入制造费用,行政管理部门固定资产日常修理费用计入管理费用,销售部门固定资产修理费用计入销售费用。注意与《企业会计准则》的规定不同,《企业会计准则》规定生产车间固定资产日常修理费用计入管理费用。

（二）固定资产大修理的核算

固定资产大修理的特点是:修理范围大、间隔时间长、修理次数少、一次的修理费用大。对摊销期限在 1 年以上的固定资产大修理费用,应作为长期待摊费用处理。固定资产发生大修理支出时,借记"长期待摊费用"科目,贷记"银行存款"等有关科目。然后,按照固定资产尚可使用年限分期摊销时,借记"制造费用""管理费用"等科目,贷记"长期待摊费用"科目。

第四节 无形资产的摊销

无形资产能够给企业在一定时期内带来经济利益，因此理论上无形资产的价值应按无形资产的受益期体现在各期的损益中，这在会计上称为无形资产的摊销。无形资产的摊销主要涉及摊销方法、摊销期限的确定及摊销的会计核算3个方面的问题。

一、无形资产的摊销方法

《小企业会计准则》规定，无形资产应当在其使用寿命内采用年限平均法（直线法）进行摊销，根据其受益对象计入相关资产的成本或者当期损益。

二、无形资产摊销期限的确定

小企业摊销无形资产，自无形资产可供使用时起，到不再作为无形资产确认时止。无形资产的成本，自取得当月起在预计使用年份类分期平均摊销，处置无形资产的当月不再摊销，即无形资产的摊销的起止和停止日期为：当月增加的无形资产，当月开始摊销；当月减少的无形资产，当月不再摊销。有关法律规定或合同约定了使用年限的，可以按照规定或约定的使用年限分期摊销。小企业不能可靠估计无形资产使用寿命的，摊销期不得低于10年。无形资产的残值通常为零，因此，一般情况下，无形资产的应摊销额就是其成本。

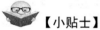

【小贴士】

《小企业会计准则》与《企业所得税法实施条例》的规定一致，小企业所有无形资产都需要摊销，摊销方法只有一种即年限平均法。这一点与《企业会计准则》规定有差异，《企业会计准则》规定只有使用寿命确定的无形资产才需要摊销，对于使用寿命不确定的无形资产不需要摊销。摊销方法上，除年限平均法（即直线法）外，企业可依据从无形资产中获取的未来经济利益的预期实现方式选择生产量法等其他方法。

三、无形资产摊销的核算

小企业应设置"累计摊销"科目，核算小企业对无形资产的摊销，该科目贷方登记计提的无形资产摊销额，借方登记因处置无形资产等转销的累计摊销额，期末余额在贷方，表示计提的无形资产累计摊销额。该科目应按照无形资产项目进行明细核算。

无形资产摊销时，按年限平均法计算的摊销额，企业一般管理部门使用借记"管理费用"科目，专门用于产品生产借记"制造费用"科目，出租的借记"其他业务成本"等科目，贷记"累计摊销"科目。

【例4-19】先导公司20×6年10月对某非专利技术和某商标权进行摊销，该非专利技术用于产品的生产，实际成本为480 000元，没有合同受益年限和法律年限，企业按10年的期限摊销；该商标权的实际成本为360 000元，使用寿命10年。则先导公司无形资产摊销计算表如表4-8所示。

表4-8

无形资产摊销计算表

20×6年10月

单位：元

种类	入账价值	摊销年限	月摊销额
非专利技术	480 000	10	4 000
商标权	360 000	10	3 000
合计	840 000		7 000

先导公司根据以上摊销计算表应编制如下会计分录：

借：制造费用　　　　　　　　　　　　　　　　　　　　　　　4 000

管理费用　　　　　　　　　　　　　　　　　　　　　　　3 000

贷：累计摊销　　　　　　　　　　　　　　　　　　　　　　　　7 000

第五节

生产业务涉税规定

生产业务无论是材料费用还是职工薪酬，税法对这些费用的税前扣除都有明确的规定，材料费用和职工薪酬的日常核算遵守小企业会计准则的规定，但在纳税申报时还得按照税法的规定进行调整。

一、材料费用的涉税规定

（一）发出材料计价方法的涉税规定

《企业所得税法实施条例》第七十三条规定，企业使用或者销售的材料的成本计算方法，可以在先进先出法、加权平均法、个别计价法中选用一种。计价方法一经选用不得随意变更。

（二）发票未到但生产领用材料的税前扣除的规定

外购原材料验收入库后，被生产部门领用，会计部门就必须进行会计处理，按照《小企业会计准则》的规定暂估入账原材料的价值，否则当月原材料科目个别明细栏会出现红字余额，甚至会计报表中的"材料"也会出现负数，不符合会计常规。

《国家税务总局关于企业所得税若干问题的公告》（国家税务总局公告2011年第34号）第六条规定，企业当年度实际发生的相关成本、费用，由于各种原因未能及时取得该成本、费用的有效凭证，企业在预缴季度所得税时，可暂按账面发生金额进行核算；但在汇算清缴时，应补充提供该成本、费用的有效凭证。

因此，如果在次年的企业所得税年度申报前实际取得相应的购货发票可以不做处理。但是，如果在次年的企业所得税年度申报时仍然尚未实际取得相应的购货发票，应当作为时间性差异，在汇算清缴年度暂时不允许申报扣除，但允许在以后实际取得发票的年度申报扣除。

二、职工薪酬的涉税规定

（一）工资薪金的税前扣除规定

《企业所得税法实施条例》第三十四条规定，企业发生的合理的工资薪金支出，准予扣除。前款所称工资薪金，是指企业每一纳税年度支付给在本企业任职或者受雇员工的所有现金形式或者非现金形式的劳动报酬，包括基本工资、奖金、津贴、补贴、年终加薪、加班工资，以及与员工任职或者受雇有关的其他支出。

1. 合理工资薪金

《国家税务总局关于企业工资薪金及职工福利费扣除问题的通知》（国税函〔2009〕3 号）中对"合理工资薪金"进行了明确的解释，"合理工资薪金"是指企业按照股东大会、董事会、薪酬委员会或相关管理机构制订的工资薪金制度规定实际发放给员工的工资薪金。税务机关在对工资薪金进行合理性确认时，可按以下原则掌握：

（1）企业制定了较为规范的员工工资薪金制度；

（2）企业所制订的工资薪金制度符合行业及地区水平；

（3）企业在一定时期所发放的工资薪金是相对固定的，工资薪金的调整是有序进行的；

（4）企业对实际发放的工资薪金，已依法履行了代扣代缴个人所得税义务；

（5）有关工资薪金的安排，不以减少或逃避税款为目的。

2. 关于工资薪金总额问题

《国家税务总局关于企业工资薪金及职工福利费扣除问题的通知》（国税函〔2009〕3 号）对《企业所得税法实施条例》第四十条、第四十一条、第四十二条所称的"工资薪金总额"进行了明确的解释，"工资薪金总额"是指企业按照本通知第一条规定实际发放的工资薪金总和，不包括企业的职工福利费、职工教育经费、工会经费以及养老保险费、失业保险费、工伤保险费、生育保险费等社会保险和住房公积金。属于国有性质的企业，其工资薪金，不得超过政府有关部门给予的限定数额；超过部分，不得计入工资薪金总额，也不得在计算企业应纳税所得时扣除。

（二）职工福利费用的税前扣除规定

《企业所得税法实施条例》第四十条规定企业发生的职工福利费支出，不超过工资薪金总额 14%的部分给予扣除。

1. 职工福利费用开支范围

《国家税务总局关于企业工资薪金及职工福利费扣除问题的通知》（国税函〔2009〕3 号）指出，《实施条例》第四十条规定的企业职工福利费，包括以下内容。

（1）尚未实行分离办社会职能的企业，其内设福利部门所发生的设备、设施和人员费用，包括职工食堂、职工浴室、理发室、医务所、托儿所、疗养院等集体福利部门的设备、设施及维修保养费用和福利部门工作人员的工资薪金、社会保险费、住房公积金、劳务费等。

（2）为职工卫生保健、生活、住房、交通等所发放的各项补贴和非货币性福利，包括企业向职工发放的因公外地就医费用、未实行医疗统筹企业职工医疗费用、职工供养直系亲属医疗补贴、供暖费补贴、职工防暑降温费、职工困难补贴、救济费、职工食堂经费补贴、职工交通补贴等。

（3）按照其他规定发生的其他职工福利费，包括丧葬补助费、抚恤费、安家费、探亲假路费等。

2. 关于职工福利费核算问题

企业发生的职工福利费，应该单独设置账册，进行准确核算。没有单独设置账册准确核算的，税务机关应责令企业在规定的期限内进行改正。逾期仍未改正的，税务机关可对企业发生的职工福利费进行合理的核定。

3. 职工福利费税前扣除应注意的问题

职工福利费是每个企业在年终企业所得税汇算时都要处理的业务，也是税务机关进行税务稽查时的必查项目。因此，在实际工作中，关于职工福利费税前扣除，要特别注意以下问题。

（1）关注职工福利费的使用范围。会计与税法关于职工福利费的使用范围有所不同。会计按照《财政部关于企业加强职工福利费财务管理的通知》（财企〔2009〕242 号）规定列支职工福利费，而税法要求按照《国家税务局关于企业工资薪金及职工福利费扣除问题的通知》（国税函〔2009〕3 号）明确的范围进行税前扣除，二者之间的差异在年终所得税汇算时进行调整。

（2）关注职工福利费是否实际发生。2008 年以后职工福利费只有实际发生才能在税前扣除。

（3）关注职工福利费的税前扣除比例。会计与税法对于职工福利费的税前扣除比例不同，会计规定据实列支，税法规定不超过工资薪金总额 14% 的部分，准予扣除。

（三）职工教育经费的税前扣除问题

1. 职工经费税前扣除的一般规定

《企业所得税法实施条例》第四十二条规定，除国务院财政、税务主管部门另有规定外，企业发生的职工教育经费支出，不超过工资薪金总额 2.5% 的部分，准予扣除；超过部分，准予在以后纳税年度结转扣除。

《财政部、国家税务总局、商务部、科技部、国家发展改革委关于技术先进型服务企业有关企业所得税政策问题的通知》（财税〔2010〕65 号）规定，经认定的技术先进型服务企业发生的职工教育经费支出，不超过工资、薪金总额 8% 的部分，准予在计算应纳税所得额时扣除。超过部分，准予在以后纳税年度结转扣除。所以，若小企业为经认定的技术先进型服务企业则可按此比例在企业所得税前据实扣除。

《财政部、国家税务总局关于企业所得税若干优惠政策的通知》（财税〔2008〕1 号）规定，软件生产企业发生生职工教育经费中的职工培训费用，可以全额在企业所得税前扣除。软件生产企业应准确划分职工教育经费中的职工培训支出，对于不能准确划分的，以及准确划分后职工教育经费中扣除职工培训费用的余额，一律按照《实施条例》第四十二条规定的比例扣除。

2. 职工教育经费的开支范围

财政部、全国总工会、国家发改委、教育部、科技部、国防科工委、人事部、劳动和社会保障部、国务院国资委、国家税务总局、全国工商联联合下发的《关于企业职工教育经费提取与使用管理的意见》（财建〔2006〕317 号）规定，企业职工教育培训经费列支范围包括：

（1）上岗和转岗培训；

（2）各类岗位适应性培训；

（3）岗位培训、职业技术等级培训、高技能人才培训；

（4）专业技术人员继续教育；

（5）特种作业人员培训；

（6）企业组织的职工外送培训的经费支出；

（7）职工参加的职业技能鉴定、职业资格认证等经费支出；

（8）购置教学设备与设施；

（9）职工岗位自学成才奖励费用；

（10）职工教育培训管理费用；

（11）除上述以外的有关职工教育的其他开支。

该文件同时指出，企业职工参加社会上的学历教育以及个人为取得学位而参加的在职教育，所需费用应由个人承担，不能挤占企业的职工教育培训经费。需要指出的是，企业职工参加社会上的学历教育，即使没有取得相应的学历或学位，也应当由企业职工个人承担。

【小贴士】

例：企业为职工报销 MBA 的学费，是否可以作为职工教育经费在企业所得税税前扣除？

答：根据《财政部、全国总工会、国家发改委、教育部、科技部、国防科工委、人事部、劳动和社会保障部、国务院国资委、国家税务总局、全国工商联联合下发的〈关于企业职工教育经费提取与使用管理的意见〉的通知》（财建〔2006〕317号）第三项第九条的规定，企业职工参加社会上的学历教育以及个人为取得学位而参加的在职教育，所需费用应由个人承担，不能挤占企业的职工教育培训经费，在其他管理费用中支出。因此，企业为职工报销 MBA 的学费不能作为职工教育经费在企业所得税税前扣除。

（四）工会经费的税前扣除规定

有关企业的工会经费支出在企业所得税前的扣除，相关的法律和税收文件包括以下几个方面。

（1）《企业所得税法实施条例》第四十一条规定，企业拨缴的职工工会经费，不超过工资薪金总额2%的部分，准予扣除。

（2）《国家税务总局关于工会经费企业所得税税前扣除凭据问题的公告》（2010年第24号）规定自2010年7月1日起，企业拨缴的职工工会经费，不超过工资薪金总额的2%的部分，凭工会组织开具的《工会经费收入专用收据》在企业所得税税前扣除。

（3）《国家税务总局关于税务机关代收工会经费企业所得税税前扣除凭据问题的公告》（2011年第30号）定，自2010年1月1日起，在委托税务机关代收工会经费的地区，企业拨缴的工会经费，也可凭合法、有效的工会经费代收凭据依法在税前扣除。

（五）社会保险费的税前扣除规定

（1）《企业所得税法实施条例》第三十五条规定，企业按照国务院有关主管部门或者省级人民政府规定的范围和标准为职工缴纳的基本养老保险费、基本医疗保险费、失业保险费、工伤保险费、生育保险费等基本社会保险费和住房公积金，准予扣除。需要说明的是，由于全国各地的经济发展存在差异，税法没有给出具体的扣除标准，只要在国务院有关主管部门或者省级人民政府规定的范围和标准内，并且实际缴纳社保经办机构的，都可以在企业所得税前申报扣除。

（2）《企业所得税法实施条例》第三十五条第二款规定，企业为投资者或职工支付的补充养老保险费、补充医疗保险费，在国务院财政、税务主管部门规定的范围和标准内，准予扣除。

《财政部、国家税务总局关于补充养老保险费、补充医疗保险费有关企业所得税政策问题的通知》（财税〔2009〕27号）规定，企业根据国家有关政策规定，为在本企业任职或者受雇的全体员工支付的补充养老保险费、补充医疗保险费，在不超过职工工资总额5%标准内的部分，在计算应纳税所得额时准予扣除，超过的部分，不予扣除。

（六）辞退补偿的税前扣除问题

《国家税务总局关于企业支付给员工的一次性补偿在企业所得税税前扣除问题的批复》（国税函〔2001〕918号）指出，企业支付给解除劳动合同职工的一次性补偿支出（包括买断工龄支出）等，属于"与取得应纳税收入有关的所有必要和正常的支出"，原则上可以在企业所得税税前扣除。各种补偿性支出数额较大，一次性摊销对当年企业所得税收入影响较大的，可以在以后年度均匀摊销。需要说明的是"各种补偿性支出数额较大"主要针对的是较为集中的提前解除劳动合同，而不是单个员工的辞退补偿较大。

三、固定资产折旧的涉税规定

（一）固定资产折旧的范围

《企业所得税法》第十一条规定，在计算应纳税所得额时，企业按照规定计算的固定资产折旧，准予扣除。下列固定资产不得计算折旧扣除：

（1）房屋、建筑物以外未投入使用的固定资产；

（2）以经营租赁方式租出的固定资产；

（3）以融资租赁方式租出的固定资产；

（4）已足额提取折旧仍继续使用的固定资产；

（5）与经营活动无关的固定资产；

（6）单独估价作为固定资产入账的土地；

（7）其他不得计算折旧扣除的固定资产。

【小贴士】

《小企业会计准则》规定，企业应当对所有固定资产计提折旧，已提足折旧仍继续使用的固定资产和按照规定单独计价入账的土地除外。《企业所得税法》不允许计提折旧的固定资产范围比会计准则规定的范围要大。如果企业拥有税法不允许计提折旧的固定资产，就需要对会计上已计提的折旧进行相应的纳税调整。

【案例分析】企业的设备使用一段时间后将该设备闲置，是否可以作为停止使用的固定资产停止计提折旧？

答：根据企业所得税法的规定，若该设备确实停止使用且企业设备管理部门出具了停止使用的相关证明，这属于上述规定的第（1）条规定的房屋、建筑物以外未投入使用的固定资产，因此该设备的折旧额不可以在在税前扣除，因此可以把该设备作为停止使用的固定资产处理停止计提折旧。

（二）固定资产折旧的年限

1. 一般规定

（1）《企业所得税法实施条例》第六十条规定，除国务院财政、税务主管部门另有规定外，固定资产计算折旧的最低年限如下：①房屋、建筑物，为 20 年；②飞机、火车、轮船、机器、机械和其他生产设备，为 10 年；③与生产经营活动有关的器具、工具、家具等，为 5 年；④飞机、火车、轮船以外的运输工具，为 4 年；⑤电子设备，为 3 年。

（2）《财政部、国家税务总局关于进一步鼓励软件产业和集成电路产业发展企业所得税政策的通知》（财税〔2012〕27 号）文件规定，企业外购的软件，凡符合固定资产或无形资产确认条件的，可以按照固定资产或无形资产进行核算，其折旧或摊销年限可以适当缩短，最短可为 2 年（含）。集成电路生产企业的生产设备，其折旧年限可以适当缩短，最短可为 3 年（含）。

2. 已使用过固定资产的折旧年限问题

小企业取得已使用过的固定资产，在确认折旧年限时，可以适当低于税法规定的最低折旧年限，但不得低于最低折旧年限减去已使用年限后的剩余年限，并且不得低于 2 年。

（三）固定资产的预计净残值

《企业所得税法实施条例》第五十九条规定，企业应当根据固定资产的性质和使用情况，合理确定固定资产的预计净残值。固定资产的预计净残值一经确定，不得变更。

（四）固定资产的折旧方法

（1）《企业所得税法实施条例》第五十九条规定，固定资产按照直线法计算的折旧，准予扣除。

（2）《企业所得税法》第三十二条规定，企业的固定资产由于技术进步等原因，确需加速折旧的，可以缩短折旧年限或者采取加速折旧的方法。

《企业所得税法实施条例》第九十八条规定，可以采取缩短折旧年限或者采取加速折旧的方法的固定资产，包括：由于技术进步，产品更新换代较快的固定资产；常年处于强震动、高腐蚀状态的固定资产。采取缩短折旧年限方法的，最低折旧年限不得低于本条例第六十条规定折旧年限的 60%；采取加速折旧方法的，可以采取双倍余额递减法或者年数总和法。

《国家税务局关于企业固定资产加速折旧所得税处理有关问题的通知》（国税发〔2009〕81 号）规定，根据《企业所得税法 》第三十二条及《实施条例》第九十八条的相关规定，企业拥有并用于生产经营的主要或关键的固定资产，确需加速折旧的，可以缩短折旧年限或者采取加速折旧的方法。

（3）根据国务院扩大固定资产加速折旧优惠范围的决定，《财政部、国家税务总局关于进一步完善固定资产加速折旧企业所得税政策的通知》（财税〔2015〕106 号）对此次完善固定资产加速折旧企业所得税政策做了明确规定。

一是规定了 4 个领域重点行业的企业固定资产加速折旧政策，即对轻工、纺织、机械、汽车四个领域重点行业的企业 2015 年 1 月 1 日后新购进的固定资产，允许缩短折旧年限或采取加速折旧方法。

二是规定了 4 个领域重点行业小型微利企业固定资产加速折旧的特殊政策，即对轻工、纺织、机械、汽车四个领域重点行业的小型微利企业 2015 年 1 月 1 日后新购进的研发和生产经营共用的仪器、设备，单位价值不超过 100 万元（含）的，允许一次性计入当期成本费用在计算应纳税所得额时扣除，不再分年度计算折旧；单位价值超过 100 万元的，允许缩短折旧年限或采取加速折旧方法。

三是规定了企业加速折旧优惠政策的选择权，即企业根据自身生产经营需要，可选择是否实行加速折旧政策。

四是规定了政策执行起始时间和前 3 季度未能享受优惠的税务处理，即此次固定资产加速折旧政策从 2015 年 1 月 1 日起执行。2015 年前 3 季度未能计算办理享受的，统一在 2015 年第 4 季度预缴申报时或 2015 年度企业所得税汇算清缴时办理享受。

四、无形资产摊销的涉税规定

（一）无形资产摊销的范围

《企业所得税法》第十二条规定，在计算应纳税所得额时，企业按照规定计算的无形资产摊销费用，准予扣除。下列无形资产不得在计算摊销费用时扣除：

（1）自行开发的支出已在计算应纳税所得额时扣除的无形资产；

（2）自创商誉；

（3）与经营活动无关的无形资产；

（4）其他不得计算摊销费用扣除的无形资产。

（二）无形资产摊销的方法与期限

《企业所得税法实施条例》第六十七条规定，无形资产按照直线法计算的摊销费用，准予扣除；无形资产的摊销年限不得低于 10 年。作为投资或者受让的无形资产，有关法律规定或者合同约定了使用年限的，可以按照规定或者约定的使用年限分期摊销。

【小贴士】

在实际工作中，部分有限责任公司的章程约定了公司的营业期限，届满后自动解散。当公司的营业期限低于土地使用权的期限，到底应按照哪个年限摊销呢？土地使用权虽然属于无形资产，但公司营业期限届满后，仍然可以在剩余的土地使用权年限内，对外转让土地使用权，与企业的营业期限无关。因此，土地使用权的摊销年限，与公司章程约定的营业期限无关。

企业取得无形资产土地使用权，如果土地出让合同规定该土地使用年限为 50 年，企业是否可以按照 10 年进行摊销？根据《企业所得税法实施条例》第六十七条规定可知，本问题中土地出让合同规定该土地使用年限为 50 年，根据合理性原则，企业应当按照 50 年摊销，而不能按照 10 年摊销。

习题精练

一、单选题

1. 某企业采用先进先出法计算发出原材料的成本。20×6 年 9 月 1 日，甲材料结存 200 千克，每千克实际成本为 300 元；9 月 7 日购入甲材料 350 千克，每千克实际成本为 310 元；9 月 21 日购入甲材料 400 千克，每千克实际成本为 290 元；9 元 28 日发出甲材料 500 千克。9 月甲材料发出成本为（　　）元。

  A. 145 000   B. 150 000   C. 153 000   D. 155 000

2. 下列各项中，（　　）应计入产品成本费用。

  A. 销售部门人员职工薪酬   B. 车间管理人员职工薪酬

  C. 企业管理人员职工薪酬   D. 财务人员的职工薪酬

3. 某设备的账面原价为 80 000 元，使用年限为 5 年，估计净残值为 5 000 元，按年数总和法计提折旧。该设备在第 3 年应计提的折旧为（　　）元。

  A. 15 000   B. 30 000   C. 10 000   D. 5 000

4. 企业的下列固定资产中，不计提折旧的是（　　）。

  A. 闲置的房屋   B. 经营性租入的设备

  C. 临时出租的设备   D. 季节性停用的设备

5. 20×6 年 3 月某企业开始自行研发一项非专利技术，到 20×6 年 12 月研发成功并达到预定可使用状态，累计研究支出为 160 万元，累计开发支出为 500 万元（其中符合资本化条件的支出为 400 万元）。该非专利技术使用寿命不能合理确定，假定不考虑其他因素，该业务导致企业 20×6 年度利润总减少（　　）万元。

  A. 100   B. 160   C. 260   D. 660

二、多选题

1. 小企业可以采用（　　）确定发出存货的实际成本。计价方法一经选用，不得随意变更。

  A. 移动加权平均法   B. 先进先出法

  C. 个别计价法   D. 后进先出法

2. 小企业计算某年 9 月固定资产应计提折旧额时，不需要的数据是（　　）。

  A. 9 月增加固定资产应计提的折旧额 B. 9 月减少固定资产应计提的折旧额

  C. 8 月增加固定资产应计提的折旧额 D. 8 月减少固定资产应计提的折旧额

3. 职工薪酬包括（　　）。

  A. 职工工资 B. 津贴和补贴 C. 职工福利费 D. 工会经费

4. 小企业计提固定资产折旧的方法包括（　　）。

  A. 年限平均法 B. 双倍余额递减法 C. 年数总和法 D. 工作量法

5．下列各项中，小企业不能确认为无形资产的有（　　　）。

    A．小企业拥有的自创商誉

    B．小企业拥有的客户或市场份额

    C．小企业所拥有的特定管理或技术才能

    D．小企业所拥有的一支熟练的员工队伍或高科技人才

三、判断题

1．提前报废的固定资产不补提折旧，其未提足折旧的净损失应计入营业外支出。（　　）

2．小企业无形资产摊销的起讫时间与固定资产折旧的起讫时间相同。（　　）

3．小企业购置计算机硬件所附带的、未单独计价的软件，也通过"固定资产"科目核算。（　　）

4．小企业采用月末加权平均法计量发出存货的成本，在物价上涨时，当月发出存货的单位成本小于月末结存存货的单位成本。（　　）

5．个别计价法适用于一般不能替代使用的存货，以及为特定项目专门购入或制造的存货，如珠宝、名画等贵重存货。（　　）

四、业务题

1．某企业20×6年 3月1日结存甲材料200千克，每公斤实际成本90元。本月发生如下有关业务：

（1）5日，购入甲材料200千克，每公斤实际成本100元，材料已验收入库。

（2）10日，发出甲材料300千克。

（3）20日，购入甲材料500千克，每公斤实际成本90元，材料已验收入库。

（4）25日，发出甲材料400千克。

要求：根据以上资料，分别用先进先出法、月末一次加权平均法及移动加权平均法计算本月发出甲材料的成本。

2．某企业20×6年4月发生以下业务：

（1）10日以银行转账方式发放上月工资，应发工资200万元，发放时代扣代缴个人所得税5万元，代扣代缴职工个人承担社会保险费40万元、住房公积金20万元，实发工资135万元。

（2）月底计提本月工资200万元，其中行政管理人员工资50万元，销售人员工资50万元，生产工人工资80万元，车间管理人员工资20万元，企业为员工承担的社会保险费的计提比例为工资总额的20%，住房公积金的计提比例为工资总额的10%。

要求：根据以上资料分别编制会计分录。

3．某企业进口一条生产线，安装完毕后固定资产原价为400 000元，预计使用年限为5年，净残值16 400元。

要求：分别按照平均年限法、双倍余额递减法、年数总和法计算每年的折旧额，并编制有关会计分录。

第五章 销售与收款业务

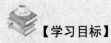【学习目标】

了解收入的概念、特征、分类；

掌握销售商品收入的确认、计量及其会计核算；

掌握提供劳务收入的确认、计量及其会计核算；

掌握有关销售业务的税收规定。

企业经过生产准备业务、生产业务，生产出符合质量要求、可供对外销售的产成品，接下来就要对外销售，通过销售实现产品的价值。生产企业将产品对外销售，按照销售价格收取产品价款，形成产品销售收入，同时结转产品的销售成本，以及在销售过程按照国家税法规定计算的各种税费。

收入概述

一、收入的含义

《小企业会计准则》规定，收入是指小企业在日常生产经营活动中形成的、会导致所有者权益增加、与所有者投入资本无关的经济利益的总流入。收入的特征主要体现在以下几方面。

1. 收入是小企业在日常生产经营活动中形成的

日常生产经营活动是指小企业为完成其经营目标从事的经常性活动以及与之相关的活动。例如，工业小企业制造并销售产品，农业小企业生产和销售农产品，商业小企业销售商品，交通运输小企业提供道路货物运输服务、餐饮小企业提供快餐服务、咨询小企业提供咨询服务、软件小企业为客户开发软件等均属于企业为完成其经营目标所从事的经常性活动，由此产生的经济利益的总流入构成收入；企业转让无形资产使用权、出售原材料、出租机器设备等固定资产等也属于与经常性活动相关的活动，由此产生的经济利益的总流入也构成收入。明确界定日常生产经营活动是为了将收入与营业外收入相区分，日常生产经营活动是确认收入的重要判断标准，凡是日常生产经营活动所形成的经济利益流入应当确认为收入；反之，非日常生产经营活动所形成的经济利益的流入不能确认为收入，而应当计入营业外收入。例如，小企业处置固定资产、无形资产等活动，不是小企业为完成其经营目标所从事的经常性活动，也不属于与经常性活动相关的活动，由此产生的经济利益的总流入不构成收入，应当确认为营业外收入。

2. 收入必然会导致所有者权益的增加

收入的实现往往表现为资产的增加或者负债的减少或者两者兼而有之，根据"资产=负债+所有者权益"的会计恒等式，最终必然会导致所有者权益的增加。不符合这一特征的经济利益流入，不属于企业的收入。例如，小企业向银行借入款项，尽管也导致了经济利益流入小企业，表现为增加了小企业的银行存款，但该笔借款的取得并不会增加小企业的所有者权益，反而会使小企业承担了一项现时义务，表现为对银行的欠款。因此，不应将其确认为收入，而应当确认为一项负债。

3. 收入是与所有者投入资本无关的经济利益的总流入

所有者投入资本主要是为谋求享有小企业资产的剩余权益，由此形成的经济利益的总流入不构成收入，而应确认为企业所有者权益的组成部分。收入为经济利益的总流入，即收入不能扣除为取得收入而发生的相关成本费用，收入是全额而不是净额的概念。

4. 收入只包括本企业经济利益的流入，不包括为第三方或客户代收的款项

小企业代收的款项，如小企业代税务机关向客户收取的增值税、旅行社代客户购买门票收取票

款等，一方面增加小企业的资产，另一方面增加小企业的负债，并不增加小企业的所有者权益，不属于小企业的经济利益，因而不能作为小企业的收入。

二、收入的分类

小企业的收入可以按不同标准进行分类。

1. 收入按小企业从事日常生产经营活动性质不同，分为销售商品收入、提供劳务收入

销售商品收入是指小企业销售商品（或产成品、材料，下同）取得的收入。这里的商品也包括包装物、低值易耗品以及其他存货。提供劳务收入是指小企业从事建筑安装、修理运输、仓储租赁、邮电通信、咨询经纪、文化体育、科学研究、技术服务、教育培训、餐饮住宿、中介代理、卫生保健、社区服务、旅游、娱乐、加工以及其他劳务服务活动取得的收入。

2. 收入按小企业经营业务的重要性不同，分为主营业务收入和其他业务收入

（1）主营业务收入，是指小企业为完成其经营目标从事的经常性活动实现的收入。主营业务收入一般占小企业总收入的比重较大，对小企业的经济效益产生较大影响。不同行业企业的主营业务收入包括的内容不同。例如，从事工业生产的小企业，主营业务收入就是指销售产品、自制半成品所取得的产品销售收入，及提供工业性劳务所取得的收入；对商品流通小企业而言，主营业务收入则是商品销售收入，包括自购自销商品销售收入、进出口业务的销售收入、接受其他单位委托代销商品的收入等；交通运输业小企业的主营业务收入主要包括提供运输服务实现的收入。实际工作中，主营业务可根据小企业营业执照上注明的主要业务范围确定。

（2）其他业务收入，是指小企业为完成其经营目标所从事的与经常性活动相关的活动实现的收入。其他收入属于小企业日常活动中次要交易实现的收入，一般占小企业总收入的比重较小。不同行业企业的其他业务收入所包括的内容不同，例如，工业小企业其他业务收入主要包括销售原材料、出租资产取得的租金等收入。实际工作中，其他业务可通过小企业营业执照的兼营业务范围来确定。

第二节 销售商品与收款

一、销售商品收入的确认

销售商品收入，是指小企业销售商品（或产成品、材料）取得的收入。销售商品收入的确认是一个非常重要的问题，它不仅关系到流转税纳税时间的确定，还会影响成本、费用的正确结转，以至于影响利润和应纳税所得额及应纳所得税额计算的正确性。同时，还应区分会计核算上的收入确认与税法上作为纳税依据的收入确认，不能混为一谈。收入的确认实际上是指收入在什么时候入账，并在利润表上反映。

《小企业会计准则》的规定，小企业应当在发出商品且收到货款或取得收款权利时，确认销售商品收入。下列商品销售，通常按规定的时点确认收入。

（1）销售商品采用托收承付方式的，在办妥托收手续时确认收入。

（2）销售商品采取预收款方式的，在发出商品时确认收入。

（3）销售商品采用分期收款方式的，在合同约定的收款日期确认收入。

（4）销售商品需要安装和检验的，在购买方接受商品以及安装和检验完毕时确认收入。安装程序比较简单的，可在发出商品时确认收入。

（5）销售商品采用支付手续费方式委托代销的，在收到代销清单时确认收入。

（6）销售商品以旧换新的，销售的商品作为商品销售处理，回收的商品作为购进商品处理。

（7）采取产品分成方式取得的收入，在分得产品之日按照产品的市场价格或评估价值确定销售商品收入金额。

【小贴士】

《小企业会计准则》的规定减少了关于风险报酬转移的职业判断，这样大大减少了财务信息的不确定性，可以避免人为调节利润的风险。收入确认的时点与所得税及增值税的确认时点基本一致。在判断收入是否实现时主要考虑商品的发出直接获得现金流入或已经取得收取货款的权利，这样既可简化小企业收入判定的影响因素，也可以简化收入认定的条件，满足小企业会计工作的要求。

二、销售商品收入的核算

（一）主要会计科目

小企业应设置"主营业务收入"科目核算小企业确认的销售商品或提供劳务等主营业务的收入。"主营业务收入"科目应按照主营业务的种类进行明细核算。本科目贷方登记小企业销售商品、提供劳务等主营业务实现的收入，借方登记小企业本月发生的销售退回、销售折让等业务应冲减的销售商品收入。月末，将"主营业务收入"科目的贷方余额转入"本年利润"科目，结转后"主营业务收入"科目应无余额。

小企业应设置"其他业务收入"科目核算小企业确认的除主营业务活动以外的其他日常生产经营活动实现的收入。"其他业务收入"科目应按照其他业务收入种类进行明细核算。该科目贷方登记出租固定资产、出租无形资产、销售材料等实现的收入，借方登记小企业本月发生的销售退回、销售折让等业务应冲减的收入。月末，将"其他业务收入"科目贷方余额转入"本年利润"科目，结转后"其他业务收入"科目应无余额。

小企业应设置"主营业务成本"科目核算小企业确认销售商品或提供劳务等主营业务收入应结转的成本。"主营业务成本"科目应按照主营业务的种类进行明细核算。该科目借方登记销售各种商品、提供的各种劳务等实际成本，贷方登记因发生销售退回等业务而冲减的成本。月末，将"主营业务成本"科目的借方余额转入"本年利润"科目，结转后"主营业务成本"科目应无余额。

小企业应设置"其他业务成本"科目核算小企业确认的除主营业务活动以外的其他收入应结转的成本，"其他业务成本"科目应按照其他业务成本的种类进行明细核算。该科目借方登记销售材料的成本、出租固定资产的折旧费、出租无形资产的摊销额等，贷方登记因发生销售退回等业务而冲减的成本。月末，将"其他业务成本"科目余额转入"本年利润"科目，结转后本科目应无余额。

（二）一般销售业务的核算

小企业销售商品的收入，应当按照实际收到或应收的金额，借记"银行存款""应收账款""应收票据"等科目；按照税法规定应缴纳的增值税额，贷记"应交税费——应交增值税（销项税额）"科目；按照确认的销售商品收入，贷记"主营业务收入"科目。

月末，小企业可根据本月销售各种商品或提供各种劳务实际成本，计算应结转的主营业务成本，借记"主营业务成本"科目，贷记"库存商品"等。

【例5-1】先导电子科技有限公司20×6年3月A产品的销售量为150台，每台售价180元，B产品的销售量为310台，每台售价88元，合计价款54 280元，增值税销项税额为9 227.60元，款项收到并存入银行。A产品单位成本为120元，B产品单位成本为60元。

先导公司应根据其开具的增值税专用发票及银行收款凭证编制如下会计分录：

借：银行存款		63 507.6
贷：主营业务收入		54 280
应交税费——应交增值税（销项税额）		9 227.6

月末根据A产品及B产品的出库单，结转销售成本：

借：主营业务成本		36 600
贷：库存商品——A产品		18 000
——B产品		18 000

 【小贴士】

本例及以下举例为操作方便，假定在收入实现的同时结转销售成本。实务工作中，一般在月末汇总后一次结转销售商品成本。

【例5-2】先导公司于20×6年5月16日销售给华夏机电公司1台设备，设备已发出，已开出专用发票，设备不含税为500 000元，增值税额为85 000元。按购货合同约定，设备由先导公司安装调试，由华夏公司检验合格后付款。5月25日，该设备经华夏公司检验合格，收到华夏公司交来的6个月银行承兑汇票一张，期限为3个月。假定该设备成本为400 000元。

先导公司应于5月25日设备安装调试后根据开具的增值税专用发票和收到的应收票据确认销售收入时，编制如下分录：

借：应收票据——华夏公司		585 000
贷：主营业务收入		500 000
应交税费——应交增值税（销项税额）		85 000

根据该设备的出库单结转销售成本：

借：主营业务成本		400 000
贷：库存商品		400 000

【例 5-3】承【例 5-2】，11 月 25 日票据到期，先导公司将票据交付其开户行委托其收款，28 日先导公司收到银行的收账通知，银行收取托收手续费 5 元。

先导公司根据银行的收账通知及托收手续费单据编制如下会计分录：

借：银行存款	585 000	
财务费用	5	
贷：应收票据		585 000
银行存款		5

【例 5-4】先导公司 20×6 年 5 月 10 日，预收美达公司货款 150 000 元，5 月 20 日发给美达公司订购的 A 产品 200 件，单价 950 元。开出增值税专用发票，价款为 190 000 元，增值税款为 32 300 元。5 月 25 日收到美达公司支付的余额 72 300 元。假定该批商品成本为 150 000 元。

先导公司 5 月 10 日预收货款时，根据银行的收款凭证应编制如下会计分录：

借：银行存款	150 000
贷：预收账款——美达公司	150 000

5 月 20 日发出产品时，先导公司应根据其开具的增值税专用发票，编制如下会计分录：

借：预收账款——美达公司	222 300
贷：主营业务收入	190 000
应交税费——应交增值税（销项税额）	32 300

5 月 25 日，先导公司根据银行的收款凭证：

借：银行存款	72 300
贷：预收账款——美达公司	72 300

月末根据该商品出库单结转销售成本：

借：主营业务成本	150 000
贷：库存商品	150 000

（三）销售商品涉及商业折扣及现金折扣的核算

1. 商业折扣

商业折扣是指小企业为促进商品销售而在商品标价上给予的价格扣除。销售商品涉及商业折扣的，应当按照扣除商业折扣后的金额确定销售商品收入金额。实际上商业折扣与应收账款的入账价值无关，因此无须做账务处理。例如，A 商品标价为 100 元，打 7 折（商业折扣为 30%），则实际入账价值为 70 元。

2. 现金折扣

现金折扣是指债权人为鼓励债务人在规定的期限内付款而向债务人提供的债务扣除。销售商品涉及现金折扣的，应当按照扣除现金折扣前的金额确定销售商品收入金额。现金折扣应当在实际发生时，计入"财务费用"。

小企业在进行会计处理时，应按实际收到的金额，借记"银行存款"科目；按给予购货方的现金折扣，借记"财务费用"科目；按应收的账款，贷记"应收账款"科目。

在计算现金折扣时，还应注意折扣是按包括增值税的价款给予现金折扣，还是按不包含增值税的价款给予现金折扣，两种情况下发生的现金折扣金额是不同的。如果合同中没有专门说明，通常应按包含增值税的价款计算现金折扣。

【例5-5】先导公司在20×6年6月12日，向甲公司销售一批商品400件，增值税发票上注明的售价40 000元，增值税税额6 800元。该批商品成本为28 000元。企业为了及早回收货款，先导公司在合同中规定现金折扣的条件为：2/10、1/20、n/30。计算现金折扣时包括增值税额。

6月12日销售实现时，先导公司根据其开具的增值税专用发票编制如下会计分录：

借：应收账款——甲公司   46 800

    贷：主营业务收入   40 000

        应交税费——应交增值税（销项税额）   6 800

先导公司根据产品出库单编制如下会计分录：

借：主营业务成本   28 000

    贷：库存商品   28 000

假设6月19日买方付清货款，则甲公司可以享受936元（46 800×2%）的现金折扣，先导公司实际收款45 684元（46 800-936），先导公司根据银行收款凭证和折扣说明编制如下会计分录：

借：银行存款   45 864

    财务费用   936

    贷：应收账款——甲公司   46 800

假设6月28日买方付清货款，则甲公司应享受468元（46 800×1%）的现金折扣，先导公司实际收款46 332元（46 800-468），先导公司根据银行收款凭证和折扣说明编制如下会计分录：

借：银行存款   46 332

    财务费用   468

    贷：应收账款——甲公司   46 800

如买方在7月15日才付款，应按全额收款，先导公司根据银行收款凭证编制如下会计分录：

借：银行存款   46 800

    贷：应收账款——甲公司   46 800

甲公司的账务处理如下：

假设甲公司从先导公司购入的商品，是作为甲公司的生产原材料，并采用实际成本核算。

6月12日购入原材料并验收入库，甲公司根据先导公司开具的增值税专用发票及原材料入库单编制如下会计分录：

借：原材料   40 000

    应交税费——应交增值税（进项税额）   6 800

    贷：应付账款——先导公司   46 800

假设6月19日支付货款，发生付款手续费5元，则甲公司享受936元（46 800×2%）的现金折扣，实际付款 45 684 元（46 800-936），甲公司根据银行付款凭证及折扣说明编制如下会计分录：

> 借：应付账款——先导公司　　　　　　　　　　　　　46 800
> 　　财务费用　　　　　　　　　　　　　　　　　　　　　5
> 　　贷：银行存款　　　　　　　　　　　　　　　　　458 649
> 　　　　财务费用　　　　　　　　　　　　　　　　　　936

假设 6 月 28 日支付货款，则甲公司可享受 468 元的现金折扣，实际付款 46 332 元。甲公司根据银行付款凭证及折扣说明编制如下会计分录：

> 借：应付账款——先导公司　　　　　　　　　　　　　46 800
> 　　财务费用　　　　　　　　　　　　　　　　　　　　　5
> 　　贷：银行存款　　　　　　　　　　　　　　　　　46 337
> 　　　　财务费用　　　　　　　　　　　　　　　　　　468

如 7 月 15 日才付款，应按全额付款，甲公司根据银行付款凭证编制如下会计分录：

> 借：应付账款——先导公司　　　　　　　　　　　　　46 800
> 　　财务费用　　　　　　　　　　　　　　　　　　　　　5
> 　　贷：银行存款　　　　　　　　　　　　　　　　　46 805

（四）销售折让的核算

销售折让是指小企业因售出商品的质量不合格等原因，而在售价上给予的减让，具体如何进行会计处理要分情况而定。

1. 发票尚未开具，当月销售当月发生折让

实务中，企业并不是每销售一笔业务就立即开具增值税专用发票，一般汇总后每月定期开具发票。如果企业当月销售产品或商品，对方在收到产品或商品后要求销售方折让，销售方也同意，这种情况下，销售后可以直接按折让后的金额开具增值税专用票，并确认收入。

【例5-6】先导公司于 20×6 年 6 月 15 日向乙公司销售一批产品，合同上标明该商品的不含税售价为 800 000 元，增值税税率为 17%，先导公司当天发出产品，发票尚未开具。该批产品成本为 650 000 元。6 月 18 日乙公司收到商品后发现产品质量达不到合同要求，但不影响使用，要求先导公司给予 5% 的折让，先导公司同意乙公司提出的请求。先导公司 6 月 20 日按折让后的金额开出的增值税专用发票。合同约定货到票到 1 个月后付款。

> 先导公司折让后销售价格=800 000×（1-5%）=760 000（元）
> 应缴纳的增值税=760 000×17%=129 200（元）

先导公司根据增值税专用发票及产品出库单编制如下会计分录：

> 借：应收账款　　　　　　　　　　　　　　　　　　889 200
> 　　贷：主营业务收入　　　　　　　　　　　　　　760 000
> 　　　　应交税费——应交增值税（销项税额）　　　129 200

先导公司根据产品出库单编制如下会计分录：

借：主营业务成本 650 000

贷：库存商品 650 000

1 个月后收到货款，根据银行的收款凭证编制如下会计分录：

借：银行存款 889 200

贷：应收账款 889 200

2. 发票已开，当月销售当月折让

【例 5-6】中，如果先导公司销售时已开具了增值税专用发票，乙公司在收到发票的当月提出要求给予 5% 的折让，先导公司同意给予相应折让，那么乙公司应当把收到的发票退还给先导公司，先导公司在收回这份纸质增值税专用发票的全部联次后，在增值税税控系统中将此份纸质发票对应的电子发票作废后（电子发票作废后，相应的纸质发票也作废了），再按折让后的金额开具增值税专用发票。先导公司按重新开具的发票金额（折让后的金额）进行会计处理。

【例 5-7】先导公司于 20×6 年 6 月 15 日向乙公司销售一批产品，当天发货时即开具了增值税专用发票，并将发票随货同行寄给乙公司，开具的增值税专用发票显示不含税售价为 800 000 元，增值税税额 136 000 元。该批产品成本为 650 000 元。6 月 18 日乙公司收到商品后发现产品质量达不到合同要求，但不影响使用，要求先导公司给予 5% 的折让，先导公司同意乙公司提出的请求。乙公司 6 月 20 日将 18 日收到的发票寄给先导公司，先导公司 6 月 22 日收到退回的发票后，将此发票作废后按折让后的金额开出增值税专用发票。合同约定货到票到 1 个月后付款。

先导公司收到退回的发票后不需要进行任何账务处理，只需要在增值税系统中将对应的电子发票作废，然后重新开具一张发票，先按原价开具，同时将折扣金额以负数的形式开在同一张发票上；或者直接按折让后的金额开具发票。

不含税合计折让后的售价=800 000×（1-5%）=760 000（元）

先导公司根据增值税专用发票编制如下会计分录：

借：应收账款 889 200

贷：主营业务收入 760 000

应交税费——应交增值税（销项税额） 129 200

先导公司根据产品出库单编制如下会计分录：

借：主营业务成本 650 000

贷：库存商品 650 000

1 个月后收到货款，根据银行的收款凭证编制如下会计分录：

借：银行存款 889 200

贷：应收账款 889 200

 【小贴士】

实务中，当月开具的增值税发票如果当月出现销售退回、销售折让、开票有误、应税服务中

止以及发票无法认证等问题，可以直接将开具的发票作废；当月开具的增值税发票如果跨月出现销售退回、销售折让、开票有误、应税服务中止以及发票无法认证等问题，只能开具红字专用发票，不能将原开具的发票直接作废。目前很多教材都出现当月开具发票当月开红字专用发票的例题，这是不符合实务工作的。

3. 发票已开，跨月要求折让

【例 5-7】中，如果先导公司销售时已开具了增值税专用发票，乙公司在收到发票的次月提出要求给予 5%的折让，先导公司同意给予相应折让，这种情况下先导公司只能按照折让金额开具红字专用发票（即负数发票），开具的红字专用发票直接冲减发生折让当期的销售收入。

【例 5-8】先导公司 20×6 年 7 月 25 日销售一批商品给 M 公司，不含税售价 40 000 元，增值税额 6 800 元。该批产品成本为 28 000 元。8 月 5 日货到后 M 公司发现商品规格与合同不符，经过协商 M 公司不退货，但先导公司给予 M 公司销售价格 5%的折让。7 月底先导公司已经将销售给 M 公司的商品如数确认收入。

7 月底先导公司根据其开具的增值税专用发票及产品出库单编制如下会计分录：

```
借：应收账款——华夏公司                          46 800
    贷：主营业务收入                              40 000
        应交税费——应交增值税（销项税额）           6 800
```

先导公司根据产品出库单编制如下会计分录：

```
借：主营业务成本                                 28 000
    贷：库存商品                                  28 000
```

8 月 5 日，先导公司同意给予 M 公司 5%的折让，先导公司按照折让的金额开具红字发票。

先导公司根据其开具的红字增值税专用发票和折让说明编制如下会计分录：

```
借：主营业务收入（40 000×5%）                     2 000
    应交税费——应交增值税（销项税额）                340
    贷：应收账款——M 公司                          2 340
```

或处理为：

```
借：应收账款——M 公司                             2 340
    贷：主营业务收入                               2 000
        应交税费——应交增值税（销项税额）             340
```

先导公司 8 月 20 日收到折扣后的货款时，根据银行收款凭证编制如下会计分录：

```
借：银行存款                                     44 460
    贷：应收账款——M 公司                         44 460
```

【小贴士】

以上先导公司开具的红字专用发票的销售额和销项税额分别从发生折让的当期即 8 月的销售额和销项税额中扣减。此外，开具红字增值税专用发票，需要履行一定的程序才能开具（作废发票是不需要的）。一般由购买方（专用发票已交付购买方的、专用发票尚未交购买方或者购买方拒收的由销售方填开）在增值税税控系统中填开《开具红字增值税专用发票信息表》（以下简称《信息表》）并通过网络上传给主管税务机关，主管税务机关接收纳税人上传的《信息表》后，系统自动校验通过后，生成带有"红字发票信息编号"的《信息表》，并将信息同步至纳税人端系统中。销售方凭税务机关系统校验通过的《信息表》开具红字专用发票，在增值税税控系统中以销项负数开具，红字专用发票与《信息表》一一对应。

（五）销售退回的核算

销售退回是指企业售出的商品，由于质量、品种不符合要求等原因而发生的退货。小企业销售退回具体可按照以下情况分别处理。

1. 发票未开，当月销售当月退回

实务中，企业当月销售产品或商品，一般在月中或月底定期汇总开具增值税专用发票。如果企业当月销售产品，还未向购货方开具增值税专用发票，购货方即要求退货，销货方同意购货方的请求。这种情况下，销货方一般不需要进行账务处理，只需购货方退回产品，销货方收到退回的产品办理好入库手续即可。

2. 发票已开，当月销售当月退回

实务中，如果销货方销售时已开具了增值税专用发票，购货方在收到发票的当月要求退货，销货方同意购货方的请求，那么购货方需要将发票和货物一起退还给销货方。销货方收回发票的全部联次直接作废此张发票，并办理好退回产品的入库手续，销货方无须进行账务处理。

3. 发票已开，跨月（包括跨年）要求退货

实务中，如果销货方销售时已开具了增值税专用发票，购货方在收到发票的次月或其他月份（与购货时间不在同一月份）提出退货。这种情况下需要销货方开具红字增值税专用发票，冲销发生退货当月的销售收入和增值税，并同时冲减当期销售成本。按应冲减的销售收入，借记"主营业务收入"科目，按允许扣减当期销项税额的增值税额，借记"应交税费——应交增值税（销项税额）"科目，按已付或应付的金额，贷记"应收账款""银行存款""应付账款"等科目。按退回商品的成本，借记"库存商品"科目，贷记"主营业务成本"科目。如果该项销售已发生现金折扣，应在退回当月一并处理。

【例5-9】先导公司于20×6年5月5日，销售商品100件给N公司，增值税发票上注明售价10 000元，增值税额1 700元。现金折扣条件为：2/10、1/20、n/30。月末结转商品销售成本为7 000元。5月9日收到N公司的货款；6月20日因10件商品质量问题，华夏公司将所购得10件商品退还给先导公司，先导公司以银行存款退回购货款。假定计算现金折扣时包括增值税额。

5月5日先导公司销售产品时，根据增值税专用发票编制如下会计分录：

借：应收账款——N公司　　　　　　　　　　　　　　11 700
　　贷：主营业务收入　　　　　　　　　　　　　　　　10 000
　　　　应交税费——应交增值税（销项税额）　　　　　1 700

5月9日收到N公司的货款，实际收款11 466元（11 700-11 700×2%），先导公司根据银行的收款凭证及现金折扣说明单编制如下会计分录：

借：银行存款 11 466

　　财务费用 234

　　贷：应收账款——N公司 11 700

5月31日先导公司根据产品出库单结转5月5日销售产品成本：

借：主营业务成本 7 000

　　贷：库存商品 7 000

6月20日因商品质量问题，N公司退回商品10件，先导公司开具红字增值税专用发票，先导公司以网银支付退货款1 148.6元（10÷100 ×11 700-10÷100×234），发生手续费2元。

借：主营业务收入 1 000

　　应交税费——应交增值税（销项税额） 170

　　财务费用 2

　　贷：银行存款 1 148.6

　　　　财务费用 23.4

根据退回销售商品的入库单编制如下会计分录：

借：库存商品（10÷100×7 000） 700

　　贷：主营业务成本 700

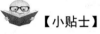 【小贴士】

　　销售退回开具红字增值税专用发票与上例相同。《小企业会计准则》规定，小企业已经确认销售商品收入的售出商品发生的销售退回（不管属于本年度还是属于以前年度的销售），应当在发生时冲减当期销售商品收入。上例中，退货的部分商品的收入冲减6月的收入。

（六）代销商品的核算

委托代销根据代销方式的不同，又分为两种情况：一种是支付手续费的委托代销；另一种是视同买断委托代销。两种不同的代销方式，其会计核算也略有不同。

1. 支付手续费的委托代销核算

支付手续费方式的委托代销是指委托方和受托方签订合同或协议，委托方根据所代销的商品数量和金额向受托方支付手续费的销售方式。《小企业会计准则（2011）》规定，销售商品采用支付手续费的方式委托代销，委托方在收到代销清单时确认收入。

支付手续费方式，即受托方根据所代销的商品数量向委托方收取手续费，这时对受托方来说实际上是一种劳务收入。这种代销方式，受托方通常应按照委托方规定的价格销售，不得自行改变售价。委托方应在受托方将商品销售后，根据收到的受托方开具的代销清单时，确认收入。受托方在商品销售后，按应收取的手续费确认收入。

【例5-10】20×6年2月1日，先导公司委托H公司销售A商品400件，A商品的全国统一售价（含税）为117元/件，该商品成本70元/件，增值税税率为17%。先导公司与H公司签订的代销协议规定，H公司按每件117元的价格出售，先导公司按售价（不含税）的10%支付给H公司手续费，每月结算一次。H公司在当年的2月，实际销售A商品400件，取得含税收入46 800元（销项税税额为6 800元），并向先导公司开出代销清单。先导公司在收到H公司交来的代销清单时，向H公司开具一张相同金额的增值税专用发票。

根据以上业务，先导公司的会计处理如下：

2月1日先导公司将A商品交付H公司时，根据商品出库单，编制如下会计分录：

借：委托代销商品——A商品	28 000	
贷：库存商品——A商品		28 000

2月底先导公司收到H公司的代销清单，开具增值税专用发票，先导公司根据增值税专用发票，编制如下会计分录：

借：应收账款——华夏公司	46 800	
贷：主营业务收入		40 000
应交税费——应交增值税（销项税额）		6 800

根据代销清单结转实际销售商品的成本，编制如下会计分录：

借：主营业务成本	28 000	
贷：委托代销商品		28 000

根据委托代销协议，先导公司开具红冲发票，确认代销手续费，编制如下会计分录：

借：销售费用——代销手续费　[40 000×10%÷（1+17%）]	3 418.8	
应交税费——应交增值税（销项税额）	581.2	
贷：应收账款——H公司		4 000

收到H公司汇来的代销货物款42 800元时，先导公司根据银行收款凭证，编制如下会计分录：

借：银行存款（46 800-4 000）	42 800	
贷：应收账款——H公司		42 800

根据以上业务，H公司的会计处理如下：

H公司收到A商品时，作为代销商品处理，并在备查簿进行登记，H公司根据代销协议，编制如下会计分录：

借：受托代销商品	40 000	
贷：受托代销商品款		40 000

【小贴士】

受托方进行会计处理时，因《小企业会准则》并未对此业务做详细的规定，比照《企业会计准则》的规定，增设"受托代销商品"及"受托代销商品款"科目，两个科目分别是代理业务资产和代理业务负债科目。受托方收到代销商品时，按委托代销协议价借记"受托代销商品"科目，

贷记"受托代销商品款"科目。注意与委托方不同，委托方是按成本价借记"委托代销商品"科目，贷记"库存商品"。实际交易时，受托方接受商品时，受托方并不知道委托方的成本价。

H 公司实际销售 A 商品时，H 公司根据向购买方开具的增值税专用发票编制如下会计分录：

借：银行存款	46 800
贷：应付账款——先导公司	40 000
应交税费——应交增值税（销项税额）	6 800
借：受托代销商品款	40 000
贷：受托代销商品	40 000

 【小贴士】

因是收取代理手续费方式的代销，因此受托方对第三方销售商品并开具增值税专用发票时，意味着 H 公司对先导公司的负债正式产生，因而受托方确认了对先导公司的负债。因 H 公司对第三方开具了增值税专用发票，因此 H 公司增值税纳税义务同时产生，因而在确认对先导公司的负债的同时，确认了应交税费。在确认真实负债的同时，转销代理业务资产及代理业务负债。

H 公司开出代销清单后，先导公司根据代销清单对 H 公司开具了增值税专用发票，H 公司收到先导公司开来的增值税专用发票时，根据增值税专用发票编制如下会计分录：

借：应交税费——应交增值税（进项税额）	6 800
贷：应付账款——先导公司	6 800

H 公司支付先导公司代销款，根据银行付款凭证、代销手续费计算说明编制如下会计分录（假设付款手续费为 5 元）：

借：应付账款——先导公司	46 800
财务费用	5
贷：银行存款	42 805
主营业务收入	3 418.8
应交税费——应交增值税（进项税额转出）	581.2

 【小贴士】

这一会计处理是根据国家税务总局关于商业企业向货物供应方收取部分费用征流转税问题的通知（国税发〔2004〕136 号）的规定，商业企业向供应方收取与商品销售量、商品销售额挂钩的（如以一定比例、金额、数量计算）各种返还收入，均应按照平销返利行为的有关规定冲减当期进项税额，不征收营业税。应冲减进项税金的计算公式为：当期应冲减进项税金=当期取得的返还资金÷（1+所购货物适用的增值税税率）×所购货物适用的增值税税率。

2. 视同买断方式代销商品

视同买断方式是指由委托方和受托方签订合同或协议，委托方按合同或协议价收到所代销商品的贷款，实际售价由受托方自定，实际售价与协议价之间的差额归受托方所有的销售方式。

在这种代销方式下，如果委托方和受托方之间的合同或协议明确规定，受托方在取得代销商品后，无论是否能够卖出、是否获利，均与委托方无关，委托方和受托方之间的代销交易，与委托方直接销售商品给受托方没有实质区别，委托方应当在发出商品且收到货款或取得收款权利时，确认销售商品收入。

如果委托方和受托方之间的合同或协议明确规定，将来受托方没有将商品售出时，可以将商品退还给委托方，或受托方因代销商品出现亏损时，可以要求委托方补偿。委托方在交付商品时不确认收入，应在收到代销清单时确认销售商品收入。

【例 5-11】先导公司 20×6 年 3 月 1 日，与 M 企业签订代销协议，委托 M 企业销售 W 商品 400件，协议价为 100 元 / 件，该商品成本为 60 元 / 件，增值税税率为 17%。协议规定，M 企业在取得代销商品后，无论是否能够卖出、是否获利，均与先导公司无关。3 月 20 日，先导公司收到 M 企业开来的代销清单。M 企业实际销售时，开具的增值税专用发票上注明的售价为 45 000 元，增值税税额为 7 650 元。3 月 25 日，先导公司收到 M 企业按协议价支付的款项。

根据以上资料，先导公司的会计处理如下：

先导公司 3 月 1 日交付商品时，根据增值税专用发票编制如下会计分录：

  借：应收账款   46 800
    贷：主营业务收入   40 000
      应交税费——应交增值税（销项税额） 6 800

根据商品出库单，编制如下会计分录：

  借：主营业务成本   24 000
    贷：库存商品   24 000

3 月 25 日收到 M 企业支付的货款时：

  借：银行存款   46 800
    贷：应收账款   46 800

M 公司的账务处理如下：

M 公司收到 W 商品时，根据先导公司开具的增值税专用发票编制如下会计分录：

  借：库存商品   40 000
    应交税费——应交增值税（进项税额） 6 800
    贷：应付账款   46 800

M 公司实际销售时，根据其开给购买方的增值税专用发票和银行收款凭证，编制如下会计分录：

  借：银行存款   52 650
    贷：主营业务收入   45 000
      应交税费——应交增值税（销项税额） 7 650

根据产品出库单，结转销售成本：

借：主营业务成本   40 000

 贷：库存商品   40 000

3月25日，按合同协议价将款项支付给先导公司时，根据银行付款凭证（假设手续费为5元）编制如下会计分录：

借：应付账款   46 800

 财务费用   5

 贷：银行存款   46 805

【例5-12】承【例5-11】的资料，假设20×6年9月1日先导公司仍未收到代销清单及货款。因已满180天，先导公司编制如下会计分录：

借：应收账款   6 800

 贷：应交税费——应交增值税（销项税额）   6 800

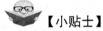

【小贴士】

  委托代销业务，对于发出代销商品超过180天仍未收到代销清单及货款的，根据《财政部、国家税务总局关于增值税若干政策的通知》（财税〔2005〕165号）的规定，无论会计是否确认收入，都应计提并缴纳增值税销项税额。

（七）以旧换新销售的核算

以旧换新销售是指销售方在销售商品的同时回收与所售商品相同的旧商品。小企业销售商品以旧换新的，销售的商品作为商品销售处理，回收的商品作为购进商品处理。

【例5-13】先导电子科技有限公司采用以旧换新方式销售10台小型设备，全部售价为200 000元，不含增值税，每台成本12 000元，同时回收旧设备5台，每台1 000元，取得了增值税专用发票，货款均未支付。

先导公司根据其开具的增值税专用发票、取得对方开具的增值税专用发票及产品入库单编制如下会计分录：

借：应收账款   228 150

 库存商品   5 000

 应交税费——应交增值税（进项税额）   850

 贷：主营业务收入   200 000

  应交税费——应交增值税（销售税额）   34 000

月末根据产品出库单结转销售成本：

借：主营业务成本   120 000

 贷：库存商品   120 000

收到货款时根据银行收款凭证编制如下会计分录：

借：银行存款		228 150
贷：应收账款		228 150

（八）销售材料的核算

小企业销售材料实现的收入，是除主营业务活动以外的其他日常生产经营活动实现的收入，应按照其他业务收入的原则确认。

企业销售原材料、周转材料，按售价和应收的增值税，借记"银行存款""应收账款"等科目；按实现的销售收入，贷记"其他业务收入"科目；按专用发票上注明的增值税额，贷记"应交税费——应交增值税（销项税额）"科目。月度终了，按出售原材料的实际成本，借记"其他业务成本"科目，贷记"原材料""周转材料"等科目。

【例 5-14】先导公司将一批生产用的材料让售给 W 公司，专用发票列明材料价款 10 000 元，增值税税额为 1 700 元，共计 11 700 元，材料成本为 9 000 元，另以银行存款代垫运费 1 200 元。材料已经发出，同时收到 W 公司开出的银行承兑汇票面值为 12 900 元。先导公司的材料采用实际成本核算。

先导公司根据其开具的增值税专用发票、银行付款凭证（假设手续费为 2 元）、取得的承兑汇票编制如下会计分录：

借：应收票据——W 公司	12 900
财务费用	2
贷：其他业务收入	10 000
应交税费——应交增值税（销项税额）	1 700
银行存款	1 202

月末根据材料出库单结转成本时：

借：其他业务成本	9 000
贷：原材料	9 000

假设托收的手续费为 2 元。

承兑汇票到期委托银行收款，根据银行的收账通知、银行托收手续费编制如下会计分录：

借：银行存款	12 900
财务费用	2
贷：应收票据	12 900
银行存款	2

第三节

提供劳务与收款

小企业提供劳务的收入，是指小企业从事建筑安装、修理修配、交通运输、仓储租赁、邮电通信、咨询经纪、文化体育、科学研究、技术服务、教育培训、餐饮住宿、中介代理、卫生保健、社区服务、旅游、娱乐、加工以及其他劳务服务活动取得的收入。

一、提供劳务收入的确认与计量

《小企业会计准则》根据小企业完成劳务的时间不同，以一个会计年度为限，区分同一会计年度开始并完成的劳务（即不跨会计年度的劳务）和劳务的开始和完成分属不同会计年度（即跨会计年度的劳务）分别对相关劳务收入确认的时点和金额做出规定。

（一）不跨会计年度的劳务收入的确认与计量

同一会计年度内开始并完成的劳务收入，应当在提供劳务交易完成且收到款项或取得收款权利时，确认提供劳务收入。

这一确认原则要求同时具备两个条件：一是收入确认的前提是劳务已经完成；二是收到款项或取得收款的权利，表明收入金额能够可靠确定并且该经济利益能够流入小企业。

不跨会计年度的劳务收入，提供劳务收入的金额为从接受劳务方已收或应收的合同或协议价款。由于不跨会计年度的劳务与销售商品非常类似，只是所提供商品的形态不同，一个是不具有实务形态，一个是具有实物形态。因此，对不跨会计年度的劳务收入的确认和计量与销售商品收入的确认和计量原则完全相同。

（二）跨会计年度的劳务收入的确认与计量

小企业受托加工制造机械设备等，以及从事建筑、安装、转配工程业务等，持续提供劳务时间超过 12 个月，对这种劳务的开始和完成分属不同的会计年度的劳务，《小企业会计准则》规定应当按照完工进度确认提供劳务收入。这实质上与《企业会计准则》所规定的完工百分比法相同。

完工百分比法，是指按照提供劳务交易的完工进度确认收入和费用的方法。年度资产负债表日，按照提供劳务收入总额乘以完工进度，扣除以前会计年度累计已确认提供劳务收入后的金额，确认本年度的提供劳务收入；同时，按照估计的提供劳务成本总额乘以完工进度，扣除以前会计年度累计已确认营业成本后的金额，结转本年度营业成本。采用完工百分比法确认收入和相关成本应按以下公式计算：

本期确认的收入=提供劳务收入总额×完工进度-以前会计年度累计已确认的劳务收入

本期确认的成本=提供劳务成本总额×完工进度-以前会计年度累计已确认的营业成本

劳务的完工进度一般按已经发生的成本占估计总成本的比例确定劳务的完工进度。

其中，完工进度的确定，可以按照《企业会计准则》规定的以下方法进行。

1. 已完工作的测量

例如，甲小企业负责建造社区居民活动中心大厦，共 3 层，在 18 个月的时间内完成，第 1 年年底完成了 2 层，则第 1 年完成工程进度为 66.7%。

2. 已提供劳务占劳务总量的比例

M 小企业负责为某地挖地基，总土石方量为 1 000 万立方米，时间为 20×4 年 7 月 1 日至 20×6

年 6 月 30 日，在 20×4 年 12 月 31 日，经测算共挖土石方量为 600 万立方米，则 20×4 年的工程进度为 60%。

3. 已发生的成本占估计提供劳务成本总额的比例

某工程概算成本为 100 万元，分 3 年完工，第 1 年实际发生的工程成本为 30 万元，则第 1 年完成的工程进度为 30%。

确认劳务收入时应当注意：如果小企业与其他企业签订的合同或协议，包含销售商品和提供劳务时，销售商品部分和提供劳务部分能够区分且能够单独计算的，应当将销售商品的部分作为销售商品处理，将提供劳务的部分作为提供劳务处理。如果销售商品部分和提供劳务部分不能够区分，或虽能区分但不能够单独计量的，应当作为销售商品处理。

二、提供劳务收入的核算

小企业实现的劳务收入，应按实际收到或应收的价款入账。小企业在提劳务取得收入时，应按已收或应收的金额，借记"银行存款""应收账款"等科目；按实现的劳务服务收入，贷记"主营业务收入"等科目；按应缴纳的增值税，贷记"应交税费——应交增值税（销项税额）"（属于增值税小规模纳税人的；根据其应纳税额，贷记"应交税费——应交增值税"科目）。

【例 5-15】先导公司于 20×6 年 10 月 1 日接受一项设备的安装任务，安装期 5 个月，合同不含税总收入为 500 000 元，适用的增值税税率为 11%，至年底已预收安装费 400 000 元，实际发生成本 250 000 元，估计还会发生 150 000 元的成本。按已经发生的成本占估计总成本的比例确定劳务的完工进度。

根据以上资料先导公司 20×6 年 12 月 31 日的会计处理如下：

20×6 年 12 月 31 日劳务的完工进度=250 000÷（250 000+150 000）×100%=62.5%

20×6 年确认的收入=500 000×62.5%=312 500（元）

20×6 年结转的成本=400 000×62.5%=250 000（元）

20×6 年实际发生成本，根据发生支出的各种凭证：

借：劳务成本		250 000
贷：银行存款/应付职工薪酬（等）		250 000

预收账款时，根据银行的收款凭证：

借：银行存款		400 000
贷：预收账款		400 000

20×6 年 12 月 31 日开具增值税专用发票，确认收入编制如下会计分录：

借：预收账款		346 875
贷：主营业务收入		312 500
应交税费——应交增值税（销项税额）		34 375

结转劳务成本：

  借：主营业务成本   250 000

    贷：劳务成本   250 000

 【小贴士】

  以上劳务属于劳务开始和完成分属不同会计年度，需要按照完工进度确认劳务收入和结转劳务成本。

  【例 5-16】承【例 5-15】，该安装劳务于 20×7 年 3 月 10 日完工，20×7 年实际发生安装成本 180 000 元，全部是安装人员的职工薪酬，安装结束后，对方付了余款 15 500 元，先导公司开具了增值税专用发票。

  根据以上资料先导公司的账务处理如下：

  20×7 年实际发生劳务支出时，根据各项支出凭证：

  借：劳务成本   180 000

    贷：应付职工薪酬   180 000

  20×7 年 3 月 10 日完工，根据其开具的增值税专用发票、银行收款凭证：

  借：预收账款   53 125

    银行存款   155 000

    贷：主营业务收入   187 500

      应交税费——应交增值税（销项税额）   20 625

结转劳务成本：

  借：主营业务成本   180 000

    贷：劳务成本   180 000

 【小贴士】

  劳务完工时，不再应用完工百分比法确认收入及结转成本，而是将劳务总收入扣除前期累计确认收入的余额在完工当期确认收入，将发生的总成本扣除前期累计确认成本的余额在完工当期结转成本。

  【例 5-17】甲企业是一家从事汽车修理业务的小企业，属于增值税小规模纳税人，20×7 年 1 月修理汽车 8 辆，取得收入 40 000 元，存入银行。

  甲企业根据开具的普通发票和银行收款凭证，编制如下会计分录：

  借：银行存款   40 000

    贷：主营业务收入   38 834.95

      应交税费——应交增值税   1 165.05

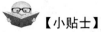**【小贴士】**

甲企业提供的劳务开始和完工属于同一会计期间，因此，在劳务完工时确认收入。由于甲企业是小规模纳税人，其增值税采用简易计算法，适用的增值税征收率为 3%。因此确认的收入=40 000÷（1+3%）=38 834.95（元），应缴纳增值税=40 000÷（1+3%）×3%=1 165.05（元）。

第四节 销售业务涉税规定

上述内容分别按照小企业会计准则的规定阐述了收入的确认与计量及相应的会计核算，但在申报纳税时，企业所得税和增值税税法分别对收入及增值税做了明确的规定，因此，小企业在申报纳税时必须遵守相关税法的规定。

一、企业所得税的涉税规定

（一）收入总额的内涵

《企业所得税法》第六条规定，企业以货币形式和非货币形式从各种来源取得的收入，为收入总额。包括：

（1）销售货物收入；

（2）提供劳务收入；

（3）转让财产收入；

（4）股息、红利等权益性投资收益；

（5）利息收入；

（6）租金收入；

（7）特许权使用费收入；

（8）接受捐赠收入；

（9）其他收入。

《企业所得税法实施条例》第十四条规定，《企业所得税法》第六条中的销售货物收入，是指企业销售商品、产品、原材料、包装物、低值易耗品以及其他存货取得的收入。

《企业所得税法实施条例》第十五条规定 《企业所得税法》第六条中的提供劳务收入，是指企业从事建筑安装、修理修配、仓储租赁、金融保险、邮电通信、咨询经纪、文化体育、科学研究、技术服务、教育培训、餐饮住宿、中介代理、卫生保健、社区服务、旅游、娱乐、加工以及其他劳务服务取得的收入。

《企业所得税法实施条例》第十六条规定，《企业所得税法》第六条中所称转让财产收入，是指：企业转让固定资产、生物资产、无形资产、股权、债权等财产取得的收入。

《企业所得税法实施条例》第十七条规定，《企业所得税法》第六条中所称股息、红利等权益性投资收益，是指企业因权益性投资从被投资方取得的收入。

《企业所得税法实施条例》第十八条规定，《企业所得税法》第六条中所称利息收入，是指企业将资金提供他人使用但不构成权益性投资，或者因他人占用本企业资金取得的收入，包括存款利息、贷款利息、债券利息、欠款利息等收入。

《企业所得税法实施条例》第十九条规定，《企业所得税法》第六条中所称租金收入，是指企业提供固定资产、包装物或者其他有形资产的使用权取得的收入。

《企业所得税法实施条例》第二十条规定，《企业所得税法》第六条中所称特许权使用费收入，是指企业提供专利权、非专利技术、商标权、著作权以及其他特许权的使用权取得的收入。

《企业所得税法实施条例》第二十一条规定，《企业所得税法》第六条中所称捐赠收入，是指企业接受的来自其他企业、组织或者个人无偿给予的货币性资产、非货币性资产。

《企业所得税法实施条例》第二十二条规定，《企业所得税法》第六条中所称其他收入，是指企业取得的除企业所得税法第六条第（一）项至第（八）项规定的收入外的其他收入，包括企业资产溢余收入、逾期未退包装物押金收入、确实无法偿付的付款项、已作坏账损失处理后又收回的应收款项、债务重组收入、补贴收入，违约金收入、汇兑收益等。

《企业所得税法》第七条规定，收入总额中的下列收入为不征税收入：

（1）财政拨款；

（2）依法收取并纳入财政管理的行政事业性收费、政府性基金；

（3）国务院规定的其他不征税收入。

《企业所得税法》第二十六条规定，企业的下列收入为免税收入：

（1）国债利息收入；

（2）符合条件的居民企业之间的股息、红利等权益性投资收益；

（3）在中国境内设立机构、场所的非居民企业从居民企业取得与该机构、场所有实际联系的股息、红利等权益性投资收益；

（4）符合条件的非营利组织的收入。

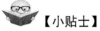 【小贴士】

《小企业会计准则》与《企业所得税法》在收入界定上的区别主要体现在以下几个方面。

（1）《小企业会计准则》与《企业所得税法》界定收入的来源不同。《小企业会计准则》的收入只规范从日常生产经营活动中取得的销售商品收入和提供劳务收入，《企业所得税法》的收入总额包括从各种来源取得的收入。

（2）《企业所得税法》中的收入总额，比《小企业会计准则》的收入内容更加广泛，既包括了会计核算上的营业收入（包括主营业务收入和其他业务收入）、营业外收入和投资收益，还包括了会计核算上未做收入处理的视同销售收入。

（3）《企业所得税法》有不征税收入、免税收入等概念，《小企业会计准则》没有。

（二）确定收入的若干规定

《国家税务总局关于确认企业所得税收入若干问题的通知》（国税函〔2008〕）875 号文件对确认企业所得税收入的若干问题通知如下。

（1）除企业所得税法及实施条例另有规定外，企业销售收入的确认，必须遵循权责发生制原则和实质重于形式原则。

① 企业销售商品同时满足下列条件的，应确认收入的实现：

a. 商品销售合同已经签订，企业已将商品所有权相关的主要风险和报酬转移给购货方；

b. 企业对已售出的商品既没有保留通常与所有权相联系的继续管理权，也没有实施有效控制；

c. 收入的金额能够可靠地计量；

d. 已发生或将发生的销售方的成本能够可靠地核算。

② 符合上款收入确认条件，采取下列商品销售方式的，应按以下规定确认收入实现时间：

a. 销售商品采用托收承付方式的，在办妥托收手续时确认收入。

b. 销售商品采取预收款方式的，在发出商品时确认收入。

c. 销售商品需要安装和检验的，在购买方接受商品以及安装和检验完毕时确认收入。如果安装程序比较简单，可在发出商品时确认收入。

d. 销售商品采用支付手续费方式委托代销的，在收到代销清单时确认收入。

③ 采用售后回购方式销售商品的，销售的商品按售价确认收入,回购的商品作为购进商品处理。有证据表明不符合销售收入确认条件的，如以销售商品方式进行融资，收到的款项应确认为负债，回购价格大于原售价的，差额应在回购期间确认为利息费用。

④ 销售商品以旧换新的，销售商品应当按照销售商品收入确认条件确认收入，回收的商品作为购进商品处理。

⑤ 企业为促进商品销售而在商品价格上给予的价格扣除属于商业折扣,商品销售涉及商业折扣的，应当按照扣除商业折扣后的金额确定销售商品收入金额。

债权人为鼓励债务人在规定的期限内付款而向债务人提供的债务扣除属于现金折扣，销售商品涉及现金折扣的，应当按扣除现金折扣前的金额确定销售商品收入金额，现金折扣在实际发生时作为财务费用扣除。

企业因售出商品的质量不合格等原因而在售价上给予的减让属于销售折让；企业因售出商品质量、品种不符合要求等原因而发生的退货属于销售退回。企业已经确认销售收入的售出商品发生销售折让和销售退回，应当在发生当期冲减当期销售商品收入。

（2）企业在各个纳税期末，提供劳务交易的结果能够可靠估计的，应采用完工进度（完工百分比）法确认提供劳务收入。

① 提供劳务交易的结果能够可靠估计，是指同时满足下列条件：

a. 收入的金额能够可靠地计量；

b. 交易的完工进度能够可靠地确定；

c. 交易中已发生和将发生的成本能够可靠地核算。

② 企业提供劳务完工进度的确定，可选用下列方法：

a. 已完工作的测量；

b. 已提供劳务占劳务总量的比例；

c. 发生成本占总成本的比例。

③ 企业应按照从接受劳务方已收或应收的合同或协议价款确定劳务收入总额，根据纳税期末提供劳务收入总额乘以完工进度扣除以前纳税年度累计已确认提供劳务收入后的金额，确认为当期劳务收入；同时，按照提供劳务估计总成本乘以完工进度扣除以前纳税期间累计已确认劳务成本后的金额，结转为当期劳务成本。

④ 下列提供劳务满足收入确认条件的，应按规定确认收入。

a. 安装费，应根据安装完工进度确认收入。安装工作是商品销售附带条件的，安装费在确认商品销售实现时确认收入。

b. 宣传媒介的收费，应在相关的广告或商业行为出现于公众面前时确认收入。广告的制作费，应根据制作广告的完工进度确认收入。

c. 软件费，为特定客户开发软件的收费，应根据开发的完工进度确认收入。

d. 服务费，包含在商品售价内可区分的服务费，在提供服务的期间分期确认收入。

e. 艺术表演、招待宴会和其他特殊活动的收费，在相关活动发生时确认收入。收费涉及几项活动的，预收的款项应合理分配给每项活动，分别确认收入。

f. 会员费。申请入会或加入会员，只允许取得会籍，所有其他服务或商品都要另行收费的，在取得该会员费时确认收入。申请入会或加入会员后，会员在会员期内不再付费就可得到各种服务或商品，或者以低于非会员的价格销售商品或提供服务的，该会员费应在整个受益期内分期确认收入。

g. 特许权费。属于提供设备和其他有形资产的特许权费，在交付资产或转移资产所有权时确认收入；属于提供初始及后续服务的特许权费，在提供服务时确认收入。

h. 劳务费。长期为客户提供重复的劳务收取的劳务费，在相关劳务活动发生时确认收入。

二、增值税的涉税规定

（一）增值税纳税义务发生时间

《增值税暂行条例》第十九条规定，增值税纳税义务发生时间。

（1）销售货物或者应税劳务，为收讫销售款项或者取得索取销售款项凭据的当天；先开具发票的，为开具发票的当天。

（2）进口货物，为报关进口的当天。增值税扣缴义务发生时间为纳税人增值税纳税义务发生的当天。

《增值税暂行条例实施细则》第三十八条和《增值税暂行条例》第十九条规定中的收讫销售款项或者取得索取销售款项凭据的当天，按销售结算方式的不同，具体为：

（1）采取直接收款方式销售货物，不论货物是否发出，均为收到销售款或者取得索取销售款凭据的当天；

（2）采取托收承付和委托银行收款方式销售货物，为发出货物并办妥托收手续的当天；

（3）采取赊销和分期收款方式销售货物，为书面合同约定的收款日期的当天，无书面合同的或者书面合同没有约定收款日期的，为货物发出的当天；

（4）采取预收货款方式销售货物，为货物发出的当天，但生产销售生产工期超过 12 个月的大型机械设备、船舶、飞机等货物，为收到预收款或者书面合同约定的收款日期的当天；

（5）委托其他纳税人代销货物，为收到代销单位的代销清单或者收到全部或者部分货款的当天。未收到代销清单及货款的，为发出代销货物满 180 天的当天；

（6）销售应税劳务，为提供劳务同时收讫销售款或者取得索取销售款的凭据的当天；

（7）纳税人发生本细则第四条第（三）项至第（八）项所列视同销售货物行为，为货物移送的当天。

（二）增值税的纳税时间

《增值税暂行条例》第二十三条规定，增值税的纳税期限分别为 1 日、3 日、5 日、10 日、15 日、1 个月或者 1 个季度。纳税人的具体纳税期限，由主管税务机关根据纳税人应纳税额的大小分别核定；不能按照固定期限纳税的，可以按次纳税。

纳税人以 1 个月或者 1 个季度为 1 个纳税期的，自期满之日起 15 日内申报纳税；以 1 日、3 日、5 日、10 日或者 15 日为 1 个纳税期的，自期满之日起 5 日内预缴税款，于次月 1 日起 15 日内申报纳税并结清上月应纳税款。

习题精练

一、单选题

1. A 企业采用分期收款方式销售商品，则该企业应在（　　）时，确认收入。

    A. 合同订立 　　　　　　　　　　　　B. 发出商品

    C. 合同约定的收款日期 　　　　　　　D. 全部收到货款

2. 甲企业向乙企业销售 A 商品 1 000 件，每件售价 280 元（不含税）。由于是成批销售，甲企业给予乙企业 10% 的商业折扣，甲企业规定的现金折扣条件为 2/10、n/20。乙企业在 8 天后付清贷款，甲企业确认的销售收入为（　　）元。

    A. 274 000 　　　　B. 252 000 　　　　C. 280 000 　　　　D. 246 960

3. 下列各项，可采用完工百分比法确认收入的是（　　）。

    A. 分期收款销售商品 　　　　　　　　B. 委托代销商品

    C. 在同一会计年度开始并完成的任务 　D. 跨越一个会计年度才能完成的劳务

4. 下列选项中，不属于营业收入的是（　　）。

    A. 出租固定资产而收取的租金收入 　　B. 销售商品取得的收入

    C. 罚款收入 　　　　　　　　　　　　D. 销售材料取得的收入

5．某企业于 20×6 年 9 月接受一项产品安装任务，安装期 6 个月，合同总收入 10 万元，年度预收款项 4 万元，余款在安装完成时收回，当年实际发生成本 3 万元，预计还将发生成本 2 万元。则该企业 20×6 年度确认收入为（　　）万元。

A．4　　　　　B．6　　　　　C．10　　　　　D．0

二、多选题

1．收入是企业在（　　）等日常经营活动中所形成的经济利益的总流入。

A．出租固定资产　B．提供劳务　　　C．接受投资　　　D．销售商品

2．下列各项中，属于小企业其他业务收入的有（　　）。

A．本企业出租包装物取得的收入　　　B．转让无形资产所有权取得的转让收入
C．出售固定资产所获得的净收入　　　D．出租固定资产所获得的租金收入

3．下列各项中不属于工业小企业收入的是（　　）。

A．销售商品代客户垫付的运杂费　　　B．出租包装物和商品的租金收入
C．销售商品代收的增值税　　　　　　D．材料销售收入

4．下列有关销售折扣、销售退回与销售折让的表述中，正确的有（　　）。

A．小企业销售商品涉及现金折扣的，应当按照扣除现金折扣后的金额确定销售商品收入金额

B．小企业销售商品涉及现金折扣的，应当按照扣除现金折扣前的金额确定销售商品收入金额现金折扣应当在实际发生时，计入财务费用

C．小企业已经确认销售商品收入的售出商品发生的销售退回，当在发生时冲减当期销售商品收入

D．小企业已经确认销售商品收入的售出商品发生的销售折让，应当在发生时确认为销售费用

5．小企业销售商品收入确认的条件包括（　　）。

A．发出商品　　　　　　　　　　B．签订销售合同
C．收到货款或取得收款权利　　　D．必须收到货款

三、判断题

1．企业采取分期收款销售商品时，应在收到货款时确认销售收入；如不符合收入确认的条件，即使合同约定采用分期收款销售形式，也不能按合同约定的收款日期分期确认收入。（　　）

2．收取手续费方式的代销业务，受托方应按代销商品的实际售价确认收入。（　　）

3．企业实现收入往往表现为货币资金的流入，但是并非所有货币资金的流入都是企业的收入。（　　）

4．对于以旧换新销售商品时，销售的商品按商品的售价确认收入，回收的商品作为购进商品处理。（　　）

5．小规模纳税人销售商品应收取的增值税额，与销售商品价款一并确认收入。（　　）

四、业务题

1. 甲公司于 20×6 年 9 月 10 日与丙公司签订劳务合同, 工期大约 5 个月, 合同总收入 6 000 000 元（不含税）, 增值税税率为 11%。至 20×6 年 12 月 31 日, 甲公司已发生成本 2 500 000 元（假定均为劳务人员薪酬）, 预收账款 4 000 000 元。甲公司预计完成该劳务还将发生成本 1 500 000 元。采用已发生成本占估计总成本的比例法计算完工进度。

要求: 根据以上资料编制 20×6 年 12 月 31 日前相关业务的会计分录。

2. 20×6 年 3 月, A 企业委托 B 企业销售甲商品, 协议价为 400 元/件, 该商品的成本为 300 元/件。A、B 两个企业适用增值税税率均为 17%。至 20×6 年 3 月 20 日, B 企业以售价 500 元/件销售了 300 件商品, 并开具给 A 企业代销清单, A 企业根据代销清单开具给 B 企业增值税专用发票, 发票上注明的售价为 120 000 元, 增值税额为 20 400 元。

要求: 根据上述业务分别编制 A、B 企业相关的会计分录。

3. 甲公司为增值税一般纳税人, 适用的增值税税率为 17%, 假定销售商品均符合收入确认条件, 其成本在确认收入时逐笔结转, 商品售价中不含增值税。20×6 年 5 月甲公司发生如下交易或事项:

（1）5 月 2 日, 向乙公司销售商品一批, 商品标价为 200 万元, 该批商品实际成本为 100 万元。由于是成批销售, 甲公司给予乙公司 10% 的商业折扣并开具了增值税专用发票, 并在销售合同中规定现金折扣条件为 2/10、1/20、n/30, 甲公司已于当日发出商品, 乙公司于 5 月 10 日付款, 假定计算现金折扣时包括增值税。

（2）5 月 5 日, 由于产品质量原因, 甲公司收到丙公司的退货, 该批商品是上月售出, 售价为 100 万元, 增值税税额为 17 万元, 货款未付。经协商, 甲公司同意退货, 同时开具红字增值税专用发票。该批商品成本为 50 万元, 甲公司已收到退回商品并办理了入库手续。

（3）5 月 20 日, 销售商品一批, 增值税专用发票上注明的售价为 100 万元, 增值税税额为 17 万元。收到对方签发的银行承兑汇票一张。该批商品的实际成本为 60 万元。

（4）采用以旧换新业务, 赊销 A 产品两件, 不含税价 40 000 元, 单位销售成本为 20 000 元, 同时收回 2 件同类旧商品, 每件回收价为不含税价 1 200 元。（考虑增值税）

要求: 根据以上资料编制相关会计分录。

对外投资 | 第六章

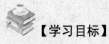【学习目标】

了解短期投资、长期债券投资、长期股权投资的概念；

掌握短期投资、长期债券投资、长期股权投资的取得、持有期间及处置的核算；

掌握投资业务的税收规定。

所谓企业对外投资是企业在其本身经营的主要业务以外，以现金、实物、无形资产方式，或者以购买股票、债券等有价证券方式向境内外的其他单位进行投资，以期在未来获得投资收益的经济行为。对外投资是相对于对内投资而言的，企业对外投资收益是企业总收益的组成部分。在市场经济特别是发展横向经济联合的条件下，企业对外投资已经成为企业财务活动的重要内容。

根据《小企业会计准则（2011）》小企业对外投资可按其变现能力，分为短期投资（指小企业购入的可随时变现并且持有时间不准备超过 1 年，包括 1 年的投资）和长期投资（指小企业准备长期持有，通常在 1 年以上的债券投资和权益性投资）。长期投资又可按照不同的投资方式，分为长期债券投资和长期股权投资。

短期投资

一、短期投资的含义

短期投资，是指小企业购入的可以随时变现并且持有时间不准备超过 1 年（含 1 年）的投资。例如，小企业以赚取差价为目的，从二级市场购入的股票、债券、基金等。当企业的货币资金暂时充裕时，选择流动性较强的股票、债券、基金进行投资是最好的理财方法，等到企业货币资金不足时，又可以随时将投资出售获取货币资金，补充流动性。

二、短期投资的核算

（一）短期投资取得成本的确定

以支付货币资金方式取得的短期投资，应当按照实际支付的购买价款和相关税费作为成本进行计量。实际支付价款中包含的已宣告但尚未发放的现金股利，或已到付息期，但尚未领取的债券利息，应当单独确认为应收股利或应收利息，而不计入短期投资成本。

【小贴士】

股份公司股利分配预案一般由董事会提出，由公司股东大会讨论通过后，正式对外宣布股利发放政策，宣布股利发放政策的那一天即为宣告日。但由于工作和实施方面的原因，自公司宣布发放股利至公司实际发放股利要有一定的时间间隔。由于上市公司的股票在此时间间隔内处在不停的交易之中，公司股东会随股票交易而不断易人，为了明确股利的归属，公司确定股权登记日，凡在股权登记日之前（含登记日当天）列于公司股东名单上的股东，都将获得此次发放的股利，而在这一天之后才列于公司股东名单上的股东，将不能得到此次发放的股利，股利仍归原股东所有。因此，小企业如果在宣告日与股利发放日之间购入的股票，就能分得股利。

债券利息一般定期支付，每半年或每一年支付一次，如果购入债券时，已到付息期但还未支付，投资方获得将来收取这一期债券利息的权利，因此，将这一部分利息单独确认为"应收利息"。

（二）取得短期投资的核算

（1）小企业应设置"短期投资"科目核算小企业购入的能随时变现且持有时间不准备超过 1 年（含 1 年）的投资。"短期投资"科目应按照股票、债券、基金等短期投资种类进行明细核算。

（2）小企业购入各种股票、债券、基金等作为短期投资的，应当按照实际支付的买价价款和相关税费，借记"短期投资"科目，贷记"其他货币资金"科目。

 【小贴士】

小企业的投资业务如果是通过证券公司进行，需要在证券公司开设投资账户，然后将企业银行存款转入证券公司账户进行投资，而证券公司账户的资金通过"其他货币资金"核算。如果小企业的投资业务不通过证券公司，而是直接与被投资方交易的，相关资金的核算可以直接通过"银行存款"核算。

（3）小企业购入股票，如果实际支付的购买价款中包含已宣告但尚未发放的现金股利，应当按照实际支付的购买价款和相关税费扣除已宣告但尚未发放的现金股利后的金额，借记"短期投资"科目；按照应收的现金股利，借记"应收股利"科目；按照实际支付的购买价款和相关税费，贷记"其他货币资金"科目。待实际收到时，借记"其他货币资金"科目，贷记"应收股利"科目。

（4）小企业购入债券，如果实际支付的购买价款中包含已到付息期但尚未领取的债券利息，应当按照实际支付的购买价款和相关税费扣除已到付息期但尚未领取的债券利息后的金额，借记"短期投资"科目；按照应收的债券利息，借记"应收利息"科目；按照实际支付的购买价款和相关税费，贷记"其他货币资金"科目。

【例 6-1】先导公司于 20×6 年 3 月 3 日通过证券公司以每股 5 元的价格购 A 公司的普通股股票 10 000 股，共支付 50 000 元，支付的价款中包括已宣告发放但尚未支付的现金股利 2 000 元，另支付相关佣金、手续费等 200 元。

先导公司购入股票时，根据证券购入交割单及资金流水单编制如下会计分录：

借：短期投资	48 200
应收股利	2 000
贷：其他货币资金	50 200

 【小贴士】

购入短期投资时，所发生的相关佣金及手续费，应将其费用资产化，计入短期投资成本。

【例 6-2】承【例 6-1】，先导公司 20×6 年 3 月 30 日收到上例购入时已宣告的现金股利 2 000 元。

先导公司根据证券公司资金流水单编制如下会计分录：

借：其他货币资金	2 000
贷：应收股利	2 000

【例 6-3】先导公司于 20×6 年 7 月 1 日通过证券公司按面值购入甲公司同日发行的票面利率为 5% 的公司债券 60 000 元，另发生相关佣金、手续费等 400 元。该债券每半年支付一次利息，到期一次还本。

先导公司购入债券时，根据证券购入交割单及资金流水单编制如下会计分录：

借：短期投资   60 400

    贷：其他货币资金   60 400

（三）短期投资持有期间的现金股利和利息的核算

在短期投资持有期间，被投资单位宣告分派的现金股利或在债务人应付利息日按照分期付息、一次还本债券投资的票面利率计算的利息收入，应当计入投资收益。

如果投资的是股票，被投资方对外宣告派发现金股利时，投资方按应分得金额，借记"应收股利"科目，贷记"投资收益"科目。实际收到现金股利时，借记"其他货币资金"科目，贷记"应收股利"。

如果投资的是债券，在债务人约定的应付利息日，按照分期付息、一次还本债券投资的票面利率和债券面值的乘积计算的利息收入，借记"应收利息"科目，贷记"投资收益"科目。

【例 6-4】承【例 6-3】，假设公司债券，每半年付息一次，则在 20×6 年 12 月 31 日，先导公司应做如下会计处理：

借：应收利息（60 000×5%÷2）   1 500

    贷：投资收益   1 500

待实际收到债券利息时，应编制如下会计分录：

借：其他货币资金   1 500

    贷：应收利息   1 500

【小贴士】

《小企业会计准则》并没有对企业持有股票期间所获得的股票股利的账务处理有所规定，但比照《企业会计准则》中规定，被投资单位若发放股票股利，不需要做账务处理，但应在备查簿中登记所增加的股份。

（四）短期投资处置的核算

小企业出售短期投资，应按出售价款扣除相关税费后的净额与短期投资的账面价值的差额计入"当期损益——投资收益"科目。

出售短期投资，应按照实际收到的金额，借记"其他货币资金"科目；按照处置短期投资的账面价值，贷记"短期投资"科目；按尚未收到的现金股利或利息，贷记"应收股利"或"应收利息"科目；按照其差额，借记或贷记"投资收益"科目。

【例 6-5】承【例 6-1】，先导公司 20×6 年 8 月 5 日通过证券公司出售该股票 5 000 股，扣除相关手续费及佣金后净得 25 000 元。

先导公司根据证券公司的交割单编制如下会计分录：

借：其他货币资金　　　　　　　　　　　　　25 000

　　贷：短期投资　　　　　　　　　　　　　　　24 100

　　　　投资收益　　　　　　　　　　　　　　　　　900

第二节　长期债券投资

一、长期债券投资的含义

长期债券投资，是指小企业购入的投资期限在 1 年以上的债券投资，包括企业购入并准备持有至到期的国家发行的中央政府债券、地方政府发行的地方政府债券、铁路部门发行的铁路债券、金融部门发行的金融债券、企业发行的公司债券。小企业进行长期债券投资主要是为了获得稳定的收益。

债券是政府、金融机构、工商企业等直接向社会借债筹措资金时，向投资者发行，承诺按一定利率支付利息并按约定条件偿还本金的债权债务凭证。债券虽有不同种类，但基本要素却是相同的，主要包括债券面值、债券价格、债券还本期限与方式和债券利率 4 个要素。

与股票投资相比，债券投资具有如下特点。

一是债券投资风险小于股票投资，收益比较固定。一般情况下，债券投资可以按照债券面值和规定的债券利率定期收取利息，到期按债券面值收回本金。即使在发行债券企业破产的情况下，债券投资也具有优先清偿权，可以先于该企业的股票投资者得到清偿。

二是债券投资属于债权投资，投资企业不能参与发行债券企业的生产经营管理，也无权参与其利润分配。

企业购买的长期债券按支付利息的方式分为分期付息到期还本债券和一次还本付息债券。

二、长期债券投资的核算

为了核算长期债券投资业务，小企业应设置"长期债券投资"科目进行核算，该科目借方登记购入债券投资，实际支付的购买价款，以及一次还本付息的长期债券投资，按票面利率计算的利息收入。贷方登记处置或到期回收的长期债券投资，期末余额在借方，反映小企业持有长期债券投资的成本，或到期一次还本付息债券的本息。该科目应按债券种类和被投资单位，分别以"面值""溢折价""应计利息"进行明细核算。

（一）取得长期债券的核算

长期债券投资按照购买价款和相关税费作为成本进行计量。与短期投资类似，实际支付价款中包含的已到付息期但尚未领取的债券利息，应当单独作为应收利息，不计入长期债券投资成本。

小企业购入债券作为长期投资时，按照债券票面价值，借记"长期债券投资——面值"科目；按照实际支付的购买价款和相关税费，贷记"其他货币资金"等科目；按照其差额，借记或贷记"长期债券投资——溢折价"科目。

如果实际支付的价款中包含已到付息期但尚未领取的债券利息，应当按照债券票面价值，借记"长期债券投资——面值"科目；按照应收的利息，借记"应收利息"科目；按照实际支付的购买价款和相关税费，贷记"其他货币资金"等科目；按照其差额，借记或贷记"长期债券投资——溢折价"科目。

【例6-6】先导公司于20×6年7月1日通过证券公司购入A公司同年7月1日发行的3年期债券，债券面值为1 000元，票面利率为6%，先导公司以面值购入50张，另付手续费3 000元，该债券每半年付息一次，到期一次还本。

先导公司应根据债券购入通知单、债券成交过户交割凭单编制如下会计分录：

```
借：长期债券投资——面值                    50 000
          ——溢折价                      3 000
    贷：其他货币资金                          53 000
```

【例6-7】先导公司于20×6年7月1日通过证券公司购入B公司同年1月1日发行的5年期债券，债券面值为500元，票面利率为8%，先导公司以90 000元购入200张，另付手续费5 000元，该债券每半年付息一次，购入时20×6年上半年的利息尚未支付。

$$应收利息 = 500 \times 200 \times 8\% \div 2 = 4\ 000（元）$$

先导公司应根据债券购入通知单、债券成交过户交割凭单编制如下会计分录：

```
借：长期债券投资——面值                   100 000
    应收利息                              4 000
    贷：其他货币资金                          95 000
        长期债券投资——溢折价                  9 000
```

（二）长期债券投资持有期间的利息核算

小企业在持有长期债券投资期间获得的利息应当确认为投资收益。

（1）对于分期付息到期还本的长期债券投资，在债务人约定的应付利息日按照票面利率计算的应收未收利息收入借记"应收利息"科目，不增加长期债券投资的账面价值，同时贷记"投资收益"科目。

（2）对于一次还本付息的长期债券投资，在债务人约定的应付利息日、按票面利率计算的应收未收利息，应增加长期债券投资的账面价值，借记"长期债券投资——应计利息"科目，同时贷记"投资收益"科目。

（3）债券的溢折价在债券存续期间内于确认相关债券利息收入时采用直线法进行摊销。

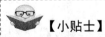【小贴士】

债券的溢价，对于发行企业而言，是为以后多付利息而事先得到的补偿；对于投资者而言，是为以后多得利息而事先付出的代价。因此，债券投资溢价的摊销，就是将溢价在债券存续期逐期从投资收益中冲销，以确定各期真实的投资收益。

债券的折价，对于发行企业而言，是为以后少付利息而事先付出的代价；对于投资者而言，是为了以后少得利息而事先得到的补偿。因此，债券投资折价的摊销，就是将折价在债券存续期内逐期追加到投资收益中去，以确定各期真实的投资收益。

小企业会计实务中，债券溢价或折价的摊销是将债券初始投资成本与债券面值之间的差额除以付息期数，其计算公式如下：

债券溢折价=债券实收投资成本-债券面值

在债务人应付利息日摊销的债券溢折价=债券溢折价÷付息期数

溢价购入的债券，每期确认的投资收益=债券面值×票面利率-债券每期摊销的溢价

折价购入的债券，每期确认的投资收益=债券面值×票面利率+债券每期摊销的折价

其中，债券面值与票面利率的乘积实际是名义利息，只有将名义利息加减债券的溢折价摊销额后才是实际利息，即投资收益。

【例6-8】承【例6-6】，先导公司20×6年12月31日确认A公司债券的利息收入。

应收利息=50 000×6%÷2=1 500（元）

溢价摊销=3 000÷3÷2=500（元）

先导公司根据利息、溢折价计算表编制如下会计分录

借：应收利息 1 500

贷：投资收益 1 000

长期债券投资——溢折价 500

【小贴士】

以后每年6月30日、12月31日编制相同的会计分录。

假设20×7年1月10日收到A公司支付的债券利息，根据证券公司转来的资金流水单编制如下会计分录：

借：其他货币资金 1 500

贷：应收利息 1 500

【小贴士】

以后每期确认及收到利息时编制相同的会计分录。

【例6-9】承【例6-7】，先导公司20×6年12月31日确认B公司债券的利息收入。

应收利息=100 000×8%÷2=4 000（元）

溢价摊销=9 000÷4.5÷2=1 000（元）

借：应收利息 4 000

长期债券投资——溢折价 1 000

　　　　　　贷：投资收益　　　　　　　　　　　　　　　　　　　　　　　　　5 000

　　假设 20×7 年 1 月 8 日收到 B 公司支付的债券利息，根据证券公司转来的资金流水单编制如下会计分录：

　　　　　　借：其他货币资金　　　　　　　　　　　　　　　　　　　　　　　4 000
　　　　　　　　贷：应收利息　　　　　　　　　　　　　　　　　　　　　　　4 000

　　对于一次还本付息的长期债券投资，至少每年年末资产负债表日，要计提利息按票面利率计算的应收未收利息，应增加长期债券投资的账面余额，借记"长期债券投资——应计利息"科目，贷记"投资收益"科目。

　　【例 6-10】承【例 6-6】，如果该债券是到期一次还本付息，先导公司 20×6 年 12 月 31 日确认 A 公司债券的利息收入时应编制如下会计分录：

　　　　　　借：长期债券——应计利息　　　　　　　　　　　　　　　　　　1 500
　　　　　　　　贷：投资收益　　　　　　　　　　　　　　　　　　　　　　1 000
　　　　　　　　　　长期债券投资——溢折价　　　　　　　　　　　　　　　　500

　　20×7 年 12 月 31 日确认 A 公司债券的利息收入时应编制如下会计分录：

　　　　　　借：长期债券——应计利息　　　　　　　　　　　　　　　　　　3 000
　　　　　　　　贷：投资收益　　　　　　　　　　　　　　　　　　　　　　2 000
　　　　　　　　　　长期债券投资——溢折价　　　　　　　　　　　　　　　1 000

【小贴士】

　　因企业会计核算的基础是权责发生制，尽管该例题中债券是到期一次还本付息，但根据权责发生制的核算基础，企业至少每年年末要计提一次利息。20×6 年 12 月 31 日确认利息时距购入只有半年时间，因此确认的是半年的利息，而 20×7 年 12 月 31 日确认的是一年的利息，以后债券到期之前的每年年末编制与此相同的会计分录。

　　（三）长期债券投资的处置或到期收回的核算

　　小企业处置或到期收回长期债券投资，应当按照实际收到的款项，借记"其他货币资金"等科目；按照其账面价值，贷记"长期债券投资（面值、溢折价、应计利息）科目；按照应收未收的利息，贷记"应收利息"科目；按照其差额，贷记或借记"投资收益"科目。

　　【例 6-11】承【例 6-6】和【例 6-8】，于 20×9 年 7 月 1 日，先导公司购入的 A 公司债券到期，先导公司 7 月 5 日收回债券本金和最后一期利息（已于 6 月 30 日确认利息收入）。

　　　　　　借：其他货币资金　　　　　　　　　　　　　　　　　　　　　51 500
　　　　　　　　贷：长期债券投资——面值　　　　　　　　　　　　　　　50 000
　　　　　　　　　　应收利息　　　　　　　　　　　　　　　　　　　　　1 500

　　【例 6-12】承【例 6-6】、【例 6-10】，假定先导公司因急需周转资金，于 20×8 年 1 月 10 日转让前述债券，转让净额为 58 000 元。

先导公司根据债券交割单及资金流水单编制如下会计分录：

借：其他货币资金   58 000

    贷：长期债券投资——面值   50 000

               ——应计利息   4 500

               ——溢折价   1 500

      投资收益   2 000

（四）长期债券投资发生投资损失的核算

小企业长期债券投资符合下列条件之一的，减除可收回的金额后确认的无法收回的长期债券投资，作为长期债券投资损失。

（1）债务人依法宣告破产、关闭、解散、被撤销，或者被依法注销、吊销营业执照，其清算财产不足清偿的。

（2）债务人死亡，或者依法被宣告失踪、死亡，其财产或者遗产不足清偿的。

（3）债务人逾期 3 年以上未清偿，且有确凿证据证明已无力清偿债务的。

（4）与债务人达成债务重组协议或法院批准破产重整计划后，无法追偿的。

（5）自然灾害、战争等不可抗力导致无法收回的。

（6）国务院财政、税务主管部门规定的其他条件。

长期债券投资损失应当于实际发生时计入营业外支出，同时冲减长期债券账面价值。

【小贴士】

《小企业会计准则》与税法的规定一致，对所有资产不计提减值，而是于资产实际发生减值时，确认为损失，计入营业外支出。这一点与《企业会计准则》的规定不同。

【例 6-13】承【例 6-7】和【例 6-9】，先导公司 20×8 年 10 月获悉 B 公司破产，已无法偿还其发行的全部债券，20×8 年上半年的利息也未支付（已确认）。

先导公司根据 B 公司的破产通知，编制如下会计分录：

借：营业外支出   99 000

    长期债券投资——溢折价   5 000

    贷：长期债券投资——面值   100 000

      应收利息   4 000

第三节

长期股权投资

一、长期股权投资的含义

长期股权投资，是指小企业准备长期持有（通常在 1 年以上）的权益性投资，包括购入的股票和其他股权投资等。长期股权投资通常是长期持有,不准备随时出售,投资企业作为被投资单位的股东,按照所持股份比例享有权益并承担责任。在我国,长期股权投资按取得的方式不同,主要包括长期股票投资和其他长期股权投资两种。

长期股票投资是指企业通过购买其他企业的股票而成为被投资单位的股东。与短期股票投资不同的是,企业作为长期股票投资而购入的股票不打算在短期内出售,不是通过获取股票买卖价差来取得投资收益,而是在较长的时期内取得股利收益或对被投资方实施控制,使被投资方作为一个独立的经济实体来为实现本企业总体经营目标服务。从法律上讲,股票投资的投资方最终按投资额占对方股本总额的比例享有经营管理权、收益权和分担亏损责任。

其他长期股权投资是企业以货币资金、无形资产和其他实物资产投资于其他单位,从而成为被投资企业的股东。在其他长期股权投资中,投资企业与被投资企业之间同样存在着所有权关系,有权参与被投资企业的经营管理并按投资比例分享被投资企业的收益,承担被投资企业的经营损失。

企业对其他单位的长期股权投资,其目的通常是为了长期持有,以期成为被投资企业的重要股东,按所持股份享有权益并承担责任,与被投资单位建立密切的关系,以分担经营风险;或对被投资单位施加重大影响,或达到控制被投资单位的目的。因此,长期股权投资通常具有投资金额大、投资期限长、投资风险大以及能为企业带来较大的收益等特点。

二、长期股权投资的核算

为了核算小企业持有的各种长期股权性质的投资,小企业应设置"长期股权投资"科目,该科目借方登记长期股权投资取得时的成本,贷方登记收回长期股权投资的金额,期末借方余额,反映小企业持有的长期股权投资的账面价值。该科目按被投资单位进行明细核算。

(一)长期股权投资的核算

以支付现金取得的长期股权投资,小企业应当按照实际支付的购买价款和相关税费作为初始投资成本,但实际支付价款中包含已宣告但尚未发放的现金股利,应单独确认为应收股利,不构成长期股权投资的成本。

通过非货币性资产交换取得的长期股权投资,应当按照非货币性资产的评估价值与相关税费之和作为长期股权投资的成本。

小企业以支付货币资金方式取得的长期股权投资,应当按照实际支付的购买价款和相关税费借记"长期股权投资"科目,贷记"其他货币资金"等科目。如实际支付的购买价款中包含已宣告但尚未发放的现金股利,应当按应收的股利借记"应收股利"科目,不构成长期股权投资成本。

通过非货币性资产交换取得的长期股权投资,应当按照非货币性资产的评估价值与相关税费之和借记"长期股权投资"科目;按照换出非货币性资产的账面价值,贷记"固定资产清理""无形资产"等科目;按照支付的相关税费,贷记"应交税费"等科目;按照其差额,贷记"营业外收入"或借记"营业外支出"等科目。若换出的是存货,应当视同销售,按照存货的评估价值与相关税费之和借记"长期股权投资"科目,贷记"主营业务收入""应交税费"科目,并按存货成本结转销售成本。

【例6-14】先导公司通过证券公司于20×6年3月5日,购入智诚公司发行的股票7 000股准备长期持有，该股票价格为每股 6 元，企业购买时，另支付有关税费 1 000 元，款项全部支付。

先导公司应根据证券购入通知单、股票成交过户交割凭证编制如下会计分录：

股票投资成本=7 000×6+1 000=43 000（元）

借：长期股权投资——智诚公司 43 000

贷：其他货币资金 43 000

【例 6-15】先导公司通过证券公司于 20×6 年 4 月 5 日购入诚煌公司的股票 6 000 股，准备长期持有，股票价格每股 10 元，诚煌公司于 20×6 年 4 月 1 日对外发出公告，公告 20×5 年度利润分配方案，每股发放现金股利 0.2 元，股权登记日（股权登记日当天及股权登记日之前买入都可以得到分红）为 4 月 15 日，股利发放日为 4 月 20 日。企业在购买时另外支付有关税费 2 000 元。

先导公司应根据证券购入通知单、股票成交过户交割凭证编制如下会计分录：

股票投资成本=6 000×10-6 000×0.2+2 000=60 800（元）

借：长期股权投资——诚煌公司 60 800

应收股利 1 200

贷：其他货币资金 62 000

先导公司 4 月 20 日实际收到股利时：

借：其他货币资金 1 200

贷：应收股利 1 200

【例 6-16】先导公司于 20×6 年 8 月 9 日，以一项固定资产换入 A 公司持有的思科公司股票 7 000 股，交换时另用银行存款支付有关税费 1 000 元，发生手续费 2 元。先导公司换出的固定资产原价为 50 000 元，已计提折旧 8 000 元。上述固定资产的评估价值为 40 000 元（不含税）。

先导公司将固定资产转入清理，根据固定资产调拨单编制如下会计分录：

借：固定资产清理 42 000

累计折旧 8 000

贷：固定资产 50 000

换入投资时，根据增值税专用发票、股权转让协议、银行付款凭证编制如下会计分录：

借：长期股权投资 47 800

财务费用 2

贷：固定资产清理 40 000

应交税费——应交增值税（销项税额） 6 800

银行存款 1 002

结转固定资产净损益：

借：营业外支出 2 000

贷：固定资产清理 2 000

（二）长期股权投资持有期间的核算

小企业对外进行长期股权投资，不论对被投资单位的影响程度大小，一律采用成本法核算。所谓成本法是指投资后按实际成本入账后，在持有期间一般不因被投资单位净资产的增减而变动投资账面价值的方法。在持股期间内，被投资单位宣告发放的现金股利或利润，应当按照应分得的金额确认为投资收益，不改变长期股权投资的账面价值。被投资单位宣告发放的现金股利或利润时，小企业按应分得的金额，借记"应收股利"科目，贷记"投资收益"科目。收到现金股利或利润时，借记"其他货币资金"等科目，贷记"应收股利"科目。

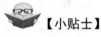 【小贴士】

《小企业会计准则》规定，长期股权投资一律采用成本法核算，删除了《小企业会计制度（2005）》中，可按照权益法计量长期股权投资的核算方法。此改动，简化了会计核算，小企业可以不用再编制合并报表。

根据税法规定，小企业长期股权投资的计税成本，在持有期内，除处置之外，一律保持不变。而采用成本法计量的长期股权投资，有利于保持长期股权投资的账面价值，与计税成本的一致。

【例6-17】承【例6-14】，20×6年5月15日智诚公司宣告20×5年年度利润分配方案，每10股发放现金股利2元，股权登记日5月25日，除息日5月26日。股息发放日6月5日。

20×6年5月15日，先导电子科技有限公司根据智诚公司现金股利公告编制如下会计分录：

借：应收股利（7 000÷10×2）　　　　　　　　　　　　　　　1 400
　　贷：投资收益　　　　　　　　　　　　　　　　　　　　　　1 400

20×6年6月5日，先导公司收到现金股利时，根据证券公司资金流水单编制如下会计分录：

借：其他货币资金　　　　　　　　　　　　　　　　　　　　　1 400
　　贷：应收股利　　　　　　　　　　　　　　　　　　　　　　1 400

（三）长期股权投资处置的核算

小企业处置长期股权投资，应当将处置价款扣除其成本、相关税费后的净额，计入投资收益。按处置实际收到的价款，借记"其他货币资金"等科目；按照长期股权投资的成本，贷记"长期股权投资"科目；按照已确认应收未收的现金股利或利润，贷记"应收股利"科目；按照其差额，贷记或借记"投资收益"科目。

【例6-18】承【例6-15】，20×6年9月15日，先导公司将诚煌公司的股票以每股12元出售，扣除相关税费后，收到证券公司的回单显示净额为70 000元。

先导公司根据证券公司的回单、证券交割凭证应编制如下会计分录：

借：其他货币资金　　　　　　　　　　　　　　　　　　　　　70 000
　　贷：长期股权投资——诚煌公司　　　　　　　　　　　　　　60 800
　　　　投资收益　　　　　　　　　　　　　　　　　　　　　　9 200

（四）长期股权投资损失的核算

小企业的长期股权投资符合下列条件之一的，减除可收回的金额后，确认的无法收回的长期股权投资，可以作为长期股权投资损失。

（1）被投资方依法宣告破产、关闭、解散、被撤销，或者被依法注销、吊销营业执照的。

（2）被投资方财务状况严重恶化，累计发生巨额亏损，已连续停止经营 3 年以上，且无重新恢复经营改组计划的。

（3）对被投资方不具有控制权，投资期限届满，或者投资期限已超过 10 年，且被投资单位因连续 3 年经营亏损，导致资不抵债的。

（4）被投资方财务状况严重恶化，累计发生巨额亏损，已完成清算，或清算期超过 3 年以上的。

（5）国务院财政、税务主管部门规定的其他条件。

长期股权投资损失应当于实际发生时计入营业外支出，同时冲减长期股权投资账面价值。小企业实际发生长期股权投资损失时，按照可收回金额，借记"银行存款"等科目；按照长期股权投资账面价值，贷记"长期股权投资"科目；按照其差额，借记"营业外支出"科目。

 【小贴士】

《小企业会计准则》明确了长期股权投资损失的标准，有利于减少职业判断。长期股权投资损失标准与税法规定一致，是《小企业会计准则》向税法靠拢的表现之一。

【例 6-19】20×6 年 8 月 10 日，中胜公司对科华公司的投资已超过 10 年，且被投资单位因连续 3 年经营亏损导致资不抵债。中胜公司预计持有的科华公司股权投资全部不能收回，中胜公司对科华公司的长期股权投资账面价值为 250 000 元。

中胜公司的相关会计处理如下：

借：营业外支出　　　　　　　　　　　　　　　　　　　　250 000

　　贷：长期股权投资　　　　　　　　　　　　　　　　　　250 000

第四节　投资业务的涉税规定

企业所得税法对投资业务中的投资成本、股息与红利、投资损失及处置投资业务中的涉税做了详细的规定。

一、投资成本的涉税规定

（1）《企业所得法实施条例》第七十一条规定，企业所得税法第十四条所称投资资产，是指企业对外进行权益性投资和债权性投资形成的资产。投资资产按照以下方法确定成本：

① 通过支付现金方式取得的投资资产，以购买价款为成本；

② 通过支付现金以外的方式取得的投资资产，以该资产的公允价值和支付的相关税费为成本。

（2）《国家税务总局关于企业国债投资业务企业所得税处理问题的公告》（国家税务总局公告 2011 年第 36 号）规定关于国债成本确定问题：

① 通过支付现金方式取得的国债，以买入价和支付的相关税费为成本；

② 通过支付现金以外的方式取得的国债，以该资产的公允价值和支付的相关税费为成本。

【涉税提示】

【例6-1】中，先导公司购入的股票的计税基础与会计入账价值一致，均为48 200元。

【例6-3】中，先导公司购入的债券的计税基础与会计入账价值一致，均为60 400元。

【例6-14】中，先导公司购入的股票的计税基础与会计入账价值一致，均为43 000元。

二、股息、红利的涉税规定

（1）《企业所得法实施条例》第十七条规定股息、红利等权益性投资收益，除国务院财政、税务主管部门另有规定外，按照被投资方做出利润分配决定的日期确认收入的实现。

《国家税务总局关于贯彻落实企业所得税法若干税收问题的通知》（国税函〔2010〕79号）规定企业权益性投资取得股息、红利等收入，应以被投资企业股东会或股东大会做出利润分配或转股决定的日期，确定收入的实现。被投资企业将股权（票）溢价所形成的资本公积转为股本的，不作为投资方企业的股息、红利收入，投资方企业也不得增加该项长期投资的计税基础。

（2）《企业所得税法实施条例》第十八条规定，利息收入，按照合同约定的债务人应付利息的日期确认收入的实现。

（3）《企业所得税法》第二十六条规定，企业的下列收入为免税收入：

① 国债利息收入；

② 符合条件的居民企业之间的股息、红利等权益性投资收益；

③ 在中国境内设立机构、场所的非居民企业从居民企业取得与该机构、场所有实际联系的股息、红利等权益性投资收益；

④ 符合条件的非营利组织的收入。

《企业所得税法实施条例》第八十三条规定，上述所称股息、红利等权益性投资收入不包括连续持有居民企业公开发行并上市流通的股票不足12个月取得的投资收益。

（4）《国家税务总局关于企业国债投资业务企业所得税处理问题的公告》（国家税务总局公告2011年第36号）规定如下。

① 国债利息收入时间确认。根据《企业所得税法实施条例》第十八条的规定，企业投资国债从国务院财政部门（以下简称发行者）取得的国债利息收入，应以国债发行时约定应付利息的日期，确认利息收入的实现。企业转让国债，应在国债转让收入确认时确认利息收入的实现。

② 国债利息收入计算。企业到期前转让国债，或者从非发行者投资购买的国债，其持有期间尚未兑付的国债利息收入，按以下公式计算确定：

$$国债利息收入=国债金额×（适用年利率÷365）×持有天数$$

上述公式中的"国债金额"，按国债发行面值或发行价格确定；"适用年利率"按国债票面年利率或折合年收益率确定；如企业不同时间多次购买同一品种国债的，"持有天数"可按平均持有天数计算确定。

③ 国债利息收入免税问题。根据《企业所得税法》第二十六条的规定，企业取得的国债利息收入，免征企业所得税。具体按以下规定执行。

企业从发行者直接投资购买的国债持有至到期，其从发行者取得的国债利息收入，全额免征企业所得税。企业到期前转让国债、或者从非发行者投资购买的国债，其按本公告计算的国债利息收入，免征企业所得税。

三、投资损失的涉税规定

（1）《国家税务总局企业资产损失所得税税前扣除管理办法》（国家税务总局公告 2011 年第 25 号）第四十条规定，企业债权投资损失应依据投资的原始凭证、合同或协议、会计核算资料等相关证据材料确认。下列情况债权投资损失的，还应出具相关证据材料。

① 债务人或担保人依法被宣告破产、关闭、被解散或撤销、被吊销营业执照、失踪或者死亡等，应出具资产清偿证明或者遗产清偿证明。无法出具资产清偿证明或者遗产清偿证明，且上述事项超过 3 年以上的，或债权投资（包括信用卡透支和助学贷款）余额在三百万元以下的，应出具对应的债务人和担保人破产、关闭、解散证明、撤销文件、工商行政管理部门注销证明或查询证明以及追索记录等（包括司法追索、电话追索、信件追索和上门追索等原始记录）。

② 债务人遭受重大自然灾害或意外事故，企业对其资产进行清偿和对担保人进行追偿后，未能收回的债权，应出具债务人遭受重大自然灾害或意外事故证明、保险赔偿证明、资产清偿证明等。

③ 债务人因承担法律责任，其资产不足归还所借债务，又无其他债务承担者的，应出具法院裁定证明和资产清偿证明。

④ 债务人和担保人不能偿还到期债务，企业提出诉讼或仲裁的，经人民法院对债务人和担保人强制执行，债务人和担保人均无资产可执行，人民法院裁定终结或终止（中止）执行的，应出具人民法院裁定文书。

⑤ 债务人和担保人不能偿还到期债务，企业提出诉讼后被驳回起诉的、人民法院不予受理或不予支持的，或经仲裁机构裁决免除（或部分免除）债务人责任，经追偿后无法收回的债权，应提交法院驳回起诉的证明，或法院不予受理或不予支持证明，或仲裁机构裁决免除债务人责任书。

⑥ 经国务院专案批准核销的债权，应提供国务院批准文件或经国务院同意后由国务院有关部门批准的文件。

（2）《国家税务总局关于企业股权投资损失所得税处理问题的公告》（国家税务总局公告 2010 年第 6 号）规定，自 2010 年 1 月 1 日起，企业对外进行权益性投资所发生的损失，作为企业损失在计算企业应纳税所得额时一次性扣除。

（3）企业的股权投资符合下列条件之一的，减除可收回金额后确认的无法收回的股权投资，可以作为股权投资损失在计算应纳税所得额时扣除：被投资方依法宣告破产、关闭、解散、被撤销，或者被依法注销、吊销营业执照的；被投资方财务状况严重恶化，累计发生巨额亏损，已连续停止经营 3 年以上，且无重新恢复经营改组计划的；被投资方不具有控制权，投资期限届满或者投资期限已超过 10 年，且被投资单位因连续 3 年经营亏损导致资不抵债的；被投资方财务状况严重恶化，累计发生巨额亏损完成清算或清算期超过 3 年以上的；国务院财政、税务主管部门规定的其他条件。

四、处置投资业务的涉税规定

（1）《企业所得税法实施条例》第七十一条规定，企业在转让或者处置投资时，投资资产的成本，准予扣除。

（2）《国家税务总局关于企业取得财产转让等所得企业所得税处理问题的公告》（国家税务总局公告 2010 年第 19 号）规定，企业取得财产（包括各类资产、股权、债权等）转让收入、债务重组收入、接受捐赠收入、无法偿付的应付款收入等，不论是以货币形式、还是非货币形式体现，除另有规定外，均应一次性计入确认收入的年度计算缴纳企业所得税。

（3）《国家税务总局关于企业国债投资业务企业所得税处理问题的公告》（国家税务总局公告 2011 年第 36 号）规定。

① 国债转让收入时间确认。企业转让国债应在转让国债合同、协议生效的日期或者国债移交时确认转让收入的实现。企业投资购买国债，到期兑付的，应在国债发行时约定的应付利息的日期，确认国债转让收入的实现。

② 国债转让收益（损失）计算。企业转让或到期兑付国债取得的价款，减除其购买国债的成本，并扣除其持有期间按照本公告计算的国债利息收入以及交易过程有关税费后的余额，为企业转让国债收益（损失）。

③ 企业在不同时间购买同一品种国债的，其转让时的成本计算方法，可在先进先出法、加权平均法、个别计价法中选用一种。计价方法一经选用，不得随意改变。

（4）《国家税务总局关于贯彻落实企业所得税法若干税收问题的通知》（国税函〔2010〕179 号）规定，企业转让股权收入，应于转让协议生效、且完成股权变更手续时，确认收入的实现。转让股权收入扣除为取得该股权所发生的成本后，为股权转让所得。企业在计算股权转让所得时，不得扣除被投资企业未分配利润等股东留存收益中所可能分配的金额。

（5）《国家税务总局关于企业所得税若干问题的公告》（国家税务总局公告 2011 年第 34 号）规定，投资企业从被投资企业撤回或减少投资，其取得的资产中，相当于初始出资的部分，应确认为投资收回；相当于被投资企业累计未分配利润和累计盈余公积按减少实收资本比例计算的部分，应确认为股息所得；其余部分确认为投资资产转让所得。

（6）《财政部、国家税务总局关于企业清算业务企业所得税处理若干问题的通知》（财税〔2009〕60 号）规定，被清算企业的股东分得的剩余资产的金额，其中相当于被清算企业累计未分配利润和累计盈余公积中按该股东所占股份比例计算的部分，应确认为股息所得；剩余资产减除股息后的余额，超过或低于股东投资成本的部分，应确认为股东的投资转让所得或损失。

习题精练

一、单选题

1. 小企业采用直线法摊销长期债券投资溢折价时，各期摊销额（   ）。

    A．逐期增加   B．逐期减少   C．保持不变   D．不能确定

2. A公司购买C公司普通股1 000股作为短期投资，每股买价11元，其中包含已宣告但尚未发放的现金股利每股0.2元；另外支付手续费等相关费用500元。该短期投资的入账价值为（   ）元。

    A. 11 300   B. 10 800   C. 11 000   D. 11 500

3. 20×6年7月1日小企业A公司以每张1 100元的价格购入B公司20×6年1月1日发行的面值1 000元，票面利率10%，3年期，到期一次还本付息的债券50张，作为长期投资，另外支付相关费用600元。该项债券投资的溢价为（   ）元。

    A. 5 000   B. 5 600   C. 7 500   D. 4 400

4. 某小企业20×6年年初购入甲公司60%的有表决权股份，能够对甲公司进行控制，实际支付价款200万元。当年甲公司经营获利100万元，发放股利20万元。20×6年年末该小企业的股票投资成本为（   ）万元。

    A. 200   B. 248   C. 260   D. 272

5. 某小企业购入面值为400万元的公司债券作为长期投资，共支付价款475万元，其中含手续费2万元，应收利息20万元。该项债券投资计入"长期债券投资"科目的金额为（   ）万元。

    A. 473   B. 450   C. 455   D. 453

二、多选题

1. 小企业短期股票投资与长期股票投资在会计核算上的共同之处主要是（   ）。

    A. 以货币资金购入时按成本入账

    B. 期末按成本与市价孰低计价

    C. 持有期间获得的现金股利作为投资收益处理

    D. 按实际权益调整投资的账面价值

2. 下列各项中，应计入短期投资成本的有（   ）。

    A. 取得短期投资时支付的税金

    B. 取得短期投资时支付的手续费

    C. 实际支付价款中包含的已宣告但尚未收到的现金股利

    D. 实际支付价款中包含的分期付息到期还本债券自发行日起至购买日止的应收利息

3. 小企业的投资收益包括（   ）。

    A. 短期投资持有期间内收到的现金股利或债券利息

    B. 出售短期投资取得的金额大于其账面价值的差额

    C. 收到的购入长期债券（分期付息债券）时支付的应收利息

    D. 投资企业实际收到被投资方支付的现金股利

4. 为了核算小企业长期股权投资的取得、持有期间及处置等业务，企业应当设置的科目有（   ）。

    A. 长期股权投资   B. 投资收益   C. 应收股利   D. 应收利息

5. 下列各项中，有关长期债券投资表述正确的有（   ）。

    A. 长期债券投资应当按照购买价款和相关税费作为成本进行计量

B. 实际支付价款中包含的已到付息期但尚未领取的债券利息，应当单独确认为应收利息

C. 分期付息方式的债券应收利息应计入长期债券投资的账面价值

D. 分期付息方式的债券应收利息应作为流动资产项目

三、判断题

1. 小企业购入债券发生的溢价，是为以后多得利息而事先付出的代价。（　　　）

2. 股票股利也是被投资企业给投资企业的报酬，因此投资企业均应确认收益。（　　　）

3. 购入的债券无论期限长短，其利息均应于收到时计入损益。（　　　）

4. 根据《小企业会计准则》的规定，小企业对外进行长期股权投资，可以采用成本法，也可以采用权益法核算。（　　　）

5. 折价购入的债券在当期计提利息和摊销折价金额时，应按应收利息减摊销的折价金额后的差额计入投资收益。（　　　）

四、业务题

1. 小企业 A 公司 20×6 年 4 月发生如下短期投资业务（下述款项均已通过证券账户收付）：

（1）2 日，购入 C 公司本年年初发行的 3 年期、面值 100 元、票面利率 9%、到期一次还本付息的债券 100 张，支付价款 12 000 元，税金及手续费用等 200 元。

（2）6 日，购入 E 股份公司发行的普通股股票 10 000 股，每股买价 8 元，其中包含已经宣告发放但尚未支付的现金股利每股 0.03 元，另外支付相关税费 800 元。

（3）28 日，全部出售 6 日购入的 E 公司股票，每股卖价 11 元。支付交易税费 1 000 元，直接从售价中扣除。

要求：根据以上资料编制有关会计分录。

2. 某小企业 20×6 年发生以下有关长期债券投资业务：

（1）5 月 31 日，通过证券公司按面值购入钢铁公司发行的债券 80 张，每张价值为 1 000 元，计价款 80 000 元，年利率为 5%，另以交易金额的 0.1%支付佣金，该债券准备长期持有。该债券每半年付息一次。

（2）6 月 30 日，通过证券公司以 103 500 元购入海信公司当日发行的每张面值为 1 000 元的债券 100 张，另以成交金额的 0.1%支付佣金。该债券年利率为 5%，每半年付息一次。

（3）12 月 5 日，出售 5 月 31 日购入的钢铁公司债券 80 张，以每张 1 020 元价格成交，按交易金额的 0.1%支付交易佣金，佣金已从出售收入中扣除。

（4）12 月 31 日，确认本公司持有的海信公司 100 张债券的利息。

要求：根据以上资料编制有关会计分录。

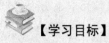【学习目标】

了解应交税费核算的内容；

理解增值税、消费税的概念；

掌握应交增值税、应交消费税、应交城市维护建设税等常见税种的会计核算。

税对于任何一个企业来讲都是非常重要的一部分内容。小企业按照税法的规定应缴纳的主要税费包括增值税、消费税、城市维护建设税、教育费附加、企业所得税、资源税、土地增值税、城镇土地使用税、房产税、车船税等。从 2016 年 5 月 1 日开始，我国全面实行"营改增"，营业税从此退出了历史舞台。因此本章节未对营业税做讲解。

由于税法规定的计税期与缴税期并不完全一致，计提的税费在未缴纳之前形成了小企业的一项负债，即应交税费。《小企业会计准则》改变了原《小企业会计制度》设置的"应交税金"科目，《小企业会计准则》规定设置"应交税费"科目核算小企业按照税法等规定计算应缴纳的上述各种税费。该科目贷方登记应缴纳的各种税费以及出口退税、税务机关退回多缴的税费等，借方登记实际缴纳的税费。期末余额若在贷方，表示小企业尚未缴纳的税费，余额若在借方，表示多缴纳的税费。"应交税费"科目应按照应缴税费的种类设置明细科目，进行明细核算。

第一节 应交增值税

增值税是非常重要的一个税种，它是对纳税人销售货物或者提供加工、修理修配劳务以及提供应税服务和进口货物征收的一种货物劳务税。在 2008 年底颁布的《中华人民共和国增值税暂行条例》中规定的纳税人的基础上，结合"营改增"政策，增值税纳税人为在中华人民共和国境内销售货物或者提供加工、修理修配劳务、提供交通运输业、邮政业、金融保险业、建筑业、现代服务业及进口货物的单位和个人。

增值税是对流转额中的增值额征税，具有"刚性"，能有效地排除传统流转税重复征税和税负不平等的弊端，解决了由于生产环节不同而造成税负不同的矛盾。增值税还具有普遍课征、道道征税但不重复计征、价外计征等特点。正是因为其内涵与特点，也决定了增值税在税制和社会经济发展中的重要地位。就计税原理而言，增值税是对商品生产和流通中各环节的新增价值或商品附加值进行征税，所以称为增值税。但是，由于新增价值在商品流通过程中很难绝对独立地计算相应的数据，因此，在征税的实际操作上采用间接计算的办法，即纳税人根据货物或应税劳务等销售额，按照规定的税率计算税款，然后从中扣除上一道环节已缴纳增值税税款，余额即为纳税人应缴纳的增值税税款。

一、增值税纳税人

为了严格增值税的征收管理，《增值税暂行条例》将纳税人按其经营规模大小及会计核算健全与否划分为小规模纳税人和一般纳税人。

（一）小规模纳税人

1. 小规模纳税人的认定

小规模纳税人是指年销售额在规定标准以下，并且会计核算不健全，不能按规定报送有关税务资料的增值税纳税人。所谓会计核算不健全是指不能正确核算增值税的销项税额、进项税额和应纳税额。

《中华人民共和国增值税暂行条例实施细则》（以下简称《增值税实施细则》）第二十八条规定，

小规模纳税人的认定标准如下。

（1）从事货物生产或者提供加工修理修配劳务的纳税人，以及以从事货物生产或者提供应税劳务为主，并兼营货物批发或者零售的纳税人，年应征增值税销售额在 50 万元以下（含本数，下同）的；

（2）除二十八条第（1）项规定以外的纳税人，年应税销售额在 80 万元以下的。

按照《增值税实施细则》第二十八条的规定，以从事货物生产或者提供应税劳务为主，是指纳税人的年货物生产或者提供应税劳务的销售额占年应税销售额的比重在 50%以上。

根据《营业税改征增值税试的实施办法》及《营业税改征增值税试点有关事项的规定》，原营业税单位和个人改征增值税后，销售服务，无形资产或者不动产（应税行为）的年应税销售额在 500万元（含本数）以下，为小规模纳税人。

2. 小规模纳税人的管理

小规模纳税人采用简化的方法来核算应交增值税，即购进货物或接受应税劳务支付的增值税进项税额，一律不予抵扣，均计入购进货物和接受劳务的成本；按销售额的 3%计算缴纳增值税，但不得开具增值税专用发票。

《增值税暂行条例》第十三条规定，小规模纳税人会计核算健全，能够提供准确税务资料，年应税销售额不低于 30 万元，可以向主管税务机关申请资格认定，经批准可以认定为一般纳税人。

（二）一般纳税人

1. 一般纳税人的认定

增值税纳税人，年应税销售额超过财政部、国家税务总局规定的小规模纳税人标准的，除另有规定外，应当向主管税务机关申请一般纳税人资格认定。

上述所称年应税销售额，是指纳税收入在连续不超过 12 个月的经营期内累计应征增值税销售额，包括纳税申报销售额、稽查查补销售额、纳税评估调整销售额、税务机关代开发票销售额和免税销售额。

年应税销售额未超过财政部、国家税务总局规定的小规模纳税人标准以及新开业的纳税人，可以向主管税务机关申请一般纳税人资格认定。

2. 一般纳税人的管理

纳税人自认定机关认定为一般纳税人的次月起（新开业纳税人自主管税务机关受理申请的当月起），按照《增值税暂行条例》第四条的规定计算应纳税额，并按照规定领购、使用增值税专用发票。除国家税务总局另有规定外，纳税人一经认定为一般纳税人后，不得转为小规模纳税人。

二、增值税税率

一般纳税人的增值税税率分为五档：17%、13%、11%、6%和零税率。小规模纳税人对增值税采用简易核算办法，征收率为 3%。详见表 7-1。

表 7-1 增值税税目税率表

增值税税目税率表		
纳税人	税目	税率
小规模纳税人	从事货物销售，提供增值税加工、修理修配劳务，以及"营改增"各项应税服务	3%

增值税税目税率表

纳税人	税目	税率
一般纳税人	销售或者进口货物（另有列举的货物除外）；提供加工、修理修配劳务；有形动产租赁服务	17%
	粮食、食用植物油、鲜奶；自来水、暖气、冷气、热气、煤气、石油液化气、天然气、沼气；居民用煤炭制品、煤炭、图书、报纸、杂志；饲料、化肥、农药、农机（整机）、农膜；农产品（指各种动、植物初级产品）、音像制品、电子出版物、二甲醚；国务院规定的其他货物	13%
	陆路（含铁路）运输，水路运输、航空运输和管道运输服务；邮政普通服务、邮政特殊服务、其他邮政服务；基础电信服务；工程服务、安装服务、修缮服务、装饰服务、其他建筑服务；不动产租赁服务；销售不动产	11%
	研发和技术服务；信息技术服务；文化创意服务；物流辅助服务；鉴证咨询服务；广播影视服务；增值电信服务；贷款服务、直接收费金融服务、保险服务、金融商品转让；销售无形资产；文化体育服务、教育医疗服务、旅游娱乐服务、餐饮住宿服务、居民日常服务及其他生活服务	6%
	出口货物	0

三、应交增值税的核算

（一）一般纳税人的增值税核算

1. 会计科目设置

小企业一般纳税人应在"应交税费"科目下设置"应交增值税"明细科目进行核算，在"应交税费——应交增值税"明细账内，还应当设置"进项税额""销项税额""出口退税""进项税额转出""已交税金""转出多交增值税""转出未交增值税"等专栏。

一般纳税人核算增值税常用的会计科目如表 7-2 所示。

表 7-2　　　　　　　　　　　一般纳税人核算增值税常用会计科目

一级科目	二级科目	三级科目	发生额的借贷方向	核算内容
应交税费	应交增值税	进项税额	借方	购进商品、材料或其他货物及接受劳务时对方开具的增值税专用发票上注明的税额
		销项税额	贷方	销售商品、提供劳务时开具给对方的发票上注明的税额
		转出未交增值税	借方	当销项大于进项时，产生的应交增值税，从本科目转出
		转出多交增值税	贷方	当进项税额大于销项税额时，反映企业尚未抵扣的增值税进项税额，从本科目转出，留待下期继续抵扣
	未交增值税	—	借或贷	贷方表示由转出未交增值税明细转入的应交未交的增值税；借方表示已经上缴留待以后继续抵扣的税金

2. 应交增值税的计算

一般纳税人在月末必须对应交的增值税进行计算，并进行结转未交增值税的账务处理。

基本步骤如下。

（1）合计本月所有进项税额。并将本月所取得的增值税进项发票进行认证，否则当月不能抵扣，只有认证通过的增值税进项发票才可以在次月申报纳税时抵扣。

（2）合计本月所有销项税额。通过增值税开票税控系统查询统计可知本月开具增值税销项税额。

（3）进项税额与销项税额进行比较。

如果：月初留抵进项税余额+本月进项税发生额合计＞本月销项税发生额合计，说明增值税进项税额还未抵扣完，当月不需要缴纳增值税，未抵扣完的增值税进项税额下月可以继续抵扣。下月留抵进项税余额可通过以下公式计算：

$$本月进项税期末未抵扣余额=期初进项税未抵扣余额+本月进项税发生额合计$$
$$-本月销项税发生额合计$$

按计算出的差额填写结转本月多交增值税，一般会计分录如下：

借：应交税费——未交增值税

　　贷：应交税费——应交增值税（转出多交增值税）

如果：月初进项税未抵扣余额+本月进项税发生额合计＜本月销项税发生额合计时，则本月需要缴纳增值税，本月应交的增值税额可通过以下公式计算：

$$本月应交增值税=本月销项税发生额合计-（期初进项税未抵扣余额+本月进项税发生额合计）$$

按计算出的差额填写结转未交增值税的记账凭证，一般会计分录如下：

借：应交税费——应交增值税（转出未交增值税）

　　贷：应交税费——未交增值税

下月初申报缴纳增值税时，根据银行缴款凭证及增值税申报表编制如下会计分录：

借：应交税费——未交增值税

　　贷：银行存款

【小贴士】

以上计算公式中，如果有进项税额转出的，不允许从销项税额中抵扣，因此需要从本月进项税发生额合计中扣除。

3. 增值税的一般会计处理

（1）购物资（包含原材料、机器设备等）、接受应税劳务及应税服务的会计处理。小企业采购的物资、接受应税劳务及应税服务等，按照取得的增值税专用发票（或海关进口增值税专用缴款书等）上记载的应入采购成本的金额，借记"原材料""库存商品""固定资产""主营业务成本""管理费用"等科目；按专用发票上注明的可抵扣的增值税额，借记"应交税费——应交增值税（进项税额）"；按照应付或实际支付的价款，贷记"银行存款""应付账款""应付票据"等科目。购入货物发生退货时，做相反的会计分录。

小企业采购的物资、接受应税劳务及应税服务等，按照税法规定不得从增值税销项税额中抵扣的进项税额，或未取得增值税专用发票的，其进项税额应计入所购物资、接受劳务或服务成本，不通过"应交税费——应交增值税（进项税额）"科目核算。

【例 7-1】先导公司为增值税一般纳税人，20×6 年 8 月 2 日购入办公设备一台，取得增值税专用发票，发票注明价款 100 000 元，增值税 17 000 元。先导公司另用库存现金向物流公司支付运输费 1 110 元，取得运费增值税专用发票。所购设备款项通过网银支付，发生手续费 4 元。

固定资产的入账价值=100 000+1 110÷（1+11%）=101 000（元）

增值税进项税额=17 000+1 110÷（1+11%）×11%=17 110（元）

借：固定资产   101 000

应交税费——应交增值税（进项税额）   17 110

财务费用——手续费   4

贷：银行存款   117 004

库存现金   1 110

【例 7-2】先导公司 20×6 年 8 月 10 日购入甲材料一批，取得增值税专用发票，价款 20 000 元，增值税专用发票注明增值税税额为 3 400 元，货款尚未支付，材料已验收入库。假定材料按实际成本计价。

借：原材料——甲材料   20 000

应交税费——应交增值税（进项税额）   3 400

贷：应付账款   23 400

【例 7-3】某物流企业 20×6 年 9 月委托天津 A 公司一项货物运输业务，取得 A 公司开具的货物运输业增值税专用发票，价款 150 000 元，注明的增值税税额为 16 500 元，款项尚未支付。则该物流企业根据货物运输业增值税专用发票编制如下会计分录：

借：主营业务成本   150 000

应交税费——应交增值税（进项税额）   16 500

贷：应付账款——A 公司   166 500

【例 7-4】先导公司 20×6 年 10 月 15 日到电信局缴纳上月电话费，取得增值税专用发票，增值税专用发票显示上月基础电信服务金额为 256.3 元，增值税税率为 11%，税额 28.19 元，增值电信服务金额为 158.2 元，增值税税率为 6%，税额 9.49 元。以上电话费全部用现金支付，假设电话全部为办公室人员使用。

先导公司根据电信局开具的增值税专用发票编制如下会计分录：

借：管理费用（256.3+158.2）   414.5

应交税费——应交增值税（进项税额）（28.19+9.49） 37.68

贷：库存现金   452.18

（2）购进农业产品的会计处理。小企业购进农产品，除取得增值税专用发票或者海关进口增值税专用缴款书外，按照农产品收购发票或者销售发票上注明的农产品买价和税法规定的扣除率（13%）计算增值税进项税额，借记"应交税费——应交增值税（进项税额）"；按买价减去上述进项税额后的金额，借记"原材料"或"在途物资"等科目；按应付或实际支付的价款，贷记"应付账款""银行存款"等科目。

【例 7-5】M 食品公司 20×6 年 8 月 15 日购入鸡蛋用于生产蛋糕，开具的普通发票上注明的农产品买价 2 000 元，规定的扣除率为 13%，鸡蛋已运达企业，款项用现金支付。

从食品公司根据普通发票、收料库存单编制如下会计分录：

借：原材料	1 740
应交税费——应交增值税（进项税额）	260
贷：库存现金	2 000

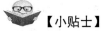

【小贴士】

《增值税暂行条例》规定，购进农产品，除取得增值税专用发票或者海关进口增值税专用缴款书外，按照农产品收购发票或者销售发票上注明的农产品买价和 13%的扣除率计算进项税额。进项税额计算公式：进项税额=买价×扣除率。以上会计处理与税法的规定一致。

（3）销售商品、提供应税劳务及应税服务的会计处理。小企业销售商品（提供劳务），按照收入金额和应收取的增值税销项税额，借记"应收账款""银行存款"等科目；按照税法规定应缴纳的增值税销项税额，贷记"应交税费——应交增值税（销项税额）"；按照确认的收入金额，贷记"主营业务收入""其他业务收入"等科目。发生销售退回的，做相反的会计分录。

随同商品出售但单独计价的包装物，应当按照实际收到或应付的金额，借记"银行存款""应收账款"等科目；按照税法规定应缴纳的增值税销项税额，贷记"应交税费——应交增值税（销项税额）"；按照确认的其他业务收入金额，贷记"其他业务收入"科目。

【例 7-6】先导公司 20×6 年 8 月 20 日向波尔公司赊销产品一批该批产品成本为 240 000 元，开具增值税专用发票，价款 300 000 元，增值税额 51 000 元。

先导公司根据增值税专用发票、产品出库单编制如下会计分录：

借：应收账款	351 000
贷：主营业务收入	300 000
应交税费——应交增值税（销项税额）	51 000

先导公司根据产品出库单编制如下会计分录：

借：主营业务成本	240 000
贷：库存商品	240 000

【例 7-7】大达物流公司 20×6 年 10 月 15 日为长兴公司提供交通运输取得收入 500 000 元，为科华公司提供物流辅助服务，取得收入 200 000 元，按照适用税率，分别开具了税率为 11%和 6%的增值税专用发票，款项已收。则大达物流企业根据开具的增值税专用发票及银行收款凭证编制如下会计分录：

取得运输服务收入时：

借：银行存款	555 000
贷：主营业务收入——运输服务	500 000

应交税费——应交增值税（销项税额）	55 000

取得物流辅助服务收入时：

借：银行存款　　　　　　　　　　　　　　　　　212 000

　　贷：其他业务收入——物流辅助服务　　　　　　　200 000

　　　　应交税费——应交增值税（销项税额）　　　　 12 000

【小贴士】

　　交通运输业，是指使用运输工具将货物或者旅客送达目的地，使其空间位置得到转移的业务活动。其包括陆运运输服务、水路运输服务、航空运输服务和管道运输服务。交通运输业适用 11% 税率。物流辅助服务，包括航口服务、港口码头服务、货运客运场站服务、打捞救助服务、货物运输代理服务、代理报关服务、仓储服务和装卸搬运服务。物流辅助服务适用 6% 税率。

4. 增值税视同销售业务的会计处理

　　增值税视同销售货物行为，是指小企业发生的属于《增值税暂行条例实施细则》第四条规定的行为。小企业对增值税视同销售行为进行会计处理时，凡符合收入确认条件的应作销售处理，确认收入；凡不符合收入确认条件的不做销售处理，不确认收入，但应按税法规定计算增值税销项税额。例如，企业将自产、委托加工的货物用于个人消费，将自产、委托加工或者购进的货物作为投资，将自产、委托加工或者购进的货物分配给股东或者投资者等，这几种行为符合收入确认的条件，应做销售处理，确认收入；其他增值税视同销售行为不符合收入确认条件，不做销售处理，不确认收入。

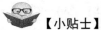

【小贴士】

　　《增值税暂行条例实施细则》第四条规定，单位或个体经营者的下列行为，视同销售货物：（一）将货物交付他人代销；（二）销售代销货物；（三）设有两个以上机构并实行统一核算的纳税人，将货物从一个机构移送其他机构用于销售，但相关机构设在同一县（市）的除外；（四）将自产或委托加工的货物用于非应税项目；（五）将自产、委托加工或购买的货物作为投资，提供给其他单位或个体经营者；（六）将自产、委托加工或购买的货物分配给股东或投资者；（七）将自产、委托加工的货物用于集体福利或个人消费；（八）将自产、委托加工或购买的货物无偿赠送他人。其中第（四）条的规定随着"营改增"政策的全面施行，不再属于增值税的视同销售行为，需要删除。

　　小企业将自产产品等用作福利发放给职工，应视同产品销售计算应交增值税，按产品市场含税销售价格借记"应付职工薪酬"科目；按市场售价贷记"主营业务收入"科目；按税法规定应缴纳的增值税税额，贷记"应交税费——应交增值税（销项税额）"科目。

　　【例7-8】元祖公司是一家食品加工公司，有职工 40 人，其中生产工人 30 人，管理人员 6 名，销售人员 4 人。20×6 年 8 月 25 日，公司以其生产的食品作为福利发放给职工，每人一份。该食品每份的单位成本为 240 元，单位售价 300 元，适用的增值税税率为 17%。

元祖公司根据产品出库单、物品发放登记表，编制如下会计分录：

借：应付职工薪酬	14 040
贷：主营业务收入	12 000
应交税费——应交增值税（销项税额）	2 040
借：主营业务成本	96 000
贷：库存商品	96 000

根据职工薪酬分配表编制如下会计分录：

借：生产成本 [300×30×（1+17%）]	10 530
管理费用 [300×6×（1+17%）]	2 106
销售费用 [300×4×（1+17%）]	1 404
贷：应付职工薪酬	14 040

【例7-9】假设安保公司用成本为40 000元，评估价值为60 000元的一批甲产品换取M公司持有的一项投资。则安保公司根据产品出库单、交换协议及增值税专用发票编制如下会计分录：

借：长期股权投资	70 200
贷：主营业务收入	60 000
应交税费——应交增值税（销项税额）	10 200
借：主营业务成本	40 000
贷：库存商品	40 000

【例7-10】成大公司职工餐厅领用本公司生产的空调机3台，每台成本3 000元，每台售价5 000元（不含增值税）。则成大公司根据产品出库单编制如下会计分录：

借：固定资产	11 550
贷：库存商品	9 000
应交税费——应交增值税（销项税额）（5 000×3×17%）	2 550

5. 不得从增值税销项税额中抵扣的进项税额

小企业购进的物资因管理不善造成的丢失、毁损、被盗，以及购进物资改变用途等原因按照《税法》规定不得从增值税销项税额中抵扣的进项税额，其进项税额应转入有关科目，借记"待处理财产损溢""原材料"等科目，贷记"应交税费——应交增值税（进项税额转出）"。

【例7-11】先导公司20×6年8月30日由于仓库管理不善损毁原材料一批，其实际成本为60 000元，购进材料适用的增值税税率为17%。

先导公司根据存货盘点盘亏报告表编制如下会计分录：

借：待处理财产损溢——待处理流动资产损溢	70 200
贷：原材料	60 000
应交税费——应交增值税（进项税额转出）	10 200

6. 出口货物退税

（1）出口货物退（免）税的基本政策。为了鼓励本国货物出口，增强本国产品的竞争力，各国政府普遍对出口货物实行了退（免）税政策。我国对出口货物在遵循"征多少，退多少""未征不退和彻底退税"基本原则的基础上，根据不同的企业和不同的货物制定了不同的税务处理办法。

我国《出口货物退（免）税管理办法》规定了两种退税计算办法：第一种是"免、抵、退"办法，主要适用于自营和委托出口自产货物的生产企业；第二种是"先征后退"办法，目前主要用于收购货物出口的外（工）贸企业。

"免、抵、退"税办法的"免"税，是指对生产企业出口的自产货物，免征本企业生产销售环节增值税；"抵"税，是指生产企业出口的自产货物应予以免征或退还所耗用原材料、零部件等进项税额抵顶内销货物的应纳税额；"退"税，是指生产企业出口自产货物在当月内因应抵顶的进项税额大于应纳税额，对未抵扣的进项税额予以退税。

（2）具体处理。实行"免、抵、退"管理办法的小企业，按照税法规定计算的当期出口产品不予免征、抵扣和退税的增值税，借记"主营业务成本"，贷记"应交税费——应交增值税（进项税额转出）"科目。按照税法规定计算的当期应予抵扣的增值税额，借记"应交税费——应交增值税（出口抵减内销产品应纳税额）"科目，贷记"应交税费——应交增值税（出口退税）"科目。出口货物按照税法规定应予退回的增值税款，借记"其他应收款"科目，贷记"应交税费——应交增值税（出口退税）"科目。收到退税款时，借记"银行存款"科目，贷记"其他应收款"科目。

【例7-12】安永公司是具有进出口经营权的生产企业，对自产货物经营出口销售及国内销售。该公司20×6年8月内销产品取得不含税销售额为1 500 000元，出口货物销售额（离岸价）折合人民币8 050 000元，该企业适用的增值税率为17%，退税率为15%。月购进原材料等货物取得增值税进项税额为1 377 000元，并通过税务机关认证。8月初没有留抵进项税。

① 月末，计算当期出口货物不得免征和抵扣的税额：

当期出口货物不予免征和抵扣的税额=当期出口货物离岸价×人民币外汇牌价×（征税率-退税率）

$$=8\,050\,000×（17\%-15\%）=161\,000（元）$$

借：主营业务成本   161 000

    贷：应交税费——应交增值税（进项税额转出）   161 000

② 计算当期应纳税额：

当期应纳税额=当期内销货物的销项税额-（当期进项税额-当期免抵退税不得免征和抵扣税额）

        -上期未抵扣完的进项税额

$$=1\,500\,000×17\%-（1\,377\,000-161\,000）$$

$$=-961\,000（元）$$

注：如果计算结果为正数，为当期应缴纳的税额，表明该出口货物当期不存在出口退税。

③ 计算当期免抵退税额：

当期免抵退税额=出口货物离岸价×人民币外汇牌价×出口货物退税率

$$=8\,050\,000×15\%=1\,207\,500（元）$$

④ 计算当期应退税额和当期免抵税额。因为，当期期末留抵税额（961 000元）<当期免抵退税额（1 207 500元），当期应退税额=当期留抵税额=961 000（元）。

当期免抵税额=当期免抵退税额-当期应退税额=1 207 500-961 000=246 500（元）

注：如果当期期末留抵税额>当期免抵退税额，当期应退税额=当期免抵退税额，当期免抵税额=0。

借：应交税费——应交增值税（出口抵减内销产品应纳税额）　　　246 500

　　贷：应交税费——应交增值税（出口退税）　　　　　　　　　　　246 500

注：此税额留待下月继续抵扣。

借：其他应收款　　　　　　　　　　　　　　　　　　　　　　　961 000

　　贷：应交税费——应交增值税（出口退税）　　　　　　　　　　　961 000

⑤ 收到退税款时：

借：银行存款　　　　　　　　　　　　　　　　　　　　　　　　961 000

　　贷：其他应收款　　　　　　　　　　　　　　　　　　　　　　　961 000

【例7-13】某电器公司20×6年3月自营出口电器30 000台。离岸价格折算为人民币总计90 000 000元；内销货物销售额为82 000 000元。上期结转进项税额为2 000 000元，本月进项税额为8 000 000元。适用的增值税税率为17%，出口退税率为15%。

① 月末，计算当期出口货物不予免征和抵扣的税额：

当期出口货物不予免征和抵扣的税额=当期出口货物离岸价×人民币外汇牌价×（征税率-退税率）

$$=90\ 000\ 000\times（17\%-15\%）=1\ 800\ 000（元）$$

借：主营业务成本　　　　　　　　　　　　　　　　　　　1 800 000

　　贷：应交税费——应交增值税（进项税额转出）　　　　　　　1 800 000

② 计算当期应纳税额：

当期应纳税额=当期内销货物的销项税额-（当期进项税额-当期免抵退税不得免征和抵扣税额）

-上期未抵扣完的进项税额=82 000 000×17%-（8 000 000+2 000 000-1 800 000）

$$=5\ 740\ 00（元）$$

从以上计算可以看出，应纳税额为正数，反映企业出口货物给予抵扣和退税的进项税额，已全部在内销货物应纳税额中抵减完毕，不需退税。

7. 转出多缴增值税和未缴增值税

为了分别反映增值税一般纳税人欠缴增值税和留抵增值税的情况，确保小企业及时足额上缴增值税，小企业应在"应交税费"科目下设置"未交增值税"明细科目，核算小企业月份终了从"应交税费——应交增值税"科目转入的当月未缴或多缴的增值税；同时在"应交税费——应交增值税"科目下设置"转出未交增值税"和"转出多交增值税"专栏。月份终了，企业计算出当月应缴未缴的增值税，借记"应交税费——应交增值税（转出未交增值税）"科目，贷记"应交税费——未交增值税"科目；当月多缴的增值税，借记"应交税费——未交增值税"科目，贷记"应交税费——应交增值税（转出多交增值税）"科目。经过结转后，"应交税费——未交增值税"科目如有借方余额，反映小企业尚未抵扣的增值税（即留抵税额），如有贷方余额，反映小企业本月应交未交增值税额。

值得注意的是，小企业当月缴纳当月的增值税，仍然通过"应交税费——应交增值税（已交税金）"科目核算；当月缴纳以前各期未交的增值税，通过"应交税费——未交增值税"科目，不通过"应交税费——应交增值税（已交税金）"科目核算。

【例7-14】承【例7-1】、【例7-2】、【例7-4】、【例7-6】及【例7-11】先导公司8月初未有留抵税额，计算先导公司20×6年8月应纳增值税额并进行相应的会计处理。

根据【例7-1】、【例7-2】、【例7-4】及【例7-11】：先导公司8月的进项税额=17 110+3 400+37.68-10 200= 10 347.68（元）。

根据【例7-6】，先导公司8月销项税额为51 000元；先导公司8月应纳税额=51 000-10 347.68=40 652.32（元）。

8月底先导公司根据增值税计处表编制如下会计分录：

借：应交税费——应交增值税（转出未交增值税）　　　　　　　40 652.32
　　贷：应交税费——未交增值税　　　　　　　　　　　　　　　　40 652.32

9月申报并缴纳8月的增值税后，根据银行付款凭证编制如下会计分录：

借：应交税费——未交增值税　　　　　　　　　　　　　　　　40 652.32
　　贷：银行存款　　　　　　　　　　　　　　　　　　　　　　40 652.32

（二）小规模纳税人的增值税的核算

小规模纳税人的增值税的核算比较简单，只需设置"应交增值税"明细科目，不需要在"应交增值税"明细科目中设置上述专栏。

小规模纳税人增值税核算主要有以下特点：一是购入货物时无论是否取得增值税专用发票，其支付的增值税额均不计入进项税额，不得从销项税额中抵扣，而是计入所购入物资的成本；二是小规模纳税人销售货物或者提供应税劳务，只能开具普通发票，不能开具增值税专用发票，销售货物或提供劳务实行简易办法计算应纳税额，按照销售额的3%计算征收；三是小规模纳税人设置"应交税费——应交增值税"科目核算增值税，不需要在"应交增值税"明细科目中设置专栏。"应交税费——应交增值税"科目贷方登记应缴纳的增值税，借方登记已缴纳的增值税，期末贷方余额表示尚未缴纳的增值税。

1. 购进货物、接受应税劳务及应税服务的会计处理

小规模纳税人采购货物、接受应税劳务或服务时支付的增值税，直接计入有关货物、劳务或服务的成本，应按照发票上注明的价税合计借记"原材料""生产成本"等科目，按应付或实际支付的金额贷记"应付账款""银行存款"等科目。

【例7-15】甲天公司为小规模纳税人，20×6年7月6日，购入原材料一批，已验收入库，取得的专用发票上注明价款为48 000元，增值税为8 160元，账款尚欠。

甲天公司根据增值税专用发票、材料入库单编制如下分录：

借：原材料　　　　　　　　　　　　　　　　　　　　　　　56 160
　　贷：应付账款　　　　　　　　　　　　　　　　　　　　　　56 160

2. 销售货物、提供应税劳务及应税服务的会计处理

小规模纳税人销售货物、提供应税劳务或服务，不得开具增值税专用发票，只能开具普通发票，应按照不含税的销售额乘以3%的征收率计算应缴纳增值税。如果销售额包含增值税额，按照公式"销

售额＝含税销售额÷（1+征收率）"还原为不含税销售额。进行会计处理时，按实现的营业收入和按规定收取的增值税额，借记"银行存款""应收账款"等科目；按实现的营业收入贷记"主营业务收入"科目；按应缴增值税贷记"应交税费——应交增值税"科目。

【例 7-16】甲天公司为小规模纳税人，20×6 年 7 月 20 日销售产品一批，取得销售收入 41 200 元，增值税征收率为 3%，款项已收到。该批产品成本为 28 000 元。

甲天公司应根据增值税普通发票、银行收款凭证编制如下会计分录：

不含税收入=41 200÷（1+3%）=40 000（元）

借：银行存款	412 000
贷：主营业务收入	40 000
应交税费——应交增值税	1 200

根据产品出库单结转销售成本：

借：主营业务成本	28 000
贷：库存商品	28 000

3. 缴纳增值税会计处理

小规模纳税人缴纳增值税时，借记"应交税费——应交增值税"科目，贷记"银行存款"科目。

【例 7-17】承【例 7-16】，甲天公司在 20×6 年 8 月申报并缴纳 7 月的增值税后，根据银行缴款凭证，编制如下会计分录：

借：应交税费——应交增值税	1 200
贷：银行存款	1 200

第二节 应交消费税

消费税是对我国境内生产、委托加工和进口应税消费品的单位和个人，按其销售额或销售数量在特定环节征收的一种流转税。它是在对货物普遍征收增值税的基础上，选择少数商品再征收一道消费税，目的是调节产品结构，引导消费方向，保证国家财政收入。它是发挥特殊调节作用的税种。

一、消费税税率

我国现行消费税设置 14 个税目，其税率如表 7-3 所示。

表 7-3　　　　　　　　　　消费税税目税率表

序号	税目	税率
一、	烟	
1.	卷烟	36%～56%加 0.003 元/支
2.	雪茄烟	36%
3.	烟丝	30%
二、	酒及酒精	

续表

序号	税目	税率
1.	白酒	20%加 0.5 元/500 克
2.	黄酒	240 元/吨
3.	啤酒	甲类啤酒，250 元/吨；乙类啤酒，220 元/吨
4.	其他酒	10%
5.	酒精	5%
三、	化妆品	30%
四、	贵重首饰及珠宝玉石	5%～10%
五、	鞭炮、焰火	15%
六、	成品油	0.1～0.28 元/升
七、	汽车轮胎	3%
八、	摩托车	3%～10%
九、	小汽车	1%～40%
十、	高尔夫球及球具	10%
十一、	高档手表	20%
十二、	游艇	10%
十三、	木制一次性筷子	5%
十四、	实木地板	5%

消费税应纳税额的计算方法有 3 种：从价定率计征法、从量定额计征法以及从价定率和从量定额复合计征法。

（一）从价定率计征法

实行从价定率计征法的消费税以销售额为基数，乘以适用的比例税率来计算应交消费税的金额。其中，销售额不包括向购货方收取的增值税。其具体计算公式为：

$$应纳消费税税额=销售额×比例税率$$

（二）从量定额计征法

实行从量定额计征法的消费税以应税消费品销售数量为基数，乘以适用的定额税率来计算应交消费税的金额。其计算公式为：

$$应纳消费税税额=销售数量×定额税率$$

（三）复合计征法

实行复合计征法的消费税，既规定了比例税率，又规定了定额税率，其应纳税额实行从价定率和从量定额相结合的复合计征方法。复合计征法目前只适用于卷烟和白酒应交消费税的计算。其具体计算公式为：

$$消费税税额=销售额×比例税率+销售数量×定额税率$$

二、应交消费税的核算

小企业应在"应交税费"科目下设置"应交消费税"明细科目，核算应交消费税的发生、缴纳情况。该科目贷方登记应缴纳的消费税，借方登记已缴纳的消费税。期末余额在贷方，表示尚未缴纳的消费税。

1. 销售应税消费品

小企业销售应税消费品时，按规定计算应缴纳的消费税，借记"营业税金及附加"科目，贷记"应交税费——应交消费税"科目。实际缴纳时，借记"应交税费——应交消费税"，贷记"银行存款"等科目。

【例 7-18】先导公司为增值税一般纳税人，20×6 年 7 月销售一批应税消费品，售价为 30 000 元，适用的增值税税率为 17%，适用的消费税税率为 10%。该批产品的成本为 20 000 元。产品已经发出，发票已开具，款项尚未收到。

先导公司根据增值税专用发票编制如下会计分录：

借：应收账款		35 100
贷：主营业务收入		30 000
应交税费——应交增值税（销项税额）		5 100
借：营业税金及附加		3 000
贷：应交税费——应交消费税		3 000

根据产品出库单编制如下会计分录：

借：主营业务成本		20 000
贷：库存商品		20 000

2. 以生产的应税消费品用于在建工程、非生产机构等

以生产的产品用于在建工程、非生产机构等，按照《税法》规定应缴纳的消费税，借记"在建工程""管理费用"等科目，贷记"应交税费——应交消费税"科目。

【例 7-19】某啤酒厂为扩大产品销路，举办一个啤酒展览会，使用啤酒 20 吨，共计应纳消费税税额 4 400 元。为此应编制如下会计分录：

借：销售费用		4 400
贷：应交税费——应交消费税		4 400

3. 委托加工应税消费品

委托加工应税消费品由受托方代收代缴税款（除受托加工或翻新改制金银首饰按照税法规定由受托方缴纳消费税外）。小企业（受托方）按照代收代缴税款，借记"应收账款""银行存款"等科目，贷记"应交税费——应交消费税"科目。委托加工应税消费品收回后，委托方以不高于受托方的计税价格出售的，以及用于非消费税项目的，委托方应将三方代收代缴的消费税计入委托加工的应税消费品成本，借记"委托加工物资""生产成本"等科目，贷记"应付账款""银行存款"等科目；委托方以高于受托方的计税价格出售的，不属于直接出售，需按照规定申报缴纳消费税，在计税时准予扣除受托方已代收代缴的消费税，借记"应交税费——应交消费税"科目，贷记"应付账款""银行存款"等科目。委托加工物资收回后用于连续生产，按照税法规定准予抵扣的，按照代收代缴的消费税，借记"应交税费——应交消费税"科目，贷记"应付账款""银行存款"等科目。

【例7-20】先导公司委托宏图公司加工商品一批（属于应税消费品）100 000件，部分经济业务如下：

（1）20×6年3月20日，发出材料一批，成本为6 000 000元。

（2）20×6年4月20日，支付商品加工费120 000元，支付应当缴纳的消费税660 000元。该商品收回后用于连续生产，消费税可抵扣。先导公司和宏图公司均为一般纳税人，适用增值税税率为17%。

（1）发出委托加工材料时根据出库单编制如下会计分录：

借：委托加工物资 6 000 000

贷：原材料 6 000 000

（2）支付加工费用及消费税时根据增值税专用发票、银行付款凭证等编制如下会计分录：

借：委托加工物资 120 000

应交税费——应交消费税 660 000

应交税费——应交增值税（进项税额） 20 400

贷：银行存款 800 400

（3）收回加工物资根据入库单编制如下会计分录：

借：原材料 6 120 000

贷：委托加工物资 6 120 000

【例7-21】先导公司委托阳光企业加工一批商品，成品属于应税消费品，成本为200 000元，支付加工费用32 800元（不含增值税），消费税税率为3%，商品加工完毕验收入库，加工费用等尚未支付。该商号收回后直接出售，先导公司库存商品按实际成本计价，双方适用的增值税税率为17%。

（1）发出委托加工材料时，根据材料出库凭证编制如下会计分录：

借：委托加工物资 200 000

贷：原材料 200 000

（2）确认加工费时根据增值税专用发票编制如下会计分录：

消费税的组成计税价格=（200 000+32 800）÷（1-3%）=240 000（元）

受托方代收代缴的消费税=240 000×3%=7 200（元）

应交增值税=32 800×17%=5 576（元）

借：委托加工物资（32 800+7 200） 40 000

应交税费——应交增值税（进项税额） 5 576

贷：应付账款——阳光企业 34 424

（3）加工完成收回委托加工库存商品，根据入库单编制如下会计分录：

借：库存商品 240 000

贷：委托加工物资 240 000

4. 金银首饰零售业务

有金银及钻石首饰零售业务的以及采用以旧换新方式销售金银首饰的小企业，在营业收入实现时，按照应交的消费税，借记"营业税金及附加"科目，贷记"应交税费——应交消费税"科目。

金银及钻石饰品零售业务的企业因受托代销金银首饰按规定应缴纳的消费税，应分不同情况处理：以收取手续费方式代销金银首饰的，其应缴的消费税，借记"其他业务成本"等科目，贷记"应交税费——应交消费税"科目；以其他方式代销金银首饰的，其缴纳的消费税等，借记"营业税金及附加"等科目，贷记"应交税费——应交消费税"科目。

有金银及钻石饰品零售业务的企业将金银首饰用于赠送、赞助、广告、职工福利、奖励等方面的，应于物资移送时，按应缴纳消费税，借记"营业外支出""销售费用""应付职工薪酬"等科目，贷记"应交税费——应交消费税"科目。

5. 进口应税消费品

需要缴纳消费税的进口物资，其缴纳的消费税应计入该项物资的成本，借记"固定资产""原材料""库存商品"等科目，贷记"银行存款"等科目。

 【小贴士】

根据《消费税暂行条例》第九条规定，进口的应税消费品，按照组成计税价格计算纳税。

实行从价定率办法计算纳税的组成计税价格计算公式：

组成计税价格=（关税完税价格+关税）÷（1-消费税比例税率）

实行复合计税办法计算纳税的组成计税价格计算公式：

组成计税价格=（关税完税价格+关税+进口数量×消费税定额税率）÷（1-消费税比例税率）

【例7-22】天成公司20×6年1月15日从国外进口一批应税消费品，关税完税价格为300 000元，关税30 000元，从海关取得海关进口增值税专用缴款书。款已支付，增值税税率为17%，消费税税率为20%。

天成公司根据海关进口关税专用缴款书、海关进口增值税专用缴款书、收料单等编制如下会计分录：

组成计税价格=（300 000 +30 000）÷（1-20%）= 412 500（元）

应交增值税=412 500×17%=70 125（元）

应交消费税=412 500×20%=82 500（元）

借：库存商品 412 500

应交税费——应交增值税（进项税额） 70 125

贷：银行存款 482 625

第三节

应交城市维护建设税及教育费附加

根据《中华人民共和国城市维护建设税暂行条例》规定及最新"营改增"政策，凡缴纳增值税和消费税的单位和个人，都是城市维护建设税的纳税义务人。通常把城市维护建设税简称城建税。

城建税属于地方税务局征收的税种。

一、城建税及教育费附加的税率

根据国务院《关于修订〈征收教育费附加的暂行规定〉的决定》规定，教育费附加，以各单位和个人实际缴纳的增值税和消费税的税额为计征依据，教育费附加率为 3%，各省根据实际情况，在征收教育费附加的基础上，征收地方教育费附加，税率一般为 1%～3%。

城建税是以企业所在城镇的规模设计税率的，因而不同地区税率也不同。教育费附加的税率是统一的，地方教育费附加因地也有所不同，具体如表 7-4 所示。

表 7-4　　　　　　　　　　　　　城建税及教育费附加税率

税种	企业所在地	税率
城市维护建设税	在城市市区的	7%
	县城、建制镇的	5%
	不在城市市区、县城、建制镇的	1%
教育费附加	不分地区	3%
地方教育费附加	因地区不同	1%~3%

二、应交城建税及教育费附加的核算

城建税及教育费附加的计税依据为当月实际应缴纳的增值税和消费税的合计额。

本月应交城建税=（本月应交增值税+本月应交消费税）×城建税税率

本月应交教育费附加=（本月应交增值税+本月应交消费税）×教育费附加率

本月应交地方教育费附加=（本月应交增值税+本月应交消费税）×地方教育费附加率

如果企业当月不需要缴纳增值税，也没有消费税，企业则无须缴纳城建税及教育费附加。

小企业按照税法规定应缴纳的城市维护建设税、教育费附加，借记"营业税金及附加"，贷记"应交税费——应交城市维护建设税""应交税费——应交教育费附加""应交税费——应交地方教育费附加"科目。缴纳城市维护建设税、教育费附加时，借记"应交税费——应交城市维护建设税""应交税费——应交教育费附加""应交税费——应交地方教育费附加"科目，贷记"银行存款"科目。

【例 7-23】先导公司 20×6 年 9 月实际应缴纳的增值税税额为 5 000 元。假设城市维护建设税税率为 7%，教育费附加费率为 3%，地方教育费附加为 2%。

9 月应缴纳的城建税=5 000×7%=350（元）

9 月应缴纳的教育费附加=5 000×3%=150（元）

9 月应缴纳的地方教育费附加=5 000×2%=100（元）

9 月底根据应交税费计算单编制如下会计分录：

借：营业税金及附加　　　　　　　　　　　　　　　　　600

　　贷：应交税费——应交城市维护建设税　　　　　　　　350

应交税费——应交教育费附加	150
应交税费——应交地方教育费附加	100

　　下月初申报缴纳时，根据银行缴款凭证编制如下会计分录：

借：应交税费——应交城市维护建设税	350
应交税费——应交教育费附加	150
应交税费——应交地方教育费附加	100
贷：银行存款	600

第四节 其他应交税费

一、房产税

　　房产税是根据《中华人民共和国房产税暂行条例》规定，对在城市、县城、建制镇和工矿区的房产征收的一种地方税。计税依据分为从价计征和从租计征两种形式。从价计征按房产余值计征，即房产原值一次减除10%～30%（扣除比例由当地政府规定）后的余值计征，年税率为1.2%；从租计征按房产出租的租金收入计征的，税率为12%。

　　企业按照规定计算应当缴纳的房产税，借记"管理费用"科目，贷记"应交税费——应交房产税"科目。实际缴纳时，根据扣税凭证，借记"应交税费——应交房产税"科目，贷记"银行存款"科目。

二、车船税

　　车船税是根据《中华人民共和国车船税暂行条例》规定，对在我国境内拥有并且使用车船的单位和个人征收的一种税。小型零售企业缴纳的车船税税额应按车船的辆数或吨位数和规定的年单位税额计算。各地规定不统一，不同车型税额也不同。

　　企业按照规定计算应当缴纳的车船税，借记"管理费用"科目，贷记"应交税费——应交车船税"科目。实际缴纳时，根据扣税凭证借记"应交税费——应交车船税"科目，贷记"银行存款"科目。

三、城镇土地使用税

　　根据《中华人民共和国城镇土地使用税暂行条例》规定，对在城市、县城、建制镇、工矿区范围内使用土地的单位和个人征收的一种税。小型零售企业缴纳的土地使用税应按实际占用的土地面积和规定的每平方米年税额计算。各地规定的税额不统一。

　　企业按照规定计算应当缴纳的城镇土地使用税，借记"管理费用"科目，贷记"应交税费——

应交土地使用税"科目。实际缴纳时，根据扣税凭证，借记"应交税费——应交土地使用税"科目，贷记"银行存款"科目。

四、印花税

在中华人民共和国境内书立、领受《中华人民共和国印花税暂行条例》所列举凭证的单位和个人，都是印花税的纳税义务人，应当按照规定缴纳印花税。其中，记载资金的账簿，按实收资本和资本公积合计金额的 0.5‰贴花，其他账簿按 5 元贴花；权利、许可证照，包括政府部门发给的房屋产权证、工商营业执照、商标注册证、专利证、土地使用证等其他账簿，按件贴花 5 元；银行及其他金融组织和借款人所签订的借款合同按借款金额 0.5‰贴花；购销合同按购销金额 0.3‰贴花；财产租赁合同按租赁金额 1‰贴花。

对于实收资本的印花税、购销合同等发生的印花税，一般在月底按一定的比例计提，次月通过申报纳税方式缴纳。月底计提时，借记"管理费用"科目，贷记"应交税费——应交印花税"科目。下月申报缴税时，根据扣税凭证，借记"应交税费——应交印花税"科目，贷记"银行存款"科目。

对于账簿之类发生的印花税，企业一般应预先购买一定的印花税票，企业购买印花税税票时，借记"管理费用"科目，贷记"库存现金"或"银行存款"科目。

第五节 税收优惠

中小企业是我国国民经济和社会发展的重要力量，在促进经济增长、增加就业、科技创新与社会和谐稳定等方面具有不可替代的作用。但中小企业尤其是微型企业面临融资难、担保难、企业负担重，市场需求不足，经济效益差，亏损严重等困难，因此，近些年来，国家税收政策给予中小企业尤其是微型企业一系列的税收优惠政策。

一、所得税的税收优惠

根据《财政部、国家税务总局关于小型微利企业所得税优惠政策的通知》（财税〔2015〕34 号）为了进一步支持小型微利企业发展，经国务院批准，明确了小型微利企业所得税税收优惠政策。自 2015 年 1 月 1 日至 2017 年 12 月 31 日，对年应纳税所得额低于 20 万元（含 20 万元）的小型微利企业，其所得减按 50%计入应纳税所得额，按 20%的税率缴纳企业所得税。

二、增值税的税收优惠

根据国家税务总局《关于全面推开营业税改征增值税试点有关税收征收管理事项的公告》（国家税务总局公告 2016 年第 23 号）的通知，为保障全面推开营业税改征增值税（以下简称"营改增"）试点工作顺利实施，明确了 2016 年至 2017 年小微企业增值税优惠政策事项。

（1）增值税小规模纳税人销售货物，提供加工、修理修配劳务月销售额不超过 3 万元（按季纳税 9 万元），销售服务、无形资产月销售额不超过 3 万元（按季纳税 9 万元）的，自 2016 年 5 月 1 日起至 2017 年 12 月 31 日，可分别享受小微企业暂免征收增值税优惠政策。

（2）按季纳税的试点增值税小规模纳税人，2016 年 7 月纳税申报时，申报的 2016 年 5 月、6 月增值税应税销售额中，销售货物，提供加工、修理修配劳务的销售额不超过 6 万元，销售服务、无形资产的销售额不超过 6 万元的，可分别享受小微企业暂免征收增值税优惠政策。

（3）其他个人采取预收款形式出租不动产，取得的预收租金收入，可在预收款对应的租赁期内平均分摊，分摊后的月租金收入不超过 3 万元的，可享受小微企业免征增值税优惠政策。

另外，增值税小规模纳税人应分别核算销售货物，提供加工、修理修配劳务的销售额，和销售服务、无形资产的销售额。

三、教育费附加的税收优惠

根据《财政部、国家税务总局关于扩大有关政府性基金免征范围的通知》（财税〔2016〕12 号）规定，按月纳税的月销售额或营业额不超过 10 万元或按季纳税季销售额或营业额不超过 30 万元的缴纳义务人免征教育费附加及地方教育费附加。

习题精练

一、单选题

1. 下列项目中应确认收入计算销项税额的项目有（　　）。

　　A. 将购买的货物用于集体福利

　　B. 将购买的货物用于非应税项目

　　C. 将购买的货物委托加工单位加工后收回继续生产使用的货物

　　D. 将购买的货物作为投资给其他单位

2. 某企业因保管不善造成原材料毁损一批，该批原材料取得时的成本为 20 万元，负担的增值税为 3.4 万元，该批原材料的计税价格为 22 万元，取得保险公司的赔款为 10 万元。则此项业务下列表述正确的是（　　）。

　　A. 应确认"应交税费——应交增值税"（销项税额）3.74 万元

　　B. 应计入"待处理财产损溢"23.74 万元

　　C. 应计入"营业外支出"13.74 万元

　　D. 应确认"应交税费——应交增值税"（进项税额转出）3.4 万元

3. 小规模纳税企业购入原材料取得的增值税专用发票上注明货款 20 000 元，增值税 3 400 元，在购入材料的过程中另支付运杂费 600 元取得运费普通发票。则该企业原材料的入账价值为（　　）元。

　　A. 20 000　　　　B. 20 600　　　　C. 23 400　　　　D. 24 000

4. 某公司向职工发放自产的产品作为福利，该产品的成本为每台 150 元，共有职工 500 人，计税价格为 200 元，增值税税率为 17%，计入该公司应付职工薪酬的金额为（　　）元。

    A. 117 000   B. 75 000   C. 100 000   D. 92 000

5. 某企业为增值税一般纳税人，2009 年实际已缴纳税金情况如下：增值税 1 100 万元，消费税 40 万元，城市维护建设税 4 万元，车船税 1 万元，印花税 3 万元，所得税 500 万元。上述各项税金应计入"应交税费"科目借方的金额是（　　）万元。

    A. 1 644   B. 1 645   C. 1 647   D. 1 648

二、多选题

1. 下列关于消费税征收范围的表述中，正确的有（　　）。

    A. 纳税人自产自用的应税消费品，用于连续生产应税消费品的，不缴纳消费税

    B. 纳税人将自产自用的应税消费品用于馈赠、赞助的，缴纳消费税

    C. 委托加工的应税消费品，受托方在交货时已代收代缴消费税，委托方收回后直接销售的，再缴纳一道消费税

    D. 卷烟在生产和批发两个环节均征收消费税

2. 下列消费品中，征收消费税的有（　　）。

    A. 实木复合地板 B. 电动汽车   C. 高尔夫球杆   D. 农用拖拉机专用轮胎

3. 下列各项中，不得从销项税额中抵扣进项税额的有（　　）。

    A. 购进生产用燃料所支付的增值税税款

    B. 非正常损失的产成品耗用材料所支付的增值税税款

    C. 因管理不善被盗材料所支付的增值税税款

    D. 购进办公楼装修材料所支付的增值税税款

4. 下列项目中，属于"营改增"征税范围的有（　　）。

    A. 地铁运营   B. 会议展览   C. 技术咨询   D. 电影放映

5. 下列关于小规模纳税人增值税处理的说法中正确的有（　　）。

    A. 小规模纳税企业不享有增值税进项税额抵扣权

    B. 小规模纳税企业销售货物或提供应税劳务时只能开具增值税普通发票，不能开具增值税专用发票

    C. 小规模纳税企业销售货物或提供应税劳务时只能开具增值税专用发票，不能开具增值税普通发票

    D. 小规模纳税企业可以在"应交税费"科目下设置"应交增值税"明细科目，但是不需要在"应交增值税"明细下设置专栏

三、判断题

1. 月度终了，企业转出多交增值税或未交增值税后，"应交税费——应交增值税"科目的借方余额反映企业尚未抵扣的增值税。（　　）

2. 某企业为小规模纳税人，销售产品一批，含税价格为 41 200 元，增值税征收率为 3%，该批

产品应交增值税为 1 200 元。（　　）

3．公司向职工发放自产产品作为福利，同时要根据相关税收规定，视同销售计算增值税销项税额。（　　）

4．企业按规定计算出应交的教育费附加，一般都是借记"营业税金及附加"科目，贷记"应交税费——应交教育费附加"科目。实际上交时，借记"应交税费——应交教育费附加"科目，贷记"银行存款"科目。（　　）

5．消费税是在对货物普遍征收增值税的基础上，选择多数消费品再征收一道税。（　　）

四、计算题

1．某小规模纳税人，20×6 年 8 月含税收入 56 870 元，9 月申报国税时，应分别缴纳多少增值税？申报地税时应缴纳多少城市维护建设税？多少教育费附加？多少地方教育费附加？（假定不考虑税收优惠政策）

2．甲企业为增值税一般纳税人，20×6 年 3 月，甲企业发生如下涉及增值税的经济业务或事项：

（1）购入原材料一批，发票上注明的价款为 80 000 元，增值税额为 13 600 元。该批原材料已验收入库，款项已用银行汇票支付。

（2）购入免税农产品一批，价款 100 000 元，规定的扣除率为 13%，货物已到达作为原材料验收入库，货款已用银行存款支付。

（3）购入不需要安装设备一台，价款合计 300 000 元，增值税额 51 000 元，货物到达用银行存款支付运费 11 100，取得物流公司开具的增值税税率为 11% 的专用发票，设备款项已开出银行承兑汇票支付。

（4）委托丁公司加工商品，以银行存款支付商品加工费 120 000 元，支付应当缴纳的消费税 36 000 元，该商品收回后用于连续生产，消费税可抵扣，适用增值税税率为 17%。

（5）企业所属的职工医院维修领用原材料 5 000 元，其购入时支付的增值税为 850 元。

（6）厂房的在建工程领用生产用库存原材料 10 000 元，应由该批原材料负担的增值税额为 1 700 元。

（7）因意外火灾导致盘亏原材料 4 000 元，应由该批原材料负担的增值税额为 680 元。

（8）企业将自己生产的产品用于自行建造职工俱乐部。该批产品的成本为 200 000 元，计税价格为 300 000 元，增值税税率为 17%，应纳消费税 60 000 元。

（9）销售应纳消费税的产品，发票上注明的价款为 200 000 元，增值税额为 34 000 元，经计算的消费税为 20 000 元，提货单和增值税专用发票已交购货方，并收到购货方开出并承兑的商业承兑汇票。

（10）将 50 台自产的 V 型厨房清洁器作为福利分配给本公司行政管理人员 20 台，生产人员 30 台。该厨房清洁器每台生产成本为 12 000 元，市场售价为 15 000 元（不含增值税）。

要求：请根据以上资料，逐笔编制会计分录。

第八章 特殊业务

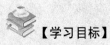

【学习目标】

理解货币性资产与非货币性资产的概念；

理解债务重组的概念；

掌握非货币性资产交换业务的核算；

掌握4种不同方式的债务重组业务的会计核算；

掌握外币交易及外币报表的会计核算。

特殊业务解决的是企业一般会计业务以外的特殊业务问题。这些特殊业务问题可以分为以下两类。

一类是个别企业中特殊的财务会计问题，如外币交易会计、租赁业务会计、清算、改组及重整会计等。

另一类是企业集团会计中特殊的财务会计问题，如外向报表折算、国外子公司及分支机构会计等。

小企业的特殊业务包括非货币性交换业务、债务重组及外币业务。

非货币性资产交换业务

非货币性资产交换是一种非经常性的特殊交易行为，是交易双方主要以存货、固定资产、无形资产和长期股权投资等非货币性资产进行的交换，该交换不涉及或只涉及少量的货币性资产（即补价）。

一、非货币性资产交换的含义及认定

（一）货币性资产

货币性资产是指企业持有的货币资金和将以固定或可确定的金额收取的资产，包括现金、银行存款、应收账款和应收票据以及准备持有至到期的债券投资等。如果资产在将来为企业带来的经济利益是固定的或是可确定的，则该资产是货币性资产；反之，如果资产在将来为企业带来的经济利益是不固定的或不可确定的，则该资产是非货币性资产。

（二）非货币性资产

非货币性资产是相对货币性资产而言的，包括存货、固定资产、无形资产、长期股权投资、不准备持有至到期的债券投资等。非货币性资产有别于货币性资产的最基本特征是其在将来为企业带来的经济利益的金额是不固定或不可确定的。例如，存货在将来为企业带来的经济利益要受到内部、外部等主客观因素的影响，即货币金额是不固定的或是不确定的；企业持有的固定资产的主要目的是用于生产经营，通过折旧方式将其磨损价值转移到产品成本中，然后通过产品销售获利，固定资产在将来为企业带来的经济利益，即货币金额是不固定的或不可确定的；企业持有不准备持有至到期、随时可能处置的债券投资，其市场价格受多种因素的影响，所以，不准备持有至到期的债券投资在将来为企业带来的经济利益是不固定的或是不确定的。

（三）非货币性资产交换的认定

非货币性资产交换一般不涉及货币性资产，或只涉及少量的货币性资产（即补价）。非货币性资产准则规定，认定涉及少量货币性资产的交换为非货币性资产交换，通常以补价占整个资产交换金额的比例是否低于25%作为参考比例。也就是说，支付的货币性资产占换入资产公允价值（或占换出资产价值与支付的货币性资产之和）的比例、或者收到的货币性资产占换出资产公允价值（或占换入资产公允价值和收到的货币性资产之和）的比例低于25%的视为非货币性资产交换；高于25%（含25%）的，视为货币性资产交换。

二、非货币性资产交换的核算

在非货币性资产交换的情况下，不论是一项资产换入一项资产、一项资产换入多项资产、多项资产换入一项资产，还是多项资产换入多项资产，《小企业会计准则》为了与《企业所得税法》协调一致，减少会计人员职业判断，不考虑是否具有商业实质，换入资产的成本均以换出资产的公允价值作为计量基础。

（一）不涉及补价的情况

非货币性资产交换应当以换出资产的公允价值和应支付的相关税费作为换入资产的成本，除非有确凿证据表明换入资产的公允价值比换出资产公允价值更加可靠。

在以公允价值计量的情况下，不论是否涉及补价，只要换出资产的公允价值与其账面价值不相同，就一定会涉及损益的确认，因为非货币性资产交换损益通常是换出资产公允价值与换出资产账面价值的差额，通过非货币性资产交换予以实现。

换入资产的入账价值=换出资产的公允价值+应支付的与换入资产相关的税费
-可以抵扣的增值税进项税额

应确认的非货币性资产交换损益=换出资产的公允价值-换出资产的账面价值
-支付的与换出资产相关的价内税费

非货币性资产交换的会计处理，视换出资产的类别不同而有所区别。

（1）换出资产为存货的，应当视同销售处理，按照公允价值确认销售收入，同时按照账面价值结转销售成本。换出的存货按照公允价值（即换出资产的公允价值）确认的收入与按账面价值（换出资产的账面价值）结转的成本之间的差额在利润表中作为营业利润的构成部分予以列示。

（2）换出资产为固定资产、无形资产的，换出资产公允价值和换出资产账面价值的差额计入"营业外收入"或"营业外支出"。

（3）换出资产为长期股权投资的，换出资产公允价值和换出资产账面价值的差额计入投资损益。

换入资产与换出资产涉及相关税费的，如换出存货视同销售计算增值税销项税额，换入资产作为存货应当确认可抵扣增值税进项税额，以及换出固定资产、无形资产视同转让，按照最新"营改增"政策缴纳增值税，按照相关税收规定计算确定。

【例8-1】先导公司以一台生产用设备从华联公司换入一批原材料。换出的生产设备账面原价为100 000元，在交换日累计折旧为40 000元，公允价值为50 000元。先导公司按照17%的税率开具了增值税专用发票。交换日，华联公司开具了增值税专用发票，发票显示换入的原材料可抵扣的增值税进项税额为8 500元，先导公司以库存现金支付运费800元，取得物流公司开具的普通发票。假定换入交易中没有发生除增值税以外的其他税费。

先导公司换入的存货的入账价值=50 000+50 000×17%-8 500+800=50 800（元）

（1）先导公司将固定资产转入清理：

借：固定资产清理	60 000	
累计折旧	40 000	
贷：固定资产		100 000

（2）先导公司收到换入的原材料：

借：原材料 50 800

应交税费——应交增值税（进项税额） 8 500

贷：固定资产清理 50 000

应交税费——应交增值税（销项税额） 8 500

库存现金 800

（3）结转固定资产净损益：

借：营业外支出——非货币性资产交换损失 10 000

贷：固定资产清理 10 000

（二）涉及补价的情况

企业之间进行非货币性资产交换，如果交换双方资产的公允价值或交换价值不相等，又不存在关联方关系时，要使交换能够成功，必须借助货币找补差价。在以公允价值确定换入资产成本的情况下，发生补价的，支付补价和收到补价应当分情况处理。

（1）支付补价方：应当以换出资产的公允价值加上支付的补价和应支付的相关税费减去可抵扣的增值税进项税额作为换入资产的成本。

（2）收到补价方：应当以换出资产的公允价值加上应支付的相关税费、减去收到的补价和可抵扣的增值税进项税额作为换入资产的成本。

【例 8-2】先导公司以一批原材料换入 M 公司的一批库存商品，交易双方各以现金支付运杂费 500 元，取得普通发票。先导公司换出原材料的账面价值为 150 000 元，计税价格（与公允价值相等）180 000 元；M 公司换出库存商品的账面价值为 120 000 元，计税价格（与公允价值相等）150 000 元。先导公司和 M 公司各自按照计税价格开具了增值税专用发票。双方协商，M 公司另向先导公司支付银行存款 30 000 元作为补价。假定除增值税和运杂费之外，该项交换中未涉及其他相关税费。

（1）先导公司（收到补价方）换入的库存商品的入账价值=180 000-30 000+500+180 000×17%-150 000×17%=155 600（元）。

先导公司换入的库存商品的增值税进项税额=150 000×17%=25 500（元）

借：库存商品 155 600

应交税费——应交增值税（进项税额） 25 500

银行存款 30 000

贷：其他业务收入 180 000

应交税费——应交增值税（销项税额） 30 600

库存现金 500

借：其他业务成本 150 000

贷：原材料 150 000

（2）M 公司（支付补价方）=150 000+30 000+500+150 000×17%-180 000×17%=175 400（元）。

借：原材料 175 400

应交税费——应交增值税（进项税额）		30 600
贷：主营业务收入		150 000
应交税费——应交增值税（销项税额）		25 500
银行存款		30 000
库存现金		500
借：主营业务成本		120 000
贷：库存商品		120 000

第二节 债务重组业务

一、债务重组的含义

  债务重组是指在债务人发生财务困难的情况下，债权人按照其与债务人达成的协议或法院的裁定做出让步的事项。其中债务人发生财务困难是指债务人出现资金周转困难或经营陷入困境，导致其无法或者没有能力按原定条件偿还债务；债权人做出让步是指债权人同意发生财务困难的债务人现在或者将来以低于重组债务账面价值的金额偿还债务。债权人做出让步的具体表现主要包括：债权人减免债务人部分债务本金或者利息、降低债务人应付债务的利息等。债务人发生财务困难是债务重组的前提条件，而债权人做出让步是债务重组的必要条件。

 【小贴士】

  理解债务重组的含义关键抓住两点：一是债务人发生财务困难；二是债权人做出让步，两点缺一不可。

二、债务重组的方式

  债务重组主要有以下几种方式。

  1. 以资产清偿债务

  以资产清偿债务是指债务人转让其资产给债权人以清偿债务的重组方式，具体包括以低于账面价值的货币资金清偿债务或以非现金资产清偿债务。这里的货币资金包括库存现金、银行存款和其他货币资金。如果以等量的货币资金偿还所欠债务，则不属于债务重组。债务人用于偿债的非现金资产主要有存货、固定资产、无形资产等。

  2. 债务转为资本

  债务转为资本是指债务人将债务转为资本，同时债权人将债权转为股权的债务重组方式。债务转为资本时，对股份制有限公司而言，是将债务转为股本，债权人转变成公司的股东；对其他企业而言，是将债务转为实收资本，债权人转变成企业的所有者。债务转为资本的结果是：债务人因此而增加股本（或实收资本），债权人因此而增加股权。

3. 修改其他债务条件

修改其他债务条件是指修改不包括上述两种方式在内的债务条件进行债务重组的方式，例如减少债务本金、降低利率、免去应付未付的利息等。

4. 混合重组方式

混合重组方式，是指采用以上3种方式共同清偿债务的债务重组形式。例如，以转让资产清偿某项债务的一部分，另一部分通过修改其他债务条件进行债务重组。混合重组方式主要包括以下可能的方式：

（1）债务的一部分以资产清偿，另一部分则转为资本；

（2）债务的一部分以资产清偿，另一部分则修改其他债务条件；

（3）债务的一部分转为资本，另一部分则修改其他债务条件；

（4）债务的一部分以资产清偿，一部分转为资本，另一部分则修改其他债务条件。

三、债务重组日的确定

债务重组日是指债务重组完成日，即债务人履行协议或法院裁定，将相关资产转让给债权人，将债务转为资本或修改后的偿债条件开始执行的日期。对即期债务重组，以债务解除手续日期为债务重组日。对远期债务重组，新的偿债条件开始执行的时间为债务重组日。比较特殊的业务如以存货抵偿债务，如果存货是分期运往债权方的，则以最后一批存货运抵且办理有关债务解除手续后的日期为债务重组日。

例如，甲公司欠乙公司货款800万元，到期日为20×6年8月1日。甲公司由于发生财务困难无法按期偿还债务，经与乙公司协商，乙公司同意甲公司以价值600万元的商品抵偿债务。20×6年8月20日，甲公司将商品运抵乙公司并办理有关债务解除手续，在此项债务重组交易中，20×6年8月20日即为债务重组日。如果上述乙公司同意甲公司以一项工程总造价为600万元的在建工程抵偿债务，但要求甲公司继续按计划完成在建工程，则债务重组日应为该项工程完成并交付使用，同时办理有关债务解除手续的当日。

四、债务重组的核算

1. 以现金清偿债务

债务人以现金清偿债务的，债务人应当将重组债务的账面价值与支付的现金之间的差额确认为债务重组利得，计入营业外收入。债权人应当将重组债权的账面价值与收到现金之间的差额确认为债务重组损失，计入营业外支出。

 【小贴士】

注意与企业会计准则的不同，因小企业会计准则对资产不计提减值准备，因此债务重组时，债权人的会计处理不存在冲减计提的减值准备。而企业会计准则中债务重组时，债权人如果对债权已计提减值准备的，债权人在计算债务重组损失时先要冲减已计提的减值准备。

【例 8-3】20×6 年 8 月 20 日，先导公司赊销一批设备给 N 公司，不含税价格为 500 万元，增值税税率为 17%，至 20×7 年 8 月 1 日，该批货款仍未收回，N 公司资金周转发生困难，无法按合同规定偿还债务。经双方协商，先导公司同意减免 N 公司 35 万元，余额 N 公司用银行存款立即偿还。20×7 年 8 月 10 日，先导公司收到其开户银行的收账通知，上述款项已划入先导公司账户。

（1）债务人 N 公司的会计处理：

借：应付账款	5 850 000
贷：银行存款	5 500 000
营业外收入	350 000

（2）债权人先导公司的会计处理：

借：银行存款	5 500 000
营业外支出	350 000
贷：应收账款	5 850 000

2．以非现金资产清偿债务

债务人以非现金资产清偿某项债务的，债务人应当将重组债务的账面价值与转让的非现金资产的公允价值之间的差额确认为债务重组利得，计入营业外收入；债务人转让的非现金资产的公允价值与其账面价值的差额作为转让资产损益，计入当期损益。

债务人在转让非现金资产的过程中发生的一些税费，如资产评估费、运杂费等直接计入转让资产损益。对于增值税应税项目，如债权人不向债务人另行支付增值税，则债务重组利得为转让非现金资产的公允价值和该非现金资产的增值税销项税额与重组债务账面价值的差额；如债权人向债务人另行支付增值税，则债务重组利得为转让非现金资产的公允价值与重组债务账面价值的差额。

抵债资产公允价值与账面价值的差额，应当分别按以下情况处理。

（1）抵债资产为存货的，应当视同销售处理，按存货的公允价值确认商品销售收入，同时结转商品的销售成本。

（2）抵债资产为固定资产、无形资产的，其公允价值与账面价值的差额计入营业外收入或营业外支出。

（3）抵债资产为长期股权投资的，其公允价值与账面价值的差额，计入投资收益。

债务人以非现金资产清偿某项债务的，债权人应当对受让的非现金资产按其公允价值入账，重组债权的账面价值与受让的非现金资产的公允价值之间的差额确认为债务重组损失，计入营业外支出。对于增值税应税项目，如债权人不向债务人另行支付增值税，则增值税进项税额可以作为冲减重组债权的账面价值处理；如债权人向债务人另行支付增值税，则增值税进项税额不能作为冲减重组债权的账面价值处理。债权人收到非现金资产时承担的有关运杂费等，应当计入相关资产的价值。

【例 8-4】先导公司的客户甲公司欠先导公司购货款 400 000 元，由于甲公司发生财务困难，短期内不能支付已于 20×6 年 5 月 1 日到期的货款。20×6 年 7 月 1 日，经双方协商，先导公司同意甲公司以其生产的产品偿还债务。该批产品的公允价值为 300 000 元，实际成本为 220 000 元。甲公司和先导公司均为增值税一般纳税人，适用的增值税税率为 17%。先导公司已于 20×6 年 7 月 25

日收到甲公司抵债的产品，并作为库存商品入库。

（1）债务人甲公司的会计处理：

债务重组利得=400 000-300 000-300 000×17%=49 000（元）

借：应付账款   400 000

  贷：主营业务收入   300 000

    应交税费——应交增值税（销项税额）   51 000

    营业外收入——债务重组利得   49 000

借：主营业务成本   220 000

  贷：库存商品   220 000

（2）债权人先导公司的会计处理：

债务重组损失=400 000-300 000-300 000×17%=49 000（元）

借：库存商品   300 000

  应交税费——应交增值税（进项税额）   51 000

  营业外支出——债务重组损失   49 000

  贷：应收账款   400 000

3. 债务转为资本

以债务转为资本时，债务人为股份有限公司时，债务人应将债权人因放弃债权而享有股份的面值总额确认为股本；股份的公允价值总额与股本之间的差额确认为股本溢价，计入资本公积。重组债务的账面价值与股份的公允价值之间的差额确认为债务重组利得，计入营业外收入。债务人为其他企业时，债务人应将债权人因放弃债权而享有的股权份额确认为实收资本；股权的公允价值与实收资本之间的差额作为资本溢价计入资本公积。重组债务的账面价值与股权的公允价值之间的差额作为债务重组利得，计入营业外收入。

将债务转为资本的，债权人应当将享有股份的公允价值确认为对债务的投资，重组债权账面价值与股份的公允价值之间的差额，计入营业外支出。

【例8-5】20×6年6月5日，M公司从G公司购入一批材料，应付账款为117 000元，合同约定6个月后付清款项。6个月后，由于M公司发生财务困难，无法支付货款，与G公司协商进行债务重组。经双方协商，G公司同意M公司以其股权抵偿该账款。假设M公司注册资本为5 500 000元，净资产的公允价值为7 800 000元，抵债股权占M公司注册资本的1%。相关手续已办理完毕，假定不考虑其他税费。

债务人M公司债务重组利得=117 000-7 800 000×1%=39 000（元）

资本溢价=7 800 000×1%-5 500 000×1%=23 000（元）

借：应付账款   117 000

  贷：实收资本   55 000

    资本公积——资本溢价   23 000

    营业外收入——债务重组利得   39 000

债权人 G 公司的债务重组损失=117 000-7 800 000×1%=39 000（元）

借：长期股权投资   78 000

  营业外支出   39 000

  贷：应收账款   117 000

4. 以修改其他债务条件清偿债务

对债务人而言，以修改其他债务条件进行债务重组的，债务人将修改其他条件后的债务的公允价值作为重组后债务的入账价值，将重组前账务的账面价值与重组后债务的入账价值的差额作为债务重组利得，计入营业外收入。债权人应当将修改其他债务条件后的债权的公允价值作为重组后债权的账面价值，重组前债权的账面价值与重组后债权账面价值之间的差额确认为债务重组损失，计入营业外支出。

【例 8-6】20×6 年 6 月 30 日，F 公司向 H 公司借入为期三个月的短期借款 100 000 元，年利率 12%。9 月 30 日借款到期，F 公司发生财务困难，无法立即偿还到期借款。H 公司为降低经济损失，同意 F 公司将借款展期 3 个月，并减免利息，借款展期期间不计算利息。

债务人 F 公司债务重组利得=100 000+100 000×12%÷12×3-100 000=3000（元）

借：其他应付款——H 公司   103 000

  贷：其他应付款——H 公司   100 000

    营业外收入——债务重组利得   3 000

债权人 H 公司的债务重组损失=100 000+100 000×12%÷12×3-100 000=3 000（元）

借：其他应收款——F 公司   100 000

  营业外支出——债务重组损失   3 000

  贷：其他应收款——F 公司   103 000

第三节　外币业务

一、小企业的外币业务构成

小企业的外币业务由外币交易和外币财务报表折算构成。

（一）外币交易

外币交易，是指小企业以外币计价或者结算的交易。小企业的外币交易包括买入或者卖出以外币计价的商品或者劳务、借入或者借出外币资金和其他以外币计价或者结算的交易。其中，买入或者卖出以外币计价的商品或者劳务通常情况是指以外币买卖商品、或者以外币结算劳务合同。借入或者借出外币资金是指企业向银行或非银行金融机构借入以记账本位币以外的货币表示的资金，或者银行或非银行金融机构向人民银行、其他银行或非银行金融机构借贷以记账本位币以外的货币表示的资金，以及发行以外币计价或结算的债券等。其他以外币计价或者结算的交易是指以记账本位币以外的货币计价或结算的其他交易。

外币是指小企业记账本位币以外的货币，记账本位币是指小企业经营所处的主要经济环境中的货币。主要经济环境通常是指企业主要产生和支出现金的环境，使用该环境中的货币最能反映企业主要交易的经济结果，例如，我国大多数企业主要产生和支出现金的环境在国内。因此，企业一般以人民币作为记账本位币。

（二）外币财务报表折算

小企业对外币财务报表进行折算时，应当采用资产负债表日的即期汇率对外币资产负债表、利润表和现金流量表的所有项目进行折算。

二、小企业记账本位币的确定

1. 基本原则

小企业应当选择人民币作为记账本位币。

2. 例外原则

业务收支以人民币以外的货币为主的小企业，可以选定其中一种货币作为记账本位币，但编制的财务报表应当折算为人民币财务报表。其中"业务收支以人民币以外的货币为主"的具体认定应当主要考虑以下因素。

（1）该货币主要影响商品和劳务销售价格，通常以该货币进行商品和劳务销售价格的计价和结算。例如，境内 M 公司为从事国际贸易的小企业，90%以上的商品销售收入以美元计价和结算，则美元是主要影响 M 公司商品和劳务销售价格的货币，M 公司可以以美元作为记账本位币。

（2）该货币主要影响商品和劳务所需人工、材料和其他费用，通常以该货币进行上述费用的计价和结算。例如，境内 N 公司为工业小企业，所需机器设备、原材料及 75%以上的人工等以欧元在欧盟市场采购，以欧元计价和结算。欧元是主要影响 N 公司商品和劳务所需要材料及其他费用的货币。

实务中，企业选定记账本位币，通常应综合考虑上述两项因素，而不是仅考虑其中一项，因为企业的经营活动往往是收支并存的。

（3）融资活动获得的资金以及保存从经营活动中收取款项时所使用的货币。在有些情况下，企业根据收支情况难以确定记账本位币，需要在收支基础上结合融资活动获得的资金或保存从经营活动中收取款项时所使用的货币，进行综合分析后做出判断。

三、记账本位币的变更

小企业记账本位币一经确定，不得随意变更，但小企业经营所处的主要经济环境发生重大变化除外。主要经济环境发生重大变化，通常是指企业主要产生和支出现金的环境发生重大变化，使用该环境中的货币最能反映企业的主要交易业务的经济结果。

企业因经营所处的主要经济环境发生重大变化，确实需要变更记账本位币的，应当采用变更当日的即期汇率将所有项目折算为变更后的记账本位币，折算后的金额作为以新的记账本位币计量的历史成本。由于采用同一即期汇率进行折算，不会产生汇兑差额。企业需要提供确凿的证据证明企业经营所处的主要经济环境确实发生了重大变化，并应当在附注中披露变更的理由。

　　企业记账本位币发生变更的，在按照变更当日的即期汇率将所有项目变更为记账本位币时，其比较财务报表应当以可比当日的即期汇率折算所有资产负债表和利润表项目。

四、外币交易的核算

　　企业发生外币交易时，其会计核算的基本程序如下。

　　企业发生外币交易时，按照交易发生日的即期汇率或交易当期平均汇率将外币金额折算为记账本位币金额，按照折算后的记账本位币金额登记有关账户；在按记账本位币金额登记有关账户的同时，按照外币金额登记相应的外币账户。

　　期末，将所有外币货币性项目的外币余额，按照期末即期汇率折算为记账本位币金额，并与原记账本位币金额相比较，其差额计入当期损益。

　　结算外币货币性项目时，将其外币结算金额按照当日即期汇率折算为记账本位币金额，并与原记账本位币金额相比较，其差额计入当期损益。

　　1．初始确认

　　小企业对于发生的外币交易，应当将外币金额折算为记账本位币金额。外币交易在初始确认时，采用交易发生日的即期汇率将外币金额折算为记账本位币金额。当汇率变化不大时，为简化核算，也可以采用交易当期平均汇率折算。当期平均汇率是指外币交易当期的月初即期汇率与月末即期汇率的平均汇率，即中国人民银行公布的月初人民币汇率的中间价与中国人民银行公布的月末人民币汇率的中间价的平均值。

　　小企业收到投资者以外币投入的资本，无论是否有合同约定汇率，均不得采用合同约定汇率和即期汇率的近似汇率折算，而应当采用交易发生日即期汇率折算，这样，外币投入资本与相应的货币项目的记账本位币金额相等，不产生外币资本折算差额。

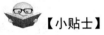 【小贴士】

　　汇率指两种货币相兑换的比率，是一种货币单位用另一货币单位所表示的价格。根据表示方式的不同，汇率可以分为直接汇率和间接汇率。直接汇率是一定数量的其他货币单位折算为本国货币的金额，间接汇率是指一定数量的本国货币折算为其他货币的金额。通常情况下，人民币汇率是以直接汇率表示。在银行的汇率有 3 种表示方式：买入价、卖出价和中间价。买入价指银行买入其他货币的价格，卖出价指银行出售其他货币的价格，中间价是银行买入价与卖出价的平均价，银行的卖出价一般高于买入价，以获取其中的差价。无论买入价还是卖出价，均是立即交付的结算价格，也就是即期汇率，即期汇率是相对于远期汇率而言的，远期汇率是在未来某一日交付时的结算价格，即期汇率一般指当日中国人民银行公布的人民币汇率的中间价。

　　当汇率变化不大时，为简化核算，企业在外币交易日或对外币报表的某些项目进行折算时，也可以选择即期汇率的近似汇率折算。即期汇率的近似汇率是"按照系统合理的方法确定的、与交易发生日即期汇率近似的汇率"，通常是指当期平均汇率或加权平均汇率等。

【例 8-7】先导公司以人民币作为记账本位币，其外币交易在初始确定时采用交易日即期汇率。20×6 年度先导公司发生的有关外币交易或事项如下：

（1）2 月从国外购入一台不需要安装的设备，设备价款为 100 000 美元，购入该设备当日的即期汇率为 1 美元=6.16 元人民币，适用的增值税税率为 17%，款项已以信用证支付。

（2）5 月 5 日，先导公司将 50 000 美元到银行兑换为人民币，银行当日的美元买入价为 1 美元=6.24 元人民币，中间价为 1 美元=6.16 元人民币。

（3）10 月 12 日先导公司出口一批商品，销售价格为 500 000 美元，货款尚未收到。当日即期汇率为 1 美元=6.34 元人民币。假设不考虑相关税费。

根据以上资料，先导公司应编制如下会计分录：

借：固定资产（100 000×6.16）	616 000
应交税费——应交增值税（进项税额）（616 000×17%）	104 720
贷：其他货币资金——信用证存款	720 720

企业与银行发生货币兑换，兑换所用汇率为银行的买入价或卖出价，而通常记账所用的即期汇率为中间价，由于汇率变动而产生的汇兑差额计入当期损益。

借：银行存款——人民币（50 000×6.24）	312 000
贷：银行存款——美元（50 000×6.16）	308 000
营业外收入	4 000

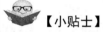【小贴士】

　　企业发生单纯的货币兑换交易或涉及货币兑换的交易时，仅用中间价不能反映货币买卖的损益，要使用买入价或卖出价折算。根据小企业会计准则中"财务费用"科目的解释，小企业发生的汇兑损失计入"财务费用"；小企业发生的汇兑收益，在"营业外收入"科目核算，不在"财务费用"科目核算。

出口业务，先导公司应编制如下会计分录：

借：应收账款（500 000×6.34）	3 170 000
贷：主营业务收入	3 170 000

【小贴士】

　　出口商品，免征增值税。

【例 8-8】中田公司的记账本位币为人民币，其外币交易采用交易日即期汇率折算，20×6 年 5 月 5 日，从银行借入 10 000 美元，期限 6 个月，年实际利率 5%，借入的美元暂存银行，借入当日的即期汇率为 1 美元=6.24 元人民币。

中田公司的账务处理为：

借：银行存款——人民币（10 000×6.24）	62 400
贷：短期借款——美元	62 400

2. 资产负债表日的调整

小企业在资产负债表日，应当按照下列规定分别对外币货币性项目和外币非货币性项目进行会计处理。

（1）货币性项目。货币性项目是小企业持有的货币和将以固定或可确定金额的货币收取的资产或偿付的负债。货币性项目分为货币性资产和货币性负债，货币性资产包括库存现金、银行存款、应收账款、应收票据、其他应收款等。货币性负债包括应付账款、短期借款、应付票据、长期借款、长期应付款等。

《小企业会计准则》第七十七条规定，外币货币性项目采用资产债表日的即期汇率折算。因资产负债表日即期汇率与初始确认时或者前一资产负债表日即期汇率不同而产生的汇兑差额计入当期损益。其中，属于汇兑收益的，计入营业外收入；属于汇兑损失的，计入财务费用。

【例 8-9】 承【例 8-7】，20×6 年 10 月 31 日出口的商品货款仍然未收到，当日的即期汇率为 1 美元=6.26 元人民币。则先导公司采用即期汇率对"应收账款"进行折算，应编制如下会计分录：

借：财务费用——汇兑损失 [500 000×（6.34-6.26）]　　　　　　　40 000

　　贷：应收账款　　　　　　　　　　　　　　　　　　　　　　　40 000

【例 8-10】 承【例 8-8】，假定 20×6 年 5 月 31 日即期汇率为 1 美元=6.2 元人民币，则对该笔交易产生的外币货币性项目采用即期汇率进行折算。中田公司应编制如下会计分录：

借：短期借款——美元 [10 000×（6.24-6.2）]　　　　　　　　　400

　　贷：营业外收入　　　　　　　　　　　　　　　　　　　　　　400

（2）非货币性项目。非货币性项目是货币性项目以外的项目，包括存货、长期股权投资、固定资产、无形资产等。

《小企业会计准则》第七十七条规定，以历史成本计量的外币性货币性项目，仍采用交易发生日的即期汇率折算，不改变其记账本位币金额。

假如甲小企业的记账本位币为人民币。20×6 年 4 月 1 日进口机器 1 台，价款为 100 万美元已经支付，当日的即期汇率为：1 美元=6.25 元人民币。假定不考虑相关税费，该机器属于小企业的固定资产，在购入时已按当日即期汇率折算为人民币 625 万元。20×6 年 4 月 30 日的即期汇率为：1 美元=6.2 元人民币。由于固定资产属于非货币性项目，因此，20×6 年 4 月 30 日，不需要按当日的即期汇率进行调整，不会产生汇兑差额。

【小贴士】

因对非货币性项目仍采用交易日的即期汇率折算，因此非货币性项目在资产负债表日不需要调整。

五、外币财务报表折算

（一）对外币财务报表折算的原因

如果小企业在日常记账中采用了非人民币作为记账本位币，如美元、港币等，但在年末，按照

《会计法》和《企业所得税法》的规定，应当对外币财务报表按照人民币进行折算，以供银行、税务机关等会计信息使用者使用。

（二）折算方法

资产负债表、利润表和现金流量表中所有项目采用资产负债表日的即期汇率折算。即相当于对外币资产负债表、利润表和现金流量表中所有项目同时扩大相同的倍数，3 张报表中合计额、总计额和差额也都会扩大相同的倍数，不会由于同一张报表的不同项目采用不同汇率折算和不同报表采用不同汇率所带来的报表折算差额问题。

【例 8-11】利胜公司的业务交易是以美元为主的小企业，所以选定美元作为记账本位币，但根据小企业会计准则的规定，需要把编制的财务报表折算为人民币财务报表。

20×6 年度的资产负债表日的即期汇率为 1 美元=6.3 元人民币，实收资本、资本公积发生日的即期汇率为 1 美元=6.45 元人民币。

表 8-1 利润表（简表）

编制单位：利胜公司　　　　　　　　　　　　20×6 年度　　　　　　　　　　　　单位：元

项目	本年金额（美元）	折算汇率	折算为人民币金额
一、营业收入	300 000	6.3	1 890 000
减：营业成本	120 000	6.3	756 000
营业税金及附加	5 000	6.3	31 500
销售费用	40 000	6.3	252 000
管理费用	60 000	6.3	378 000
财务费用	1 000	6.3	6 300
加：投资收益			
二、营业利润	74 000	—	466 200
加：营业外收入	1 000	6.3	6 300
减：营业外支出	800	6.3	5040
三、利润总额	74 200	—	467 460
减：所得税费用	7 500	6.3	47 250
四、净利润	66 700	—	420 210

表 8-2 资产负债表（简表）

编制单位：利胜公司　　　　　　　　　　　20×6 年 12 月 31 日　　　　　　　　　　单位：万元

资产	期末数（美元）	折算汇率	折算为人民币金额	负债和所有者权益	期末数（美元）	折算汇率	折算为人民币金额
流动资产：				流动负债：			
货币资金	8	6.3	50.4	短期借款	4	6.3	25.2
应收账款	6	6.3	37.8	应付账款	3	6.3	18.9
存货	15	6.3	94.5	应付职工薪酬	3	6.3	18.9
流动资产合计	29		182.7	应交税费	1	6.3	6.3
非流动资产：				流动负债合计	11		69.3

续表

资产	期末数（美元）	折算汇率	折算为人民币金额	负债和所有者权益	期末数（美元）	折算汇率	折算为人民币金额
固定资产	15		94.5	非流动负债：			
无形资产	2		12.6	长期借款	15	6.3	94.5
非流动资产合计	17		107.1	非流动负债合计	15		94.5
				负债合计	26		163.8
				所有者权益：			
				实收资本	10	6.3	63
				资本公积	2	6.3	12.6
				盈余公积	2	6.3	12.6
				未分配利润	6	6.3	37.8
				所有者权益合计	20		126
资产合计	46		289.8	负债和所有者权益合计	46		289.8

【小贴士】

外币财务报表折算只是以一种货币反映的财务报表转换为以另一种货币来表述，它在实质上不影响所报告企业的财务状况、经营成果和现金流量。

第四节 特殊业务的涉税规定

一、非货币性资产交换业务的涉税规定

（1）《企业所得税法实施条例》第二十五条规定，企业发生非货币性资产交换，以及将货物、财产、劳务用于捐赠、偿债、赞助、集资、广告、样品、职工福利或者利润分配等用途的，应当视同销售货物、转让财产或者提供劳务，但国务院财政、税务主管部门另有规定的除外。

（2）《国家税务总局关于企业处置资产所得税处理问题的通知》（国税函〔2008〕828号）规定，企业将资产移送他人的下列情形，因资产所有权属已发生改变而不属于内部处置资产，应按规定视同销售确定收入：用于市场推广或销售、交际应酬、职工奖励或福利、股息分配、对外捐赠及其他改变资产所有权属的用途。

二、债务重组的涉税规定

（1）《国家税务总局关于企业取得财产转让等所得企业所得税处理问题的公告》（国家税务总局公告2010年第19号）规定，企业取得财产（包括各类资产、股权、债权等）转让收入、债务重组

收入、接受捐赠收入、无法偿付的应付款收入等，不论是以货币形式、还是非货币形式体现，除另有规定外，均应一次性计入确认收入的年度计算缴纳企业所得税。

（2）《财政部、国家税务总局关于企业重组业务企业所得税处理若干问题的通知》（财税〔2009〕59号）规定，明确企业债务重组业务的所得税处理方法，并根据债务重组的不同情形，分别明确了一般性税务处理和特殊性税务处理的政策。

① 债务重组业务的一般性税务处理。以非货币资产清偿债务，应当分解为转让相关非货币性资产、按非货币性资产公允价值清偿债务两项业务，确认相关资产的所得或损失。发生债权转股权的，应当分解为债务清偿和股权投资两项业务，确认有关债务清偿所得或损失。债务人应当按照支付的债务清偿额低于债务计税基础的差额，确认债务重组所得；债权人应当按照收到的债务清偿额低于债权计税基础的差额，确认债务重组损失。债务人的相关所得税纳税事项原则上保持不变。

【例8-4】中，甲公司税务处理：应确认转让非货币性资产所得=300 000-220 000=80 000（元）；同时，按照支付的债务清偿与债务计税基础的差额，确认债务重组所得=400 000-300 000-51 000=49 000（元）。

先导公司的税务处理：应当按照收到的债务清偿额低于债权计税基础的差额，确认债务重组损失=400 000-300 000-51 000=49 000（元）。

② 债务重组业务特殊性税务处理。《财政部、国家税务总局关于企业重组业务企业所得税处理若干问题的通知》（财税〔2009〕59号）第五条规定，企业重组同时符合下列条件的，适用特殊性税务处理规定。

① 具有合理的商业目的，且不以减少、免除或者推迟缴纳税款为主要目的。

② 被收购、合并或分立部分的资产或股权比例符合本通知规定的比例。

③ 企业重组后的连续12个月内不改变重组资产原来的实质性经营活动。

④ 重组交易对价中涉及股权支付金额符合本通知规定比例。

⑤ 企业重组中取得股权支付的原主要股东，在重组后连续12个月内，不得转让所取得的股权。

企业重组符合本通知第五条规定条件的，交易各方对其交易中的股权支付部分，可以按以下规定进行特殊性税务处理：

企业债务重组确认的应纳税所得额占该企业当年应纳税所得额50%以上，可以在5个纳税年度的期间内，均匀计入各年度的应纳税所得额。

企业发生债权转股权业务，对债务清偿和股权投资两项业务暂不确认有关债务清偿所得或损失，股权投资的计税基础以原债权的计税基础确定。企业的其他相关所得税事项保持不变。

三、外币业务的涉税规定

（1）《企业所得税法》第五十六条规定，依照本法缴纳的企业所得税，以人民币计算。所得以人民币以外的货币计算的，应当折合成人民币计算并缴纳税款。

（2）《企业所得税法实施条例》第一百三十条规定，企业所得以人民币以外的货币计算的，预缴企业所得税时，应当按照月度或者季度最后一日的人民币汇率中间价，折合成人民币计算应纳税所得额。年度终了汇算清缴时，对已经按照月度或者季度预缴税款的，不再重新折合计算，只就该纳税年度内未缴纳企业所得税的部分，按照纳税年度最后一日的人民币汇率中间价，折合成人民币计算应纳税所得额。

经税务机关检查确认，企业少计或者多计前款规定的所得的，应当按照检查确认补税或者退税时的上1个月最后一日的人民币汇率中间价，将少计或者多计的所得折合成人民币计算应纳税所得额，再计算应补缴或者应退的税款。"月度或者季度最后一日的人民币汇率中间价"即指月末或季末当日的即期汇率。

《企业所得税法实施条例》第三十条规定，企业在货币交易中，以及纳税年度终了时将人民币以外的货币性资产、负债按照期末即期人民币汇率中间价折算为人民币时产生的汇兑损失，除已经计入有关资产成本以及与向所有者进行利润分配相关的部分外，准予扣除。

习题精练

一、单选题

1．小企业在资产负债表日，应当将（　　）采用资产负债表日的即期汇率折算。

A．外币货币性项目 　　　　　　　　B．以历史成本计量的非外币货币性项目

C．外币货币性项目及非外币货币性项目 　　D．所有项目

2．小企业在资产负债表日对外币货币性项目进行折算时，因资产负债表日即期汇率与初始确认时或者前一资产负债表日即期汇率不同而产生的汇兑收益，计入（　　）。

A．财务费用 　　　B．营业外收入 　　　C．投资收益 　　　D．管理费用

3．下列各项中不属于货币性项目的有（　　）。

A．应收票据 　　　B．预收账款 　　　C．存货 　　　D．长期借款

4．甲公司外币业务采用业务发生时的即期汇率进行折算，按月计算汇兑损益。20×6年6月15日对外销售产品发生应收账款500万欧元，当日的市场汇率为1欧元=10.3元人民币。6月30日的市场汇率为1欧元=10.28元人民币；7月1日的市场汇率为1欧元=10.32元人民币；7月31日的市场汇率为1欧元=10.35元人民币。8月10日收到该应收账款，当日市场汇率为1欧元=10.34元人民币。该应收账款7月应当确认的汇兑收益为（　　）。

A．10万元 　　　B．15万元 　　　C．25万元 　　　D．35万元。

5．甲公司欠乙公司600万元货款，到期日为20×6年10月30日。甲公司因财务困难，经协商于20×6年11月15日与乙公司签订债务重组协议，协议规定甲公司以价值550万元的商品抵偿欠乙公司上述全部债务。20×6年11月20日，乙公司收到该商品并验收入库。20×6年11月22日办理了有关债务解除手续。该债务重组的重组日为（　　）。

A．20×6年10月30日 　　　　　　B．20×6年11月15日

C．20×6年11月20日 　　　　　　D．20×6年11月22日

二、多选题

1. 下列各项中属于非货币性项目的有（   ）。

　　A. 应收账款　　　B. 存货　　　　　C. 长期股权投资　　　D. 短期借款

2. 下列各项中，在资产负债表日应按即期汇率折算的有（   ）。

　　A. 外币银行存款　　　　　　　　B. 外币债权债务

　　C. 以外币购入的固定资产　　　　D. 以外币投入的实收资本

3. 我国某企业记账本位币为美元，下列说法中正确的是（   ）。

　　A. 该企业以人民币计价和结算的交易属于外币交易

　　B. 该企业以美元计价和结算的交易不属于外币交易

　　C. 该企业编制报表的货币为美元

　　D. 该企业编制报表的货币为人民币

4. 企业选定记账本位币，应当考虑的因素有（   ）。

　　A. 该货币主要影响商品和劳务的销售价格，通常以该货币进行商品和劳务的计价和结算

　　B. 该货币主要影响商品和劳务所需人工、材料和其他费用，通常以该货币进行上述费用的计价和结算

　　C. 融资活动获得的货币及保存从经营活动中收取款项所使用的货币

　　D. 影响当期汇兑差额数额的大小

5. 下列属于债务重组的方式的有（   ）。

　　A. 以现金清偿债务　　　　　　　B. 债务转资本

　　C. 修改其他债务条件　　　　　　D. 以存货清偿债务

三、判断题

1. 小企业债务重组中，债务人以现金清偿债务的，债务人应当将重组债务的账面价值与支付的现金之间的差额确认为债务重组利得，计入营业外收入。（   ）

2. 小企业非货币性资产交换业务中，不涉及补价的情况下，非货币性资产交换应当以换出资产的公允价值和应支付的相关税费作为换入资产的成本。（   ）

3. 只要债务重组时确定的债务偿还条件不同于原协议，不论债权人是否做出让步，均属于债务重组。（   ）

4. 将债务转为资本的，应当将债权人放弃债权而享有的股份的面值总额确认为股本（或实收资本），股份的公允价值总额与股本（或实收资本）的差额确认为资本公积。重组债务的账面价值与股份的公允价值总额之间的差额，计入资本公积。（   ）

5. 非货币性资产交换是指交易双方以非货币性资产进行交换，交换不涉及任何货币性资产。（   ）

四、业务题

1. 甲公司的记账本位币为人民币，外币业务采用交易发生时的汇率进行折算，按月计算汇兑差额。

资料一：甲公司 20×6 年 10 月 31 日的市场汇率为 1 美元=7.46 元人民币。各外币账户在 20×6 年 10 月 31 日的余额如下：

项目	外币（美元）金额（万元）	折算汇率	折合人民币金额（万元）
银行存款	500	7.46	3 730.00
应收账款	60	7.46	447.60
应付账款	50	7.46	373.00

资料二：甲公司 20×6 年 11 月有关外币业务如下：

（1）11 月 9 日，甲公司自国外购进一批原材料，材料价款共计为 50 万美元，款项尚未支付，当日的市场汇率为 1 美元=7.4 元人民币。

（2）11 月 10 日，甲公司销售一批商品给国外某公司，价款 100 万美元，款项尚未收到，当日的市场汇率为 1 美元=7.5 元人民币。

（3）11 月 16 日，甲公司在中国银行将 50 万美元兑换为人民币，当日，中国银行美元买入价为 1 美元=7.53 元人民币，卖出价为 1 美元=7.67 元人民币，当日的市场汇率为 1 美元=7.6 元人民币。

（4）11 月 20 日，以美元偿还所欠货款 50 万美元，款项已支付，当日的市场汇率为 1 美元=7.63 元人民币。

（5）11 月 24 日，收到应收国外某公司的货款 30 万美元，款项已收到，当日的市场汇率为 1 美元=7.56 元人民币。11 月 30 日市场汇率为 1 美元=7.5 元人民币。

要求：（1）根据以上资料，编制上述相关业务的会计分录（不考虑各类税费，答案中的金额单位用万元）；

（2）计算月末应计入损益的汇兑收益或损失的金额，并编制会计分录。

2. M 公司以一台机床设备从 N 公司换入另一生产设备。换出的机床账面原价为 200 000 元，在交换日累计折旧为 50 000 元，公允价值为 100 000 元。M 公司按照 17%的税率开具了增值税专用发票。交换日，N 公司开具了增值税专用发票，发票显示换入的原材料可抵扣的增值税进项税额为 17 000 元，M 公司以库存现金支付运费 800 元，取得物流公司开具的普通发票。假定换入交易中没有发生除增值税以外的其他税费。

要求：根据以上资料编制 M 公司相关业务的会计分录。

利润形成与分配业务　第九章

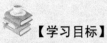【学习目标】

了解费用的概念及特征;

掌握期间费用的核算内容及其会计核算;

掌握营业外收支的核算内容及其会计核算;

掌握所得税费用的会计核算;

掌握利润的组成以及利润的结转和分配的会计核算。

　　小企业作为一个独立的经济实体，其经营活动的主要目的就是要不断地提高企业的盈利水平，增强企业的获利能力。利润就是一个反映企业获利能力的综合指标，利润的多少不仅反映企业的盈利能力，而且还能反映企业为社会所做贡献的大小，同是又是企业进行财务预测和投资决策的重要依据。企业形成利润后，还需要将实现的净利润按照有关规定的分配形式和分配顺序对投资者进行分配，因此，企业还必须加强利润分配的管理。

费用概述

一、费用的含义和特征

　　费用是指小企业在日常生产经营活动中发生的、会导致所有者权益减少、与向所有者分配利润无关的经济利益的总流出。费用具有以下 3 个特征。

　　1. 费用是小企业在日常生产经营活动中发生的

　　费用是小企业在日常生产经营活动中发生的，非日常生产经营活动所形成的经济利益的流出。例如，小企业处置固定资产、无形资产等非流动资产，因违约支付罚款、对外捐赠、因自然灾害等非常原因造成的财产损失等不能确认为费用，而应确认为企业的损失，计入营业外支出。

　　2. 费用表现为小企业负债的增加或资产的减少，或者二者兼而有之

　　费用可能表现为小企业负债的增加，如增加应付职工薪酬、应交税费等；也可能表现为企业资产的减少，如减少银行存款、原材料等；也可能二者兼而有之。例如，企业用现金购买办公用品 1 000 元，表现为费用增加的同时，企业资产减少。如果是赊购办公用品，则表现为费用增加的同时，负债增加。如果一部分用现金支付，一部分款项暂欠，则表现为费用增加的同时，资产减少和负债的增加。

　　3. 费用会导致所有者权益的减少，但与向所有者分配利润无关

　　由于费用表现为小企业负债的增加或者资产的减少或者二者兼而有之，根据"资产=负债+所有者权益"的会计恒等式，费用一定会导致小企业所有者权益的减少。如果一项支出不减少所有者权益，也就不构成费用。例如，小企用银行存款偿还应付账款，引起一项资产和一项负债等额减少，对所有者权益没有影响，其支出不构成小企业的费用。小企业向所有者分配利润也导致经济利益流出企业，而该经济利益的流出属于对投资者投资回报的分配，是所有者权益的直接抵减项目，不应确认为费用。

二、费用的分类

　　《小企业会计准则》按照费用的功能对小企业的费用进行了分类，具体分为营业成本、营业税金及附加和期间费用。而期间费用又包括销售费用、管理费用、财务费用等。

　　（1）营业成本，是指小企业所销售商品的成本和所提供劳务的成本。其包括主营业务成本和其

他业务成本。主营业务成本是指企业销售商品、提供劳务等经常性活动所发生的成本。其他业务成本是指企业确认的除主营业务活动以外的其他经营活动所发生的支出。

（2）营业税金及附加，是指小企业开展日常生产经营活动应负担的消费税、城市维护建设税、资源税、土地增值税、城镇土地使用税、房产税、车船税、印花税和教育费附加、矿产资源补偿费、排污费等。

 【小贴士】

根据《财政部关于印发<增值税会计处理规定>》的通知（财会[2016]22号）规定：全面试行营业税改征增值税后，"营业税金及附加"科目名称调整为"税金及附加"科目，该科目核算企业经营活动发生的消费税、城市维护建议税、资源税、教育费附加及房产税土地使用税、与船使用税、印花税等相关税费；利润表中的"营业税金及附加"项目调整"税金及附加"项目。

本书仍采用"营业税金及附加"科目。

（3）期间费用，是指小企业日常经营活动中发生的不能计入产品成本的，而应计入发生当期损益的各种开支。其具体包括销售费用、管理费用和财务费用。

三、费用的确认

费用确认应当以权责发生制为基础，凡属于本期发生的费用，不论其款项是否支付，均确认为本期费用；反之，不属于本期发生的费用，即使款项已在本期支付，也不确认为本期费用。

通常，小企业的费用应当在发生时按照其发生额计入当期损益，小企业销售商品收入和提供劳务收入已予以确认的，应当将已销售商品或已提供劳务的成本作为营业成本结转至当期损益。

期间费用

一、期间费用的含义

期间费用是指小企业日常生产经营活动中发生的不能计入产品的成本，而应该计入发生当期损益的开支，包括管理费用、销售费用和财务费用。

期间费用之所以不计入产品成本，主要是因为期间费用是为组织和管理企业整个生产经营活动所发生的费用，与可以确定一定成本核算对象的材料采购、产成品生产等支出没有直接关系，因而期间费用不计入有关核算对象的成本，而是直接计入当期损益。

二、期间费用的核算

（一）管理费用

管理费用是核算小企业为组织和管理企业生产经营所发生的费用，包括小企业在筹建期间发生的开办费、行政管理部门发生的费用（包括固定资产折旧费、修理费、办公费、差旅费管理人员的职工薪酬等）、工会经费、董事会费（包括董事会成员津贴、会议费和差旅费等）、聘请中介机构费、咨询费、顾问费、诉讼费、财产保险费、业务招待费、相关长期待摊费用摊销、技术转让费、研究费用等。

小企业应设置"管理费用"科目，核算小企业为组织和管理生产经营发生的各种费用。借方登记小企业经营管理过程中发生的费用，月末将本科目的余额转入"本年利润"科目，结转后本科目应无余额。本科目应按照费用项目进行明细核算。小企业（批发业、零售业）管理费用不多的，可不设置该科目，本科目的核算内容可并入"销售费用"科目核算。其主要账务处理如下。

（1）小企业在筹建期间发生的开办费（包括相关人员的职工薪酬、办公费、培训费、差旅费、印刷费、注册登记费以及不计入固定资产成本的借款费用等费用），在实际发生时借记"管理费用"科目，贷记"银行存款""应付职工薪酬"等科目。

（2）行政管理部门人员的职工薪酬，借记"管理费用"科目，贷记"应付职工薪酬"科目。

（3）行政管理部门计提的固定资产折旧费和发生的修理费，借记"管理费用"科目，贷记"累计折旧""银行存款"等科目。

（4）行政管理部门发生的办公费、水电费、差旅费，借记"管理费用"科目，贷记"银行存款"等科目。

（5）小企业发生的业务招待费、相关长期待摊费用摊销、技术转让费、财产保险费、聘请中介机构费、咨询费（含顾问费）、诉讼费等，借记"管理费用"科目，贷记"银行存款""长期待摊费用"等科目。

（6）小企业自行研究无形资产发生的研究费用，借记"管理费用"，贷记"银行存款""研发支出"等科目。

（7）月末，将本科目的余额转入"本年利润"科目，借记"本年利润"，贷记"管理费用"，结转后本科目无余额。

【例9-1】先导公司20×6年10月行政管理部门共发生费用52 000元，其中：行政管理人员工资40 000元，办公设备折旧费6 000元，以现金支票购买办公用品3 000元，以现金支付通信费3 000元。

先导公司根据职工薪酬分配表、固定资产折旧计算表、购买办公用品取得的普通发票、缴纳通信费取得的普通发票编制如下会计分录：

借：管理费用		52 000
贷：应付职工薪酬		40 000
银行存款		3 000
累计折旧		6 000
库存现金		3 000

【例9-2】欣欣小企业于20×6年3月以其中国银行账户支付新品设计方案的专家咨询费27 000元。

欣欣公司根据取得的普通发票及银行付款凭证编制如下会计分录：

借：管理费用——咨询费		27 000
贷：银行存款——中国银行		27 000

（二）销售费用

销售费用是核算小企业在销售商品或提供劳务过程中发生的费用，包括销售人员的职工薪酬、商品维修费、运输费、装卸费、包装费、保险费、广告费、业务宣传费、展览费等费用。费用。小企业（批发业、零售业）在购买商品过程中发生的费用（包括运输费、装卸费、包装费、保险费、运输途中的合理损耗和入库前的挑选整理费等）也构成销售费用。

小企业应设置"销售费用"科目核算小企业在销售商品或提供劳务的过程中发生的各种费用。本科目借方登记小企业在销售商品或提供劳务过程中发生的费用，月末，将本科目的余额转入"本年利润"科目，结转后本科目无余额。本科目应按照费用项目进行明细核算。其主要账务处理如下。

（1）小企业在销售商品或提供劳务过程中发生的销售人员的职工薪酬、商品维修费、运输费、装卸费、包装费、保险费、广告费、业务宣传费、展览费等费用，借记"销售费用"科目，贷记"库存现金""银行存款"等科目。

（2）小企业（批发业、零售业）在购买商品过程中发生的运输费、装卸费、包装费、保险费、运输途中的合理损耗和入库前的挑选整理费等，借记"销售费用"科目，贷记"库存现金""应付账款"等科目。

（3）月末，将本科目余额转入"本年利润"科目，借记"本年利润"科目，贷记"管理费用"科目，结转后本科目无余额。

【例9-3】欣欣小企业于20×6年3月为宣传新品发生广告费75 000元，以中国工商银行账户支付。

欣欣公司根据取得的广告费发票及银行付款凭证编制如下会计分录：

借：销售费用——广告费 75 000
贷：银行存款——中国银行 75 000

【例9-4】先导公司20×6年10月销售一批产品，销售过程发生运输费，取得运输公司开具的增值税专用发票上注明的金额为2 000元，税额为220元，款项通过网银支付，发生手续费2元。

先导公司根据运费增值税专用发票、网银支付凭证编制如下会计分录：

借：销售费用 2 000
应交税费——应交增值税（销项税额） 220
财务费用 2
贷：银行存款 2 222

【例9-5】先导公司20×6年10月销售部共发生费用42 000元，其中销售人员薪酬32 000元，销售部专用办公设备折旧费4 000元，业务费6 000元（均用银行存款支付）。

先导公司根据职工薪酬分配表、固定资产折旧计算表及业务费发票、银行付款凭证编制如下会计分录：

借：销售费用 42 000
贷：应付职工薪酬 32 000
累计折旧 4 000
银行存款 6 000

（三）财务费用

财务费用是核算小企业为筹集生产经营所需资金发生的筹资费用，包括利息支出（减利息收入）、汇兑损益及相关手续费、小企业给予的现金折扣（减享受的现金折扣）等费用。

小企业应设置"财务费用"科目核算小企业为筹集生产经营所需资金发生的筹资费用。本科目借方登记小企业发生的利息费用、汇兑损失、银行相关手续费、给予的现金折扣等，贷方登记小企业发生的利息收入、享受的现金折扣等。月末，将本科目的余额转入"本年利润"科目，结转后本科目无余额。本科目应按照费用项目进行明细核算。

小企业为构建固定资产、无形资产和经过1年期以上的制造才能达到预定可销售状态的存货发生的借款费用，通过"在建工程""研发支出""制造费用"等科目核算，不通过本科目核算。

小企业发生的汇兑收益，在"营业外收入"科目核算，不通过本科目核算。

小企业发生的财务费用的主要账务处理如下。

（1）小企业发生的利息费用、汇兑损失、银行相关手续费、给予的现金折扣等，借记"财务费用"科目，贷记"应付利息""银行存款"等科目。

（2）小企业持未到期的商业汇票向银行贴现，应当按照实收收到的金额（即扣除贴现息后的净额），借记"银行存款"科目，按照贴现息，借记"财务费用"科目，按照商业汇票的票面金额，贷记"应收票据"科目（银行无追索权情况）或"短期借款"（银行有追索权情况）。

（3）小企业发生的应冲减财务费用的利息收入、享受的现金折扣等，借记"银行存款"等科目，贷记"财务费用"科目。

（4）月末，将本科目的借方余额转入"本年利润"科目，借记"本年利润"科目，贷记"财务费用"科目；如果本科目的余额在贷方，做相反的会计分录。

【例9-6】欣欣小企业于20×6年4月用中国银行存款账户支付银行手续费100元。

欣欣公司根据银行收费凭证编制如下会计分录：

　　借：财务费用——手续费　　　　　　　　　　　　　　　100

　　　　贷：银行存款——中国银行　　　　　　　　　　　　　　100

【例9-7】先导公司20×6年9月30日收到银行回单，显示其银行存款季度结息200.36元。先导公司根据银行的结息凭证编制如下会计分录：

　　借：银行存款　　　　　　　　　　　　　　　　　　　200.36

　　　　贷：财务费用——利息收入　　　　　　　　　　　　　200.36

三、期间费用的涉税规定

（一）开办费的涉税规定

新税法中开（筹）办费未明确列作长期待摊费用，企业可以在开始经营之日的当年一次性扣除，也可以按照新税法有关长期待摊费用的处理规定处理，但一经选定，不得改变。

《小企业会计准则》要求开办费在实际发生时，借记"管理费用——开办费"科目，贷记"银行存款"等科目。税法中明确企业可以在开始经营之日的当年一次性扣除，也可以按长期待摊费用"自支出发生月份的次月起，分期难销，摊销年限不得低于 3 年"。

（二）业务招待费的涉税规定

《企业所得税法实施条例》第四十三条规定，企业发生的与生产经营活动有关的业务招待费支出，按照发生额的 60% 扣除，但最高不得超过当年销售（营业）收入的 5‰。

《国家税务总局关于企业所得税执行中若干税务处理问题的通知》（国税〔2009〕79 号）规定在计算业务招待费用扣除限额时，其销售（营业）收入额包括《企业所得税法实施条例》第二十五条规定的视同销售（营业）收入额。

【涉税提示】假设先导公司 20×6 年度取得主营业务收入 2 000 万元，其他业务收入 100 万元，投资收益 100 万元，营业外收入 10 万元，企业所得税视同销售收入 100 万元。本年度该公司共发生业务招待费 25 万元。

则先导公司可税前扣除的业务招待费=25×60%=15（万元），但最高扣除限额=（2 000+100+100）×5‰=11（万元），故只能扣除业务招待费 11 万元，申报企业所得税时，应调增应纳税所得额 14 万元（25-11）。

（三）广告费和业务宣传费的税务规定

《企业所得税法实施条例》第四十四条规定，企业发生的符合条件的广告费和业务宣传费，除国务院财政、税务主管部门另有规定外，不超过当年销售（营业）收入 15% 的部分，准予扣除；超过部分，准予在以后纳税年度结转扣除。

营业外收支

营业外收支包括营业外收入和营业外支出。

一、营业外收入的含义及核算

（一）营业外收入的含义

营业外收入，是指小企业非日常生产经营活动形成的、应当计入当期损益、会导致所有者权益增加、与所有者投入资本无关的经济利益的净流入。

小企业的营业外收入包括非流动资产处置净收益、政府补助、捐赠收益、盘盈收益、汇总收益、出租包装物和商品的租金收入、逾期未退包装物押金收益、确实无法偿付的应付款项、已作坏账损失处理后又收回的应收款项、违约金收益等。

通常，小企业的营业外收入应当在实现时按照当期实现金额计入当期损益。

（二）营业外收入的核算

小企业应设置"营业外收入"科目核算小企业实现的各项营业外收入，本科目贷方登记小企业实现的各项营业外收入，月末，将本科目的余额转入"本年利润"科目，结转后本科目无余额。本科目按照营业外收入项目进行明细核算。其主要账务处理如下。

（1）小企业确认非流动资产处置净收益。小企业确认非流动资产处置净收益主要包括处置固定资产和无形资产净收益。小企业处置固定资产包括固定资产出售、报废、毁损等。小企业应设置"固定资产清理"科目核算小企业因出售、报废、毁损等原因处置固定资产所转出的固定资产账面价值以及在清理过程中发生的费用等。小企业因出售、报废、毁损等原因处置固定资产，应当按照该项固定资产的账面价值，借记"固定资产清理"科目；按照已计提的累计折旧，借记"累计折旧"科目；按照其原价，贷记"固定资产"科目。清理过程中发生的相关费用，借记"固定资产清理"科目，贷记"银行存款"等科目。取得出售固定资产价款、残料价值和变价收入等处置收入，借记"银行存款""原材料"等科目，贷记"固定资产清理"科目。应由保险公司或过失人赔偿的损失，借记"其他应收款"科目，贷记"固定资产"科目。出售固定资产和处置残料涉及增值税的还应确认应交增值税销项税额。固定资产清理完成后，结转"固定资产清理"科目的余额。如为贷方余额，借记"固定资产清理"科目，贷记"营业外收入——非流动资产处置净收益"科目。

小企业因出售、报废等原因处置无形资产，应当按照取得的出售无形资产的价款等处置收入，借记"银行存款"等科目；按照其已计提的累计摊销，借记"累计摊销"科目，借记"无形资产"科目，如是处置净损益，按其差额贷记"营业外收入——非流动资产处置净收益"。出售无形资产涉及增值税的还应确认应增值税销项税额。

（2）确认的政府补助收入，借记"银行存款"或"递延收益"科目，贷记"营业外收入"科目。

（3）小企业按照规定实行企业所得税、增值税（不含出口退税）、消费税等先征后返的，应当在实际收到返还的企业所得税、增值税、消费税时，借记"银行存款"科目，贷记"营业外收入"科目。

（4）确认的捐赠收益，借记"银行存款""固定资产"科目，贷记"营业外收入"科目。

（5）存货及固定资产的盘盈收益。小企业在财产清查中盘盈的各种材料、产成品、商品等，应当按照同类或类似存货的市场价格或评估价值，借记"原材料""库存商品"等科目，贷记"待处理财产损溢——待处理流动资产"科目。按照管理权限经批准后处理时，借记"待处理财产损溢——待处理流动资产"科目，贷记"营业外收入"科目。小企业在财产清查中盘盈的固定资产，按照同类或类似固定资产市场价格或评估价值扣除按照新旧程度估计的折旧后的余额，借记"固定资产"科目，贷记"待处理财产损溢——待处理非流动资产损溢"科目。按照管理权限经批准后处理时，借记"待处理财产损溢——待处理非流动资产损溢"科目，贷记"营业外收入"科目。

（6）确认的汇兑收益，借记有关科目，贷记"营业外收入"科目。

（7）确认的出租包装，逾期未退包装物押金收益、违约金收益等，借记"其他应付款"等科目，贷记"营业外收入"科目。

（8）确认的已作坏账损失处理后又收回的应收款项，借记"银行存款"等科目，贷记"营业外收入"科目。

 【小贴士】

小企业收到出口产品或商品按照规定退回的增值税款，在"其他应收款"科目核算，不通过"营业外收入"科目核算。

【例 9-8】20×6 年 10 月 12 日，先导公司转让无形资产一项，转让价格为 50 000 元，账面原值为 40 000 元，已摊销 8 000 元，增值税税率为 6%，转让价款已收到。

先导公司根据增值税专用发票、银行收款凭证编制如下会计分录：

借：银行存款	50 000	
累计摊销	8 000	
贷：无形资产		40 000
应交税费——应交增值税（销项税额）		2 400
营业外收入——非流动资产处置净收益		15 600

【例 9-9】增值税一般纳税人清合公司 20×6 年 9 月 10 日出售一台已使用的生产设备，该设备入账成本为 420 000 元，已计提折旧 50 000 元，实际出售价格为 468 000 元（含增值税），出售价款已收到。

清合公司根据设备出售申请单，将固定资产转入清理，编制如下会计分录：

借：固定资产清理	370 000	
累计折旧	50 000	
贷：固定资产		420 000

出售设备后，根据其开具的增值税专用发票及银行收款凭证编制如下会计分录：

借：银行存款	468 000	
贷：固定资产清理		400 000
应交税费——应交增值税（销项税额）		68 000

结转出售固定资产净收益：

借：固定资产清理	30 000	
贷：营业外收入		30 000

【例 9-10】20×6 年 3 月 5 日，甲公司在资产盘点时发现有一台使用中的管理用设备未入账。该设备六成新，该类型设备存在活跃市场，市场价格为 30 000 元。

固定资产入账价值为 18 000 元（30 000×60%），甲公司根据盘盈盘亏报告表编制如下会计分录：

借：固定资产	30 000	
贷：待处理财产损溢——待处理流动资产损溢		30 000

批准后处理：

借：待处理财产损溢——待处理流动资产损溢	30 000	
贷：营业外收入		30 000

【例 9-11】A 公司接到举报，称 B 公司存在违约行为。后经查明属实。按照有关规定并与有关部门协商，A 公司收取违约金 10 000 元（假定该违约金不缴税），并对举报有功人员奖励 1 000 元。按税务政策规定，支付奖励金需要代收代缴个人所得税 200 元。

A 公司财务处理如下：

① 对于应该收取的违约金：

借：其他应收款/银行存款	10 000

```
   贷：营业外收入——违约金收益                                    9 000
       其他应付款                                              1 000
  ② 对于支付给个人的奖励金：
     借：其他应付款                                            1 000
       贷：库存现金                                              800
         应交税费——应交个人所得税                              200
```

二、营业外支出的含义及核算

（一）营业外支出的含义

营业外支出，是指小企业非日常生产经营活动发生的、应当计入当期损益、会导致所有者权益减少、与向所有者分配利润无关的经济利益的净流出。

小企业的营业外支出包括存货的盘亏、毁损、报废损失，非流动资产处置损失，坏账损失，无法收回的长期债券投资损失，无法收回的长期股权投资损失，自然灾害等不可抗力因素造成的损失，税收滞纳金、罚金、罚款，被没收财务的损失，捐赠支出，赞助支出等。

（二）营业外支出的核算

小企业应设置"营业外支出"科目核算小企业发生的各项营业外支出，本科目借方登记小企业发生的各项营业外支出。月末，将本科目的余额转入"本年利润"科目，结转后本科目应无余额。本科目按照营业外支出项目进行明细核算。其主要账务处理如下。

（1）小企业存货及固定资产的盘亏净损失。小企业盘亏、毁损、报废各种材料、产成品、商品等，应当按照其账面价值借记"待处理财产损溢——待处理流动资产损溢"科目，贷记"原材料""库存商品"等科目。涉及增值税进项税额的，还应进行相应的账务处理。盘亏、毁损、报废的各项存货资产，按照管理权限经批准后处理时，按照收回的残料价值，借记"原材料"等科目，按照可收回的保险赔偿或过失人赔偿，借记"其他应收款"科目。如果是自然灾等不可抗力因素造成的净损失，借记"营业外支出"科目，按照"待处理财产损溢——待处理流动资产损溢"科目余额，贷记该科目。

小企业在财产清查中发现盘亏的固定资产，按照该项固定资产的账面价值，借记"待处理财产损溢——待处理非流动资产损溢"科目；按照已计提的折旧，借记"累计折旧"科目；按照其原价，贷记"固定资产"科目。盘亏的固定资产，按照管理权限经批准后处理时，按照可收回的保险赔偿或过失人的赔偿，借记"其他应收款"科目；按照"待处理财产损溢——待处理非流动资产损溢"科目余额扣除保险赔偿或过失人赔偿后的净损失，借记"营业外支出"科目；按照"待处理财产损溢——待处理非流动资产损溢"科目余额，贷记该科目。

（2）小企业固定资产及无形资处置净损失。小企业处置固定资产包括固定资产出售、报废、毁损等。小企业应设置"固定资产清理"科目核算小企业因出售、报废、毁损等原因处置固定资产所转出的固定资产账面价值以及在清理过程中发生的费用等。小企业因出售、报废、毁损等原因处置固定资产，应当按照该项固定资产的账面价值，借记"固定资产清理"科目；按照已计提的累计折旧，借记"累计折旧"科目；按照其原价，贷记"固定资产"科目。清理过程中发生的相关费用，借记"固定资产清理"科目，贷记"银行存款"等科目。取得出售固定资产价款、残料价值和变价收入等处置收入，借记"银行存款""原材料"等科目，贷记"固定资产清理"科目。应由保险公司或过失人赔偿的损失，借记"其他应收款"科目，贷记"固定资产"科目。出售固定资产和处置残料涉及增值税的还应确认应交增值税销项税额。固定资产清理完成后，结转"固定资产清理"科目的余额。如为借方余额，借记"营业外支出——非流动资产处置净损失"科目，贷记"固定资产清理"科目。

小企业因出售、报废等原因处置无形资产，应当按照取得的出售无形资产的价款等处置收入，借记"银行存款"等科目，按照其已计提的累计摊销，借记"累计摊销"科目，借记"无形资产"科目，如是处置净损失，按其差额借记"营业外支出——非流动资产处置净损失"。出售无形资产涉及增值税的还应确认应增值税销项税额。

（3）根据《小企业会计准则》规定确认实际发生的坏账损失、长期债券投资损失，应当按照可收回的金额，借记"银行存款"等科目，按照应收账款、预付账款、其他应收款、长期债券投资的账面余额，贷记"应收账款""预付账款""其他应收款""长期债券投资"等科目；按照其差额，借记"营业外支出"。

（4）根据《小企业会计准则》规定确认实际发生的长期股权投资损失，按照可收回的金额，借记"银行存款"等科目；按照长期股权投资的账面余额，贷记"长期股权投资"科目；按照其差额，借记"营业外支出"。

（5）支付的税收滞纳金、罚金、罚款，借记"营业外支出"，贷记"银行存款"等科目。

（6）确认被没收财物的损失、捐赠支出、赞助支出，借记"营业外支出"，贷记"银行存款"等科目。

【例9-12】A公司的运输汽车一辆，原价100 000元，已提折旧60 000元，在一次交通事故中报废，收到保险公司赔偿30 000元，收到责任人赔偿10 000元，残料变价收入3 000元。

A公司财务处理如下：

① 注销报废运输汽车：

借：固定资产清理		40 000
累计折旧		60 000
贷：固定资产——管理用固定资产		100 000

② 收到保险公司和责任人赔偿款与残料收入：

借：银行存款		33 000
贷：固定资产清理		33 000

③ 结转报废固定资产净损益：

借：营业外支出——非常损失		7 000
贷：固定资产清理		7 000

【例 9-13】安康公司 20×6 年 12 月对甲、乙材料进行定期盘点，根据盘点记录编制"存货盘点盘亏报告表"如表 9-1 所示。

表 9-1　　　　　　　　　　　　　　　存货盘点盘亏报告表

保管部门：材料仓库　　　　　　　　　　20×6 年 12 月 31 日　　　　　　　　　　　　单位：元

存货类别	名称规格	计量单位	数量		单位价格	盘盈		盘亏		盘盈盘亏原因
			账存	实存		数量	金额	数量	金额	
材料	甲材料	公斤	2 500	2 530	12.00	30	360.00			计量不准
材料	乙材料	公斤	200	180	80.00			20	1 600.00	丢失

处理意见：①盘盈甲材料因计量错误，转作营业外收入；

②盘亏乙材料因丢失，保管员李明赔偿 500 元，其余转作营业外支出。

安康公司根据以上"存货盘点盘亏报告表"，应编制如下会计分录：

报经批准前：

借：原材料——甲材料　　　　　　　　　　　　　　　　　　　360

　　贷：待处理财产损溢——待处理流动资产损溢　　　　　　　　　　360

借：待处理财产损溢——待处理流动资产损溢　　　　　　　　1 872

　　贷：原材料——乙材料　　　　　　　　　　　　　　　　　　1 600

　　　　应交税费——应交增值税（进项税额转出）　　　　　　　　272

【小贴士】

　　根据《增值税暂行条例》的规定，因管理不善造成被盗、丢失、霉烂变质的损失为非正常损失，非正常损失的购进货物及相关的应税劳务进项税额不得从销项税额中抵扣。

报经批准后：

借：待处理财产损溢——待处理流动资产损溢　　　　　　　　360

　　贷：营业外收入　　　　　　　　　　　　　　　　　　　　　360

借：其他应收款——李明　　　　　　　　　　　　　　　　　500

　　营业外支出　　　　　　　　　　　　　　　　　　　　1 372

　　贷：待处理财产损溢——待处理流动资产损溢　　　　　　　1 872

【例 9-14】嘉诚公司一间仓库因遭受暴雨袭击而损毁，经单位领导批准转入清理。该仓库入账价值为 300 000 元，已提折旧 180 000 元，用银行存款支付清理费用 30 000 元，保险公司确认应赔偿 100 000 元，赔偿款尚未收到。

根据房屋报废申请单，将固定资产转入清理应编制如下会计分录：

借：固定资产清理　　　　　　　　　　　　　　　　　　　120 000

　　累计折旧　　　　　　　　　　　　　　　　　　　　　180 000

　　贷：固定资产　　　　　　　　　　　　　　　　　　　　300 000

支付清理费用，根据取得的普通发票、银行付款凭证应编制如下会计分录：

  借：固定资产清理   30 000

    贷：银行存款   30 000

根据赔偿合同确认赔偿款：

  借：其他应收款   100 000

    贷：固定资产清理   100 000

结转固定资产清理净损失：

  借：营业外支出   50 000

    贷：固定资产清理   50 000

三、营业外收支的涉税规定

（一）公益性捐赠支出的涉税规定

《企业所得税法》第九条规定，企业发生的公益性捐赠支出，在年度利润总额12%以内的部分，准予在计算应纳税所得额时扣除。

《财政部、国家税务总局关于通过公益性群众团体的公益性捐赠税前扣除有关问题的通知》（财税〔2009〕124号）规定，企业通过公益性群众团体用于公益事业的捐赠支出，在年度利润总额12%以内的部分，准予在计算应纳税所得额时扣除。年度利润额，是指企业依照国家统一会计制度的规定计算的大于零的数额。

《企业所得税法实施条例》第五十一条规定，公益性捐赠，是指企业通过公益性社会团体或者县级以上人民政府及其部门，用于《中华人民共和国公益事业捐赠法》规定的公益事业的捐赠。公益事业捐赠法》规定，公益事业是指非营利的下列事项：①救助灾害、救济贫困、扶助残疾人等困难的社会群体和个人的活动；②教育、科学、文化、卫生、体育事业；③环境保护、社会公共设施建设；④促进社会发展和进步的其他社会公共和福利事业。

（二）赞助支出的涉税规定

《企业所得税法》第十条第六项的规定，在计算应纳税所得额时，赞助支出不得扣除。根据《企业所得税法实施条例》（国务院令第512号）第五十四条的规定，企业所得税法第十条第六项所称赞助支出，是指企业发生的与生产经营活动无关的各种非广告性质支出。

赞助支出分为两类：一类是与生产经营活动不存在直接关系的赞助支出，即非广告赞助支出；另一类是与生产经营活动存在直接关系的赞助支出，即广告性赞助支出。广告性赞助支出是指企业通过参与娱乐性、大众性、服务性的社会活动或文化活动，由活动主办方在活动中为其提供广告服务，塑造企业形象和品牌，实现广告的目的。

按照税法规定，非广告赞助支出不允许在企业所得税前申报扣除，广告性赞助支出可以按照广告宣传费用的规定扣除。

（三）罚款的税前扣除问题

根据《企业所得税法》第十条第四款规定"罚金、罚款和被没收财物的损失不得在所得税前扣除"；但"罚金、罚款和被没收财物的损失"，根据《企业所得税法释义》的解释，应是违反了国家法律、法规或行政性规定所造成的损失。与客户签订的经济合同中约定的罚款（即经济赔偿款，包括银行罚息）、违约金等不属于违反法律、法规的行政罚款，因此，不适用所得税法第十条第（四）款的规定，可以税前扣除。

【例 9-15】宏盛木材厂为增值税一般纳税人，年末结账时，宏盛的营业外支出明细账中捐赠支出的发生额为 36 万元，当年利润表中实现的利润总额为 110 万元。

捐赠支出的明细账中记录捐赠的具体情况如下。

（1）通过县政府向本地希望小学捐赠自产实木地板 800 平方米用于教学楼改造。该实木地板成本每平方米为 150 元，每平方米售价（不含税）为 400 元。（消费税税率为 5%）

企业直接按照成本转账：

借：营业外支出		120 000
贷：库存商品——实木地板		120 000

（2）企业将外购的 300 套被褥直接捐赠给当地福利院，每套售价为 800 元，所有款项通过网银支付，发生手续费 50 元。

① 在买入被褥时，企业财务处理如下：

借：库存商品——被褥		240 000
应交税费——应交增值税（进项税额）		40 800
财务费用		50
贷：银行存款		280 850

② 捐赠后，企业财务处理如下：

借：营业外支出		240 000
贷：库存商品——被褥		240 000

假设无其他纳税调整事项，根据以上资料，分析企业涉税问题。

【解析】

① 捐赠地板应视同销售，应交的流转税包括：

$$应交增值税 = 400 \times 800 \times 17\% = 54\ 400（元）$$

$$应交消费税 = 400 \times 800 \times 5\% = 16\ 000（元）$$

正确的会计处理是：

借：营业外支出		190 400
贷：库存商品——实木地板		120 000
应交税费——应交增值税（销项税额）		54 400
——应交消费税		16 000

结论：企业少计营业外支出 = 54 400 + 16 000 = 70 400（元）。

② 外购被褥用于捐赠应视同销售，应交的流转税包括：

$$应交增值税 = 240\ 000 \times 17\% = 40\ 800（元）$$

结论：企业少计营业外支出 40 800 元。

两项业务合计涉及的企业所得税的纳税调整：

企业实际的捐赠支出=120 000 + 240 000+ 70 400 + 40 800 = 471 200（元）

【小贴士】

《企业所得税法实施条例》第五十一条规定：公益性捐赠，是指企业通过公益性社会团体或者县级以上人民政府及其部门，用于《中华人民共和国公益事业捐赠法》规定的公益事业的捐赠。此题中的被褥捐赠由企业直接捐赠给当地福利院，没有通过公益性社会团体或者县级以上人民政府及其部门，故不符合扣除条件。

其中符合条件的捐赠支出 = 471 200 –（240 000+40 800）= 190 400（元）

企业实际的会计利润 = 1 100 000 – 70 400 – 40 800 = 988 800（元）

捐赠扣除限额 = 988 800 × 12% = 118 656（元）

纳税调整额 = 190 400 – 118 656 = 71 744（元）

捐赠实木地板，视同销售：所得税纳税调整 = 800 × 400 – 800 × 150 = 200 000（元）

捐赠外购被褥，视同销售，售价等于购进价格，不需要所得税纳税调整。

总的纳税调整的捐赠金额= 71 744 + 200 000 + 40 800 = 312 544（元）

第四节
所得税费用

一、所得税费用的含义

企业所得税是国家对我国境内企业和其他取得收入的组织，就其生产经营所得和其他所得征收的一种税，其计税依据为应纳税所得额，所得税费用是小企业按应纳税所得额的一定比例计算缴纳的税金。

二、应纳税所得额

《企业所得税法》第五条规定，"企业每一纳税年度的收入总额，减除不征税收入、免税收入、各项扣除以及允许弥补的以前年度亏损后的余额，为应纳税所得额"。由于《小企业会计准则》与税法对收入、费用、资产、负债等的确认时间和范围有所不同，因此，小企业按照会计核算的原则和方法计算的利润总额（即税前会计利润），与按照税法规定计算的应纳税所得额之间存在一定差异。

《小企业会计准则》第七十一条规定，小企业应当按照《企业所得税法》规定计算的当期应纳税额，确认所得税费用。小企业应当在利润总额的基础上，按照企业所得税法规定进行纳税调整，计算出当期应纳税所得额，按照应纳税所得额与适用所得税税率为基础计算确定当期应纳税额。应纳税所得额的计算公式如下：

应纳税所得额=会计利润总额+纳税调整增加额–纳税调整减少额

纳税调整增加额主要包括税法规定允许扣除项目中，企业已计入当期费用但超过税法规定扣除标准的金额（如超过税法规定标准的职工福利费、工会经费、职工教育经费、业务招待费、广告费和业务宣传费等），以及企业已计入当期损失但税法不允许扣除项目的金额（如税收滞纳金、罚金、罚款等）。

纳税调整减少额主要包括税法规定允许弥补的亏损和准予免税的项目，如前 5 年内未弥补的亏损和国债利息收入等。

 【小贴士】

纳税调整的方式是调表不调账。以小企业会计账簿记录的利润总额的资料为依据，不改变会计账簿记录的结果，按照企业所得税法的要求编制《中华人民共和国企业所得税年度纳税申报表》，从而在《中华人民共和国企业所得税年度纳税申报表》上实现企业所得税法的要求，并计算出应纳税，这一过程并不改变或影响会计账簿记录的结果。

三、应纳所得税额的确定

小企业应当按照企业所得税法规定计算当期应纳税额，确认所得税费用。目前企业所得税有两种征收方式：查账征收与核定征收。不同的征收方式下，应纳所得税额的确定有所不同。

（一）查账征收方式下应纳所得税额的确定

查账征收是指纳税人在规定的纳税期限内根据自己的财务报表或经营情况，按税法的规定进行纳税调整，向税务机关申报其所得额，并按适用的所得税税率计算缴纳的所得税税款。这种征收方式适用于账簿、凭证、财务核算制度比较健全，能够据以如实核算，反映生产经营成果，正确计算应纳税款的纳税人。

在查账征收方式下，小企业应当在会计利润总额的基础上，按照《企业所得税法》规定进行纳税调整，计算出当期应纳税所得额，按照应纳税所得额与适用所得税税率为基础计算确定当期应纳税额。其计算公式如下：

当期应纳所得税额＝当期应纳税所得额×适用所得税税率

当期所得税费用＝当期应纳所得税额

 【小贴士】

税率表如下：

种类	税率	适用范围
基本税率	25%	居民企业和在中国境内设有机构、场所且所得与机构、场所有关联的非居民企业
两档优惠税率	减按 20%	符合条件的小型微利企业
	减按 15%	国家重点扶持的高新技术企业
预提所得税税率（扣缴义务人代扣代缴）	20%（实际征税时适用 10%税率）	在中国境内未设立机构、场所的或者虽然设立机构、场所但取得的所得与其所设机构、场所没有实际联系的非居民企业

【例9-16】思科公司20×6年实现的利润总额为800 000元，适用的所税税率为25%。其中本年度收到国债利息收入20 000元，发生赞助支出30 000元；该公司固定资产折旧采用双倍余额递减法计提的本年折旧额为45 000元，按照税法规定采用直线法计算的本年折旧额为30 000元；发生税收滞纳金5 000元。假设无其他纳税调整因素，则该公司本年应纳所得税额和本年所得税费用的计算如下：

本年应纳税所得额=800 000-20 000+30 000+（45 000-30 000）+5 000=830 000（元）

本年应纳所得税额=830 000×25%=207 500（元）

本年所得税费用=本年应纳所得税额=207 500（元）

【例9-17】某企业20×6年度税前会计利润为1 000 000元，核定的年计税工资总额为500 000元，实际发放的工资为520 000元，收回的利息收入中有国库券利息收入6 000元，支付非公益性捐赠10 000元，假定无其他纳税调整项目，该企业适用所得税税率为25%。

本年应纳税所得额=1 000 000+520 000-500 000-6 000+10 000=1 024 000（元）

本年应纳所得税额=1 024 000×25%=256 000（元）

本年所得税费用=本年应纳所得税额=256 000（元）

（二）核定征收方式下应纳所得税额的确定

核定征收税款是指由于纳税人的会计账簿不健全，资料残缺难以查账，或者其他原因难以准确确定纳税人应纳税额时，由税务机关采用合理的方法依法核定纳税人应纳税款的一种征收方式，简称核定征收。

【小贴士】

《税收征管法》第三十五条规定：纳税人有下列情形之一的，税务机关有权核定其应纳税额。

（1）依照法律、行政法规的规定可以不设置账簿的。

（2）依照法律、行政法规的规定应当设置账簿但未设置的。

（3）擅自销毁账簿或者拒不提供纳税资料的。

（4）虽设置账簿，但账目混乱，或者成本资料、收入凭证、费用凭证残缺不全，难以查账的；

（5）发生纳税义务，未按照规定的期限办理纳税申报，经税务机关责令限期申报，逾期仍不申报的。

（6）纳税人申报的计税依据明显偏低，又无正当理由的。

核定征收方式包括定额征收和核定应纳税所得率征收两种办法：

（1）定额征收：直接核定所得税额。

（2）核定应税所得率征收：按照收入总额或成本费用等项目的实际发生额，按预先核定的应税所得率计算缴纳所得税。

采用应税所得率方式核定征收企业所得税的，应纳所得税额计算公式如下：

应纳所得税额=应纳税所得额×适用税率

应纳税所得额=应税收入额×应税所得率

实行应税所得率方式核定征收企业所得税的纳税人经营多业的,无论其经营项目是否单独核算,均由税务机关根据其主营项目确定适用的应税所得率。

四、所得税的核算

为了核算和监督所得税的计算和缴纳情况,小企业应设置"所得税费用"科目和"应交税费——应交企业所得税"两个科目。"所得税费用"科目属于损益类科目,核算小企业根据企业所得税法确定的应从当期利润总额中扣除的所得税费。年度终了,应将该科目的余额转入"本年利润"科目,结转后该科目无余额。小企业根据企业所得税法规定补缴的所得税,也通过该科目核算。小企业按照规定实行企业所得税先征后返的,实际收到返还的企业所得税,在"营业外收入"科目核算,不在该科目核算。

"应交税费——应交企业所得税"科目,属于负债类科目,核算小企业按《企业所得税法》规定应缴纳的所得税。贷方登记按《企业所得税法》规定计算出的当期应纳所得税额;借方登记实际缴纳的企业所得税;期末贷方余额,反映小企业尚未缴纳的企业所得税;如为借方余额,反映小企业多缴的企业所得税。

根据《企业所得税法》《企业所得税法实施条例》和《企业所得税汇算清缴管理办法》的规定,企业所得税按年计算,分月或分季预缴。按月(季)预缴(一般是按季度预缴),年终汇算清缴的所得税会计处理如下:

(1)按月或按季预缴所得:

借:应交税费——应交企业所得税
    贷:银行存款

(2)次年 5 月 31 日前汇算清缴。进行所得税汇算时,企业应按税法规对利润总额进行调整,计算出汇算年度的应纳税所得额。按年度应纳税所得额乘以规定的税率,就可计算出企业的年度应纳所得税额。如果企业有来源于境外的所得,其已在境外缴纳的所得税税额,按规定从应纳税额中限额抵免。其会计处理为:

借:所得税费用
    贷:应交税费——应交企业所得税

(3)多退少补:

① 用全年应纳所得额减去已预缴税额,如果是正数,则为应补缴企业所得税额,补缴时:

借:应交税费——应交企业所得税
    贷:银行存款

② 用全年应纳所得税额减去已预缴税额,如果是负数,则为应退还的企业所得税额,收到退税款时:

借:银行存款
    贷:应交税费——应交企业所得税

多缴的企业所得税额也可不办理退税,用以抵缴下年度企业所得税。

【例9-18】华光公司企业所得税按年计征、分季预缴，并按照季度的实际利润预缴。20×6年第一季度实现利润15万元，第二季度12万元，第三季度16万元，第四季度20万元。假设全年应纳税所得额为80万元。该企业适用的所得税税率为25%。则该企业有关企业所得税的会计处理如下：

① 第一季度应预缴的企业所得税=150 000×25%=37 500（元）。

根据预缴企业所得税申报表、银行税收缴款书编制如下会计分录：

借：应交税费——应交企业所得税　　　　　　　　　　　　　　37 500
　　贷：银行存款　　　　　　　　　　　　　　　　　　　　　　　37 500

② 第二季度应预缴本季度的企业所得税=120 000×25%=30 000（元）。

根据预缴企业所得税申报表、银行税收缴款书编制如下会计分录：

借：应交税费——应交企业所得税　　　　　　　　　　　　　　30 000
　　贷：银行存款　　　　　　　　　　　　　　　　　　　　　　　30 000

③ 第三季度应预缴本季度的企业所得税= 160 000×25%= 40 000（元）。

根据预缴企业所得税申报表、银行税收缴款书编制如下会计分录：

借：应交税费——应交企业所得税　　　　　　　　　　　　　　40 000
　　贷：银行存款　　　　　　　　　　　　　　　　　　　　　　　40 000

④ 第四季度应预缴本季度的企业所得税= 200 000×25%= 50 000（元）。

根据预缴企业所得税申报表、银行税收缴款书编制如下会计分录：

借：应交税费——应交企业所得税　　　　　　　　　　　　　　50 000
　　贷：银行存款　　　　　　　　　　　　　　　　　　　　　　　50 000

⑤ 年终汇算当年应缴的企业所得税，根据企业所得税年度纳税申报表，做如下会计处理：

本年应交企业所得税=800 000×25%=200 000（元）

借：所得税费用　　　　　　　　　　　　　　　　　　　　　　200 000
　　贷：应交税费——应交企业所得税　　　　　　　　　　　　　200 000

应补缴的税款为：200 000-37 500-30 000-40 000-50 000=42 500（元）

补缴税款时，根据银行税收缴款书编制如下会计分录：

借：应交税费——应交企业所得税　　　　　　　　　　　　　　42 500
　　贷：银行存款　　　　　　　　　　　　　　　　　　　　　　　42 500

利润及利润分配

一、利润的含义及内容

利润是指企业在一定会计期间所实现的最终经营成果，包括营业利润、利润总额和净利润。

营业利润=营业收入-营业成本-营业税金及附加-销售费用-管理费用-财务费用+投资收益

利润总额=营业利润+营业外收入-营业外支出

净利润=利润总额-所得税费用

二、本年利润的核算

小企业设置"本年利润"科目核算企业当年实现的净利润或发生的净亏损。年度终了，应当将本年收入和支出相抵后结出的本年实现的净利润（或净亏损）转入"利润分配——未分配利润"科目，结转后，该科目无余额。本年利润的会计处理主要如下。

月末，小企业应将"主营业务收入""其他业务收入""营业外收入""投资收益"等账户的贷方余额，分别转入"本年利润"贷方；"将"主营业务成本""营业税金及附加""其他业务成本""销售费用""管理费用""财务费用""营业外支出""所得税费用""投资收益"等账户的借方余额，转入"本年利润"借方。结转后，"本年利润"科目贷方余额表示自当年年初至本月月末止累计实现的利润；借方余额表示自当年年初至本月月末止累计发生的亏损。

年度终了，在"本年利润"账户中将收入和支出相抵结算出本年实现的净利润，将其转入"利润分配——未分配利润"账户。如当年实现了净利润，借记"本年利润"科目、"利润分配——未分配利润"科目；如为净亏损，做相反的会计分录。结转后"本年利润"科目无余额。

【例 9-19】A 公司 20×6 年 1～11 月累计实现的利润总额为 700 000 元，12 月损益类科目结转前的余额如表 9-2 所示。

表 9-2
损益类科目结转前余额表

20×6 年 12 月 31 日
单位：元

科目名称	借方余额	贷方余额
主营业务收入		200 000
其他业务收入		20 000
主营业务成本	80 000	
营业税金及附加	5 000	
销售费用	20 000	
管理费用	40 000	
财务费用	2 000	
投资收益		8 000
营业外收入		2 000
营业外支出	3 000	

① 将损益类科目余额结转入"本年利润"科目：

借：主营业务收入	200 000
其他业务收入	20 000
投资收益	8 000
营业外收入	2 000
贷：本年利润	230 000

借：本年利润 150 000
　　贷：主营业务成本 80 000
　　　　营业税金及附加 5 000
　　　　销售费用 20 000
　　　　管理费用 40 000
　　　　财务费用 2 000
　　　　营业外支出 3 000

A 公司 20×6 年全年实现的利润总额为：700 000+（230 000-150 000）=780 000（元）。假设该公司全年的所得税费用为 200 000 元。

② 期末结转所得税费用：

借：本年利润 200 000
　　贷：所得税费用 200 000

经过上述结转后，可计算该公司实现的净利润为：780 000-200 000=580 000（元）。

③ 将 20×6 年度实现的净利润转入"利润分配——未分配利润"账户：

借：本年利润 580 000
　　贷：利润分配——未分配利润 580 000

三、利润分配的核算

利润分配，是指小企业根据国家有关规定和企业章程、投资者协议等，对小企业当年可供分配的利润所进行的分配。

（一）利润分配的一般程序

小企业以当年净利润弥补以前年度亏损后剩余的税后利润，可以进行分配。公司制小企业在分配当年税后利润时，除法律、行政法规另有规定外，应按照以下顺序分配：

（1）弥补以前年度亏损；

（2）提取 10%法定公积金。法定公积金累计额达到注册资本的 50%的，可以不再提取；

（3）提取任意公积金。任意公积金提取比例由小企业的股东会决定；

（4）向投资者分配利润。企业以前年度未分配的利润，并入本年度净利润，在充分考虑现金流量状况后，向投资者分配。

发生的年度经营亏损，依照税法的规定弥补。税法规定年限内的税前利润不足弥补的，用以后年度的税后利润弥补。企业弥补以前年度亏损和提取盈余公积后，当年没有可供分配的利润时，不得向投资者分配利润，但法律、行政法规另有规定的除外。

（二）利润分配的核算

小企业通过"利润分配"科目，核算小企业利润的分配（或亏损的弥补）和历年分配（或弥补）后的余额。该科目应按照"应付利润""未分配利润"等二级科目进行核算。该科目年末有余额，反映小企业的未分配利润（或未弥补亏损）的余额。利润分配的主要账务处理如下。

（1）小企业根据有关规定分配给投资者的利润，借记"利润分配——应付利润"科目，贷记"应付利润"科目。

（2）小企业用盈余公积弥补亏损，借记"盈余公积"科目，贷记"利润分配——盈余公积补亏"科目。

（3）小企业（公司制）按规定从净利润中提取盈余公积时，借记"利润分配——提取法定盈余公积""利润分配——提取任意盈余公积"科目，贷记"盈余公积——法定盈余公积""盈余公积——任意盈余公积"科目。

（4）小企业（中外合作经营）根据合同规定在合作期间归还投资者的投资，应按照实际归还投资的金额，借记"实收资本——已归还投资"科目，贷记"银行存款"等科目；同时，借记"利润分配——利润归还投资"科目，贷记"盈余公积——利润归还投资"科目。

（5）年度终了，小企业应当将本年实现的净利润，自"本年利润"科目转入"利润分配"科目，借记"本年利润"科目，贷记"利润分配——未分配利润"科目；若为净亏损，做相反的会计分录。同时，将"利润分配"科目所属明细科目"利润分配——提取法定盈余公积""利润分配——提取任意盈余公积""利润分配——应付利润""利润分配——盈余公积补亏"的余额转入"利润分配——未分配利润"明细科目。结转后，"利润分配"科目除"未分配利润"明细科目外，其他明细科目应无余额。

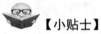 【小贴士】

《公司法》规定："公司分配当年税后利润时，应当提取利润的10%列入《公司法》定公积金。公司法定公积金累计额为公司注册资本的50%以上的，可以不再提取。"公司弥补亏损和提取公积金后所余税后利润，可以按股东实缴的出资比例分取红利，但是全体股东约定不按照出资比例分取红利的除外。

【例9-20】承【例9-19】，A公司按税后利润10%提取法定盈余公积金，20×6年股东会决议：提取任意盈余公积金58 000元，向股东分配红利200 000元，假定A公司在20×6年初未分配利润贷方余额为20 000元。

① A公司提取法定盈余公积 ＝ 580 000×10% ＝ 58 000（元），A公司提取盈余公积的会计处理如下：

借：利润分配——提取法定盈余公积	58 000
——提取任意盈余公积	58 000
贷：盈余公积——法定盈余公积	58 000
——任意盈余公积	58 000

② A公司分配现金股利的会计处理如下：

借：利润分配——应付利润	200 000
贷：应付利润	200 000

③ A 公司结转利润分配的会计处理如下：

 借：利润分配——未分配利润   316 000

  贷：利润分配——提取法定盈余公积   58 000

     ——提取任意盈余公积   58 000

     ——应付利润   200 000

A 公司 20×6 年年末的未分配利润 = 20 000 + 580 000 - 316 000 = 284 000（元）

习题精练

一、单选题

1. 以下各项中，不应计入营业外收入的是（   ）。

 A. 政府补助   B. 捐赠利得

 C. 出租固定资产的租金收入   D. 固定资产盘盈

2. 甲企业某年主营业务收入为 600 万元，主营业务成本为 350 万元，其他业务收入为 50 万元，其他业务成本为 30 万元，销售费用为 30 万元，管理费用为 60 万元，财务费用为 5 万元，投资收益为 20 万元，营业外收入为 1 万元，假定不考虑其他因素，该企业本期营业利润为（   ）万元。

 A. 195   B. 215   C. 216   D. 175

3. 下列不影响营业利润的项目是（   ）。

 A. 财务费用   B. 投资收益   C. 营业税金及附加   D. 营业外支出

4. 某工业企业 20×6 年度主营业务收入为 800 万元，主营业务成本为 500 万元，销售费用为 20 万元，管理费用 80 万元，财务费用为 5 万元，投资收益为 10 万元，营业外收入为 10 万元，营业外支出为 15 万元，所得税税率为 25%。假定不考虑其他因素，该企业 20×6 年年度净利润应为（   ）万元。

 A. 150   B. 215   C. 205   D. 210

5. 某企业 20×6 年度的利润总额为 100 万元，其中包括本年收到的国库券利息收入为 10 万元；非广告性赞助支出 10 万元，企业所得税税率为 25%，假定无其他纳税调整事项。该企业 20×6 年所得税费用为（   ）万元。

 A. 27.5   B. 25   C. 20   D. 22.5

二、多选题

1. 下列各项中，影响企业当期营业利润的有（   ）。

 A. 销售商品收入   B. 管理用固定资产折旧费

 C. 外币汇兑收益   D. 网银付款手续费

2. 下列各项中，期末结转后应无余额的有（   ）。

 A. 所得税费用   B. 营业外收入   C. 生产成本   D. 营业税金及附加

3. 下列各项中，年终汇算清缴时需要做纳税调整的有（   ）。

 A. 国债利息收入 B. 税收滞纳金   C. 赞助支出   D. 合理的工资报酬

4. 下列各项中，影响小企业当期利润表中利润总额的有（　　　）。

　　A. 固定资产盘盈　B. 税收滞纳金　　　C. 所得税费用　　　D. 印花税

5. 某小企业发生的以下支出应计入管理费用的是（　　　）。

　　A. 排污费　　　　B. 展览费　　　　　C. 咨询费　　　　　D. 支付财务报告审计费

三、判断题

1. 小企业只能用税后利润弥补亏损。（　　　）

2. 年度终了，只有在企业盈利的情况下，才将"本年利润"科目的本年累计余额转入"利润分配——未分配利润"科目。（　　　）

3. 小企业应当按照企业所得税法规定计算当期应纳税额，确认所得税费用。（　　　）

4. "营业税金及附加"账户在期末结转时，借记"营业税金及附加"科目，贷记"本年利润"科目。（　　　）

5. 公益性捐赠支出应当计入营业外支出科目。（　　　）

四、业务题

甲公司为增值税一般纳税人，适用的增值税税率为17%，假定销售商品均符合收入确认条件，其成本在确认收入时一并笔结转，商品售价中不含增值税。甲公司20×6年5月发生如下交易或事项：

（1）5月2日，向乙公司销售商品一批，商品标价为2 000万元，该批商品实际成本为1 000万元。由于是成批销售，甲公司给予乙公司10%的商业折扣并开具了增值税专用发票，并在销售合同中规定现金折扣条件为2/10、1/20、n/30，甲公司已于当日发出商品，乙公司于5月10日付款，假定计算现金折扣时不考虑增值税。

（2）5月5日，由于产品质量原因，甲公司收到丙公司的退货，该批商品是上月售出，售价为200万元，增值税税额为34万元，货款未付。该批商品成本为100万元，经协商，甲公司同意退货，同时开具红字增值税专用发票。所退产品已办理入库手续。

（3）5月10日赊购商品一批，增值税专用发票上注明价款500万元，增值税85万元，通过网银支付运费0.5万元，发生网银手续费2元，取得运费普通发票，商品已验收入库。

（4）5月20日，销售商品一批，增值税专用发票上注明的售价为100万元，增值税税额为17万元。收到对方签发的银行承兑汇票一张。该批商品的实际成本为60万元。

（5）计提本月固定资产折旧10万元，其中行政管理部门用固定资产折旧5万元，销售部门用固定资产折旧5万元。

其他资料：甲公司上月未抵扣完的增值税进项税额为25万元，适用的城市维护建设税税率为7%，教育费附加为3%，地方教育费附加为2%。

要求：

（1）根据以上资料逐笔编制会计分录。

（2）计算甲公司5月应纳增值税、应纳城建税及教育费附加。

（3）计算该公司5月的营业收入、营业成本、期间费用、营业税金及附加和营业利润。

财务报表编制与纳税申报 | 第十章

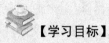【学习目标】

了解财务报表的概念、主要财务报表的种类、财务报表的附注内容;

理解资产负债表的编制原理及结构、利润表及现金流量表的结构;

掌握资产负债表、利润表及现金流量表的编制方法。

财务报表作为会计信息的重要载体，是财务会计确认和计量的最终成果，是小企业向外部会计信息使用者提供会计信息的重要途径和方法。小企业的各项经济活动和交易事项引发各会计要素增减变化，分散记录在有关会计账簿中，这些分散的账簿记录能够分门别类地反映各会计要素具体项目的详细变化情况，但项目之间缺少相互联系，且不能集中揭示和反映小企业在一定期间经营活动过程及结果的全貌。因此，对日常核算资料需要进行加工整理，编制成财务报表，从不同的角度向包括投资者、债权人、税务部门等财务报表外部使用者提供与小企业财务状况、经营成果和现金流量等有关的会计信息，反映小企业管理层受托责任的履行情况。因此，财务报表既是小企业会计核算工作的总结，是通过对日常核算的资料进行整理、分类、计算和汇总编制而成的；同时，也是沟通投资者、债权人、税务部门等财务报表外部使用者与小企业管理层之间信息的桥梁和纽带。

第一节 财务报表概述

一、财务报表的含义及组成

《小企业会计准则》规定，财务报表是指对小企业财务状况、经营成果和现金流量的结构性表述。

小企业的财务报表至少应当包括下列组成部分：

（1）资产负债表；

（2）利润表；

（3）现金流量表；

（4）附注。

其中，资产负债表、利润表和现金流量表分别从不同角度反映小企业的财务状况、经营成果和现金流量。附注是财务报表不可或缺的组成部分，是对资产负债表、利润表和现金流量等报表中列示项目的文字描述或明细资料，以及对未能在这些报表中列示项目的说明等。

小企业财务报表的构成如表 10-1 所示。

表 10-1　　　　　　　　　　小企业财务报表种类

	编号	报表名称	编报时期
报表	会小企 01 表	资产负债表	月报、年报
	会小企 02 表	利润表	月报、年报
	会小企 03 表	现金流量表	月报、年报
附注	编号	报表名称	
	会小企 01 表附表 1	应付职工薪酬明细表	
	会小企 01 表附表 2	应交税费明细表	
	会小企 01 表附表 3	利润分配表	
	说明	短期投资、应收账款、存货、固定资产项目的说明	

二、财务报表编制的基本要求

小企业应当以实际发生的交易和事项为依据，按照《小企业会计准则》的有关规定，对外提供真实、完整的财务报表。小企业不得违反规定，随意改变财务报表的编制基础、编制依据、编制原则和方法，不得随意改变《小企业会计准则》规定的财务报表有关数据的会计口径。

三、财务报表编制的时间规定

小企业对外提供财务报表是一项法定义务。小企业的财务报表分为年度、季度和月度财务报表。月度、季度财务报表是指在月度和季度终了时小企业编制和提供的财务报表；年度报表是指小企业在年度终了时小企业编制和提供的财务报表。小企业编制和提供的财务报表应把握以下原则。

（1）一般情况下，在一个会计年度内，小企业应当按月编制财务报表。

（2）如果按月编制财务报表有困难，或者小企业财务报表外部使用者不要求企业按月提供财务报表，则可以按季度编制财务报表。

（3）小企业必须编制年度财务报表。

（4）除国家另有规定外，小企业对外提供财务报表的频率（即按月、按季、按年提供财务报表）由财务报表外部使用者确定，如税务机关、银行等债权人、工商登记机关、小企业主管部门等确定。

四、编制财务报表中应注意的问题

（1）凡是要求小企业提供财务报表，即意味着必须同时提供资产负债表、利润表、现金流量表和附注，而不得只提供资产负债表、利润表和现金流量表。

（2）小企业外部有关方面要求小企业自愿对外提供所有者权益变动表，《小企业会计准则》予以鼓励。小企业可以参照《企业会计准则》规定的所有者权益变动表的格式并结合自身的实际情况进行适当简化后再进行编制和提供。

（3）财务报表中相关项目所反映的交易或事项，小企业没有发生的，不得在该项目中按"0"填列，而应空置，这是因为两者表示的经济意义不同。以"0"填列，表明该项目所反映的交易或事项当期已经发生但无余额；空置表示该企业没有该项目。例如，某工业小企业20×6年年末资产负债表中"长期债券投资"项目的金额为0，则表明该小企业在20×6年曾经持有过长期债券，但在年末已经处置。但实际情况是这家小企业根本就不曾对债券进行投资，这样就给小企业财务报表的外部使用者带来误导性信息。对于这种情况，正确的处理是20×6年年末资产负债表中"长期债券投资"项目不填列任何数字。对于"0"与"空置"的差别小企业会计人员应当引起足够重视。

第二节 资产负债表

一、资产负债表的含义

根据《小企业会计准则》第八十条，资产负债表是指反映小企业在某一特定日期的财务状况的报表。它是根据"资产=负债+所有者权益"这一会计等式，依照一定的分类标准和顺序，将企业在一定日期的全部资产、负债和所有者权益项目进行适当分类、汇总、排列后编制而成。对资产负债表的定义，应注意把握好以下几个方面。

（1）资产负债表是一张反映企业在资产负债表日（年末 12 月 31 日或月末）结束那一刻，资产、负债及所有者权益的定格照片，反映的是资产、负债及所有者权益在某一时点的结余额。

（2）资产负债表的作用主要体现在 3 个方面。通过资产负债表，第一，可以提供某一特定日期资产的总额及其结构，表明小企业拥有或控制的资源及其分布情况，有助于小企业财务报表的外部使用者一目了然地从资产负债表上了解小企业在某一特定日期所拥有的资产总量及其结构；第二，可以提供某一特定日期的负债总额及其结构，表明小企业未来需要用多少资产或劳务来清偿债务以及清偿时间的早晚；第三，可以反映小企业的所有者在小企业所拥有的权益，从而有助于小企业的所有者据以判断资本保值、增值情况以及其在小企业拥有的权益对小企业的保障程度。

二、资产负债表编制的总体要求

（一）分类别列报

资产负债表列报的最根本的目标就是应如实反映小企业在资产负债表日所拥有的资源、所承担的负债以及所有者所拥有的权益。因此，资产负债表应当按照资产、负债和所有者权益（股东权益）三大类别列报。

资产负债表中的资产类至少应当单独列示反映下列信息的项目：

（1）货币资金；

（2）应收及预付款项；

（3）存货；

（4）长期债券投资；

（5）长期股权投资；

（6）固定资产；

（7）生产性生物资产；

（8）无形资产；

（9）长期待摊费用。

资产负债表中的负债类至少应当单独列示反映下列信息的项目：

（1）短期借款；

（2）应付及预收款项；

（3）应付职工薪酬；

（4）应交税费；

（5）应付利息；

（6）长期借款；

（7）长期应付款。

资产负债表中的所有者权益类至少应当单独列示反映下列信息的项目：

（1）实收资本；

（2）资本公积；

（3）盈余公积；

（4）未分配利润。

（二）资产和负债按流动性列报

资产和负债应当按照流动性分别分为流动资产和非流动资产、流动负债和非流动负债列示。流动性通常按资产变现或耗用时间长短或负债的偿还时间长短来确定，企业应先列报流动性强的资产或负债，再列报流动性弱的资产或负债。

（三）列报相关的合计、总计项目

资产负债表中的资产类至少应当列示流动资产、非流动资产及资产的合计项目；负债类至少应当列示流动负债、非流动负债以及负债的合计项目；所有者权益类应当列示所有者权益的合计项目。

资产负债表应遵循"资产=负债+所有者权益"这一会计恒等式，把小企业在特定时日所拥有的经济资源和与之相对应的企业所承担的债务及偿债以后属于所有者的权益充分反映出来。因此，资产负债表应当分别列示资产总计项目和负债与所有者权益之和的总计项目，并且这二者的金额应当相等。

三、资产负债表的结构和格式

1. 结构

《小企业会计准则》对小企业的资产负债表采用了账户式结构。账户式结构是左右结构，左边列示资产项目，大体按资产的流动性强弱排列，流动性强的资产如"货币资金""应收账款"等排在前面，流动性弱的资产如"长期股权投资""固定资产原价""无形资产""长期待摊费用"等排在后面。右边为负债及所有者权益项目，一般按要求清偿时间的先后顺序排列，"短期借款""应付票据""应付账款"等需要在 1 年内或超过 1 年的一个正常营业周期内偿还的流动负债排在前面，"长期借款"等在 1 年以上才需偿还的非流动负债排在中间，在小企业清算之前不需要偿还的所有者权益项目排在后面。所有者权益内部各项项目按照各项目的稳定性程度或永久程度排列，稳定性程度好的实收资本和资本公积往前排，稳定性程度差的盈余公积和未分配利润往后排。资产负债表中的资产各项目的总计等于负债和所有者权益各项目的总计，即资产负债表左方和右方保持平衡。

2. 资产负债表的格式和组成项目

小企业资产负债表具体格式如表 10-2 所示。

表 10-2 　　　　　　　　　　　　　　　资产负债表

编制单位：　　　　　　　　　　　　年　月　日　　　　　　　　　　　　单位：元

资产	行次	期末余额	年初余额	负债和所有者权益	行次	期末余额	年初余额
流动资产：				流动负债：			
货币资金	1			短期借款	31		
短期投资	2			应付票据	32		
应收票据	3			应付账款	33		
应收账款	4			预收账款	34		
预付账款	5			应付职工薪酬	35		
应收股利	6			应交税费	36		
应收利息	7			应付利息	37		
其他应收款	8			应付利润	38		
存货	9			其他应付款	39		
其中：原材料	10			其他流动负债	40		
在产品	11			流动负债合计	41		
库存商品	12			非流动负债：			
周转材料	13			长期借款	42		
其他流动资产	14			长期应付款	43		
流动资产合计	15			递延收益	44		
非流动资产：				其他非流动负债	45		
长期债券投资	16			非流动负债合计	46		
长期股权投资	17			负债合计	47		
固定资产原价	18						
减：累计折旧	19						
固定资产账面价值	20						
在建工程	21						
工程物资	22						
固定资产清理	23						
生产性生物资产	24						
无形资产	25			实收资本（或股本）	48		
开发支出	26			资本公积	49		
长期待摊费用	27			盈余公积	50		
其他非流动资产	28			未分配利润	51		
非流动资产合计	29			所有者权益（股东权益）	52		
资产总计	30			负债和所有者权益（股东权益）总计	53		

四、资产负债表项目的填列方法

资产负债表中一般设有"期末余额"和"年初余额"两栏，其中，"年初余额"栏内各项数字，应根据上年末资产负债表的"期末余额"栏内所列数字填列。如果上年末资产负债表的项目名称和内容与本年末资产负债表不一致，应对上年末资产负债表项目的名称和数字按本年末资产负债表的规定进行调整，并填入"年初余额"栏。"期末余额"栏主要有以下几种填列方法。

（1）根据总账科目余额直接填列。资产负债表中的有些项目，可直接根据有关总账科目的余额填列。例如，"短期借款""应收票据""应收股利""应收利息""其他应收款""长期股权投资""固定资产原价""累计折旧""工程物资""固定资产清理""开发支出""短期借款""应付票据""应付职工薪酬""应交税费""应付利息""应付股利""其他应付款""实收资本""资本公积""盈余公积"等项目，应根据有关总账科目的期末余额直接填列。需要说明的是，"应交税费"及"应付职工薪酬"总账科目若为借方余额，则以负数填列。

（2）根据总账科目余额计算填列。有些项目需要根据几个总账科目的余额计算填列，如"货币资金"项目，应根据"库存现金""银行存款"和"其他货币资金"3个总账科目余额的合计数填列。

（3）根据明细科目的余额计算填列。"应收账款"项目，应根据"应收账款"和"预收账款"科目所属的相关明细科目的期末借方余额合计数填列；"预付账款"项目应根据"预付账款"和"应付账款"所属明细科目的期末借方余额合计数填列。"应付账款"项目应根据"应付账款"和"预付账款"科目所属的相关明细科目的期末贷方余额合计数填列；"预收账款"项目应根据"预收账款"和"应收账款"科目所属的相关明细科目的期末贷方余额合计数填列。

（4）根据总账科目和明细科目余额分析计算填列。例如，"长期借款"项目，应根据"长期借款"总账科目余额扣除"长期借款"科目所属明细科目中将于1年内到期的部分填列。

 【小贴士】

"长期借款"科目所属明细科目中将于1年内到期的部分在"其他流动负债"项目中填列。例如甲公司于20×4年8月5日向某银行取得2年期长期借款100万元，该笔借款到期日为20×6年8月5日，则甲企业在编制20×5年12月31日资产负债表时，该笔借款100万元应在"其他流动负债"项目中列示，而不能在"长期借款"项目中列示。

（5）根据有关科目余额减去其备抵科目余额后的净额填列。例如，"生产性生物资产""无形资产"项目，应根据相关科目的期末余额扣减相关累计折旧或累计摊销后的净额填列。

（6）综合运用上述填列方法分析填列。例如，"存货"项目，应根据"材料采购"（计划成本法核算）或"在途物资"（实际成本法核算）"原材料""库存商品""生产成本""委托加工物资"等科目的期末借方余额合计填列，材料采用计划成本法核算的，以及库存商品采用计划成本法核算的小企业，还应加上"材料成本差异"借方余额或减去"材料成本差异"贷方余额后的金额填列。

（7）根据有关项目的金额计算填列。例如，"流动资产合计""非流动资产合计""资产总计""流动负债合计""非流动负债合计""负债合计""所有者权益（或股东权益）合计""负债和所有者权益（或股东权益）总计"等项目，应根据表中的相关项目的合计额填列。"固定资产账面价值"项目则需要根据"固定资产原价"项目金额减去"累计折旧"项目金额后的余额填列。

五、资产负债表各项目的填列说明

1. 资产类项目的填列说明

（1）"货币资金"项目，反映小企业库存现金、银行存款、其他货币资金的合计数。本项目应根据"库存现金""银行存款"和"其他货币资金"科目的期末余额合计填列。

（2）"短期投资"项目，反映小企业购入的能随时变现并且持有时间不准备超过1年的股票、债券和基金投资的余额。本项目应根据"短期投资"科目的期末余额填列。

（3）"应收票据"项目，反映小企业收到的未到期收款也未向银行贴现的应收票据（银行承兑汇票和商业承兑汇票）。本项目应根据"应收票据"科目的期末余额填列。

（4）"应收账款"项目，反映小企业因销售商品、提供劳务等日常生产经营活动应收取的款项。本项目应根据"应收账款"及"预收账款"科目所属各明细科目的期末借方余额合计数填列。例如，"应收账款"科目所属明细科目期末为贷方余额的，应当在"预收账款"项目列示。

（5）"预付账款"项目，反映小企业按照合同规定预付给供应单位的款项。它包括根据合同规定预付的购货款、租金、工程款等。本项目应根据"预付账款"及"应付账款"科目所属各明细科目的期末借方余额合计数填列。

（6）"应收股利"项目，反映小企业应收取的现金股利或利润。本项目应根据"应收股利"科目的期末余额填列。

（7）"应收利息"项目，反映小企业债券投资应收取的利息。小企业购入一次还本付息债券应收的利息，不包括在本项目内。本项目应根据"应收利息"科目的期末余额填列。

（8）"其他应收款"项目，反映小企业除应收票据、应收账款、预付账款、应收股利、应收利息等以外的其他各种应收及暂付款项。其包括各种应收的赔款、应向职工收取的各种垫付款项等。本项目应根据"其他应收款"科目的期末余额填列。

（9）"存货"项目，反映小企业期末在库、在途和在加工中的各项存货成本。其包括各种原材料、在产品、半成品、产成品、商品、周转材料（包装物、低值易耗品等）、消耗性生物资产等。本项目应根据"材料采购""在途物资""材料成本差异""生产成本""库存商品""商品进销差价""委托加工物资""周转材料""消耗性生物资产"等科目的期末余额分析填列。

（10）"其他流动资产"项目，反映小企业除以上流动资产项目外的其他流动资产（含1年内年到期的非流动资产）。本项目应根据有关科目的期末余额分析填列。

（11）"长期债券投资"项目，反映小企业准备长期持有的债券投资的本息。本项目应根据"长期债券投资"科目的期末余额分析填列。

（12）"长期股权投资"项目，反映小企业准备长期持有的权益性投资的成本。本项目应根据"长期股权投资"科目的期末余额填列。

（13）"固定资产原价"和"累计折旧"项目，反映小企业固定资产的原价（成本）及累计折旧。

这两个项目应分别根据"固定资产"科目和"累计折旧"科目的期末余额填列。

（14）"固定资产账面价值"项目，反映小企业固定资产原价扣除累计折旧后的金额。本项目应根据"固定资产"科目的期末余额减去"累计折旧"科目的期末余额后的金额填列。

（15）"在建工程"项目，反映小企业尚未完工或虽已完工但尚未办理竣工决算的工程成本。本项目应根据"在建工程"科目的期末余额填列。

（16）"工程物资"项目，反映小企业为在建工程准备的各种物资的成本。本项目应根据"工程物资"科目的期末余额填列。

（17）"固定资产清理"项目，反映小企业因出售、报废、毁损、对外投资处置固定资产所转出的固定资产账面价值以及在清理过程中发生的费用等。本项目应根据"固定资产清理"科目的期末借方余额填列；如"固定资产清理"科目期末为贷方余额，以"-"号填列。

（18）"生产性生物资产"项目，反映小企业生产性生物资产的账面价值。本项目应根据"生产性生物资产"科目的期末余额减去"生产性生物资产累计折旧"科目的期末余额后的金额填列。

（19）"无形资产"项目，反映小企业无形资产的账面价值。本项目应根据"无形资产"科目的期末余额减去"累计摊销"科目的期末余额后的金额填列。

（20）"开发支出"项目，反映小企业正在进行的无形资产研究开发项目满足资本化条件的支出。本项目应根据"研发支出"科目的期末余额填列。

（21）"长期待摊费用"项目，反映小企业尚未摊销完毕的已提足折旧的固定资产的改建支出、经营租入固定资产的改建支出、固定资产的大修理支出和其他长期待摊费用。本项目应根据"长期待摊费用"科目的期末余额分析填列。

（22）"其他非流动资产"项目，反映小企业除以上非流动资产以外的其他非流动资产。本项目应根据有关科目的期末余额分析填列。

2. 负债类项目的填列说明

（1）"短期借款"项目，反映小企业向银行或其他金融机构等借入的期限在 1 年内的、尚未偿还的各种借款本金。本项目应根据"短期借款"科目的期末余额填列。

（2）"应付票据"项目，反映小企业因购买材料、商品和接受劳务等日常生产经营活动开出、承兑的商业汇票（银行承兑汇票和商业承兑汇票）尚未到期的票面金额。本项目应根据"应付票据"科目的期末余额填列。

（3）"应付账款"项目，反映小企业因购买材料、商品和接受劳务等日常生产经营活动尚未支付的款项。本项目应根据"应付账款"及"预付账款"科目各自所属明细科目期末贷方余额合计数填列。如"应付账款"所属明细科目期末为借方余额，应当在"预付账款"项目列示。

（4）"预收账款"项目，反映小企业根据合同规定预收的款项。其包括预收的购货款、工程款等。本项目应根据"预收账款"和"应收账款"科目各自所属明细科目的期末贷方余额合计数填列。如"预收账款"所属明细科目期末为借方余额，应当在"应收账款"项目列示。

（5）"应付职工薪酬"项目，反映小企业根据有关规定应付给职工的工资、职工福利、社会保险费、住房公积金、工会经费、职工教育经费、非货币性福利等各种薪酬。本项目应根据"应付职工薪酬"科目期末贷方余额填列。如为借方余额，以"-"号填列。

（6）"应交税费"项目，反映小企业按照税法规定计算应缴纳的各种税费，包括增值税、消费税、所得税、资源税、土地增值税、城市维护建设税、房产税、城镇土地使用税、车船使用税、教育费附加、矿产资源补偿费等。企业代扣代交的个人所得税，也通过本项目列示。本项目应根据"应交税费"科目的期末贷方余额填列；如"应交税费"科目期末为借方余额，以"-"号填列。

（7）"应付利息"项目，反映小企业尚未支付的利息费用。本项目应根据"应付利息"科目的期末余额填列。

（8）"应付利润"项目，反映小企业尚未向投资者支付的利润。本项目应根据"应付利润"科目的期末余额填列。

（9）"其他应付款"项目，反映小企业除应付账款、预收账款、应付职工薪酬、应交税费、应付利息、应付利润等以外的其他各项应付、暂收的款项。其包括应付租入固定资产和包装物等资产的租金、存入保证金等。本项目应根据"其他应付款"科目的期末余额填列。

（10）"其他流动负债"项目，反映小企业除以上流动负债以外的其他流动负债（含1年内到期的非流动负债）。本项目应根据有关科目的期末余额填列。

（11）"长期借款"项目，反映小企业向银行或其他金融机构借入的期限在1年以上（不含1年）的尚未偿还的各项借款本金。本项目应根据"长期借款"科目的期末余额分析填列。其中将于资产负债表日后一年内到期的部分，在其他流动负债项目列示。

（12）"长期应付款"项目，反映小企业除长期借款以外的其他各种应付未付的长期应付款项。包括：应付融资租入固定资产的租赁费、以分期付款方式购入固定资产的应付款项等。本项目应根据"长期应付款"科目的期末余额分析填列。

（13）"递延收益"项目，反映小企业收到的、应在以后期间计入损益的政府补助。本项目应根据"递延收益"科目的期末余额分析填列。

（14）"其他非流动负债"项目，反映小企业除以上非流动负债项目以外的其他非流动负债。本项目应根据有关科目的期末余额分析填列。

3. 所有者权益项目填列说明

（1）"实收资本（或股本）"项目，反映小企业收到投资者按照合同协议约定或相关规定实际投入到小企业的资金。本项目应根据"实收资本（或股本）"科目的期末余额分析填列。

（2）"资本公积"项目，反映小企业收到投资者投入资本超出其在注册资本中所占份额的部分。本项目应根据"资本公积"科目的期末余额填列。

（3）"盈余公积"项目，反映小企业（公司制）按照《公司法》规定在税后利润中提取的法定公积金和任意公积金，也包括小企业（外商投资）按照法律规定在税后利润中提取储备基金和企业发展基金。本项目应根据"盈余公积"科目的期末余额填列。

（4）"未分配利润"项目，反映小企业尚未分配的历年结存的利润。本项目在填制年度资产负债表时应根据"利润分配"科目的期末余额填列。未弥补的亏损，在本项目内以"-"号填列。在填制月度和季度资产负债表时应根据"利润分配"期初余额及"本年利润"科目期末余额合计数列示。

六、资产负债表编制示例

【例10-1】大成公司为公司制小企业，属于增值税一般纳税人，从事工业产品的生产和销售，增值税税率为17%，所得税税率为25%，存货采用实际成本进行核算。该公司20×6年1月1日的年初余额、20×6年的累计发生额及20×6年12月31日的期末余额的有关资料如表10-3所示。

表10-3 　　　　　　　　　20×6年12月31日大成公司科目余额表

单位：元

科目名称	20×6年1月1日		20×6年累计发生额		20×6年12月31日	
	年初余额				期末余额	
	借方余额	贷方余额	借方余额	贷方余额	借方余额	贷方余额
库存现金	1 000		290 000	290 000	1 000	
银行存款	1 024 000		1 434 350	1 926 630	531 720	
短期投资			152 000		152 000	
应收票据			1 210 950		1 210 950	
应收账款	5 000				5 000	
预付账款			15 000	5 000	10 000	
其他应收款	500				500	
在途物资			750 000	750 000		
原材料	1 851 400		1 250 930	2 186 820	915 510	
库存商品	210 000		2 015 837.13	1 005 520	1 220 317.13	
周转材料	40 000			20 000	20 000	
长期股权投资	350 000				350 000	
固定资产	4 000 000		150 000	100 000	4 050 000	
累计折旧		500 000	50 000	61 000		511 000
固定资产清理			90 000	90 000		
无形资产	100 000				100 000	
累计摊销		4 000		4 000		8 000
长期待摊费用			18 000	500	17 500	
短期借款		250 000	250 000	250 000		250 000
应付票据				766 337.13		766 337.13
应付账款		30 000	30 000			0
其他应付款				1 000		1 000
应付职工薪酬		26 000	360 600	360 600		26 000
应交税费		70 000		84 031.25		14 031.25
应付利润			320 700	517 614.38		196 914.38
长期借款				50 000		50 000
实收资本		4 075 150		300 000		4 375 150
资本公积		1 800 000				1 800 000
盈余公积		351 750		42 185.75		393 935.75
本年利润			1 650 100	1 650 100		

科目名称	20×6年1月1日		20×6年累计发生额		20×6年12月31日	
	年初余额				期末余额	
	借方余额	贷方余额	借方余额	贷方余额	借方余额	贷方余额
利润分配		545 000	563 800.13	210 928.75		192 128.62
生产成本			2 513 800	2 513 800		
制造费用			122 600	122 60		
主营业务收入			1 485 000	1 485 000		
主营业务成本			1 205 520	1 205 520		
营业税金及附加			6 305	6 305		
其他业务收入			50 000	50 000		
其他业务成本			30 250	30 250		
管理费用			112 620	112 620		
销售费用			8 500	8 500		
财务费用			4 000	4 000		
投资收益			42 600	42 600		
营业外收入			68 500	68 500		
营业外支出			5 000	5 000		
所得税费用			66 976.25	66 976.25		
合计	7 581 900	7 581 900	16 393 938.51	16 393 938.51	8 584 497.13	8 584 497.13

根据以上资料，大成公司20×6年12月31日的资产负债表如表10-4所示。

表10-4 资产负债表

会小企01表

编制单位：大成公司　　　　　20×6年12月31日　　　　　单位：元

资产	行次	期末余额	年初余额	负债和所有者权益	行次	期末余额	年初余额
流动资产：				流动负债：			
货币资金	1	532 720	1 025 000	短期借款	31	250 000	250 000
短期投资	2	152 000		应付票据	32	766 337.13	
应收票据	3	1 210 950		应付账款	33		30 000
应收账款	4	5 000	5 000	预收账款	34		
预付账款	5	10 000		应付职工薪酬	35	26 000	26 000
应收股利	6			应交税费	36	14 031.25	
应收利息	7			应付利息	37		
其他应收款	8	500	500	应付利润	38	196 914.38	
存货	9	2 155 827.13	2 101 400	其他应付款	39	1 000	
其中：原材料	10	915 510	1 851 400	其他流动负债	40		
在产品	11			流动负债合计	41	1 254 282.76	306 000
库存商品	12	1 220 317.13	210 000	非流动负债			
周转材料	13	20 000	40 000	长期借款	42	50 000	

续表

资产	行次	期末余额	年初余额	负债和所有者权益	行次	期末余额	年初余额
其他流动资产	14			长期应付款	43		
流动资产合计	15	4 066 997.13	3 131 900	递延收益	44		
非流动资产：				其他非流动负债	45		
长期债券投资	16			非流动负债合计	46	50 000	
长期股权投资	17	350 000	350 000	负债合计	47	1 304 282.76	
固定资产原价	18	4 050 000	4 000 000				
减：累计折旧	19	511 000	500 000				
固定资产账面价值	20	3 539 000	3 500 000				
在建工程	21						
工程物资	22						
固定资产清理	23						
生产性生物资产	24						
无形资产	25	92 000		实收资本（或股本）	48	4 375 150	4 075 150
开发支出	26			资本公积	49	1 800 000	1 800 000
长期待摊费用	27	17 500		盈余公积	50	393 935.75	351 750
其他非流动资产	28			未分配利润	51	192 128.62	545 000
非流动资产合计	29	3 998 500		所有者权益（股东权益）	52	6 761 214.37	
资产总计	30	8 065 497.13	7 077 900	负债和所有者权益（股东权益）总计	53	8 065 497.13	7 077 900

【小贴士】

需要特别计算的项目，计算过程如下：

货币资金期末余额=1 000+531 720=532 720（元）

存货期末余额=915 510+20 000+1 220 317.13=2 155 827.13（元）

无形资产期末余额=100 000-8 000=96 000（元）

利润表

一、利润表的含义

利润表，是指反映小企业在一定会计期间的经营成果的报表。对利润表的定义，应注意把握好以下几个方面。

（1）利润表是一张反映小企业某一特定会计期间经营成果的会计报表。从会计科目的角度来看，反映的是会计科目在某一会计期间的累计发生额。

（2）小企业在某一特定会计期间的经营成果通常是通过收入、费用和利润及其相互的关系来反映的。

（3）按年度编制的利润表，反映的是小企业每年从1月1日起至12月31日止整个会计年度这一会计期间累计实现的经营成果。按季度编制利润表时，反映的是小企业在每个季度第一天起至本季度末最后一天止这一会计期间实现的经营成果。按月份编制的利润表，反映的是小企业在每个月初第一天起至月末最后一天止这一会计期间实现的经营成果。

（4）利润表的作用主要体现在利润表综合地反映企业营业收入、营业成本、期间费用等，披露利润的构成情况及金额。对企业内部而言，通过比较分析利润的增减变化，可以寻求其根本原因，以便在价格、成本、费用及其他方面揭露矛盾，找出差距，明确以后的工作重点，以便做出正确的决策。

二、利润表的编制要求

根据《小企业会计准则》的规定，小企业的利润表至少应当单独列示反映下列信息的项目：

（1）营业收入；

（2）营业成本；

（3）营业税金及附加；

（4）销售费用；

（5）管理费用；

（6）财务费用；

（7）所得税费用；

（8）净利润。

三、利润表的格式

利润表遵循了"收入−费用=利润"这一会计恒等式的要求，把小企业在某一特定会计期间实现的收入、发生的费用及收入与费用配比后实现的利润充分反映出来。因此，《小企业会计准则》对小企业的利润表采用了多步式，即通过将不同性质的收入和费用进行配比，从而可以得出一些中间性的利润数据，便于财务报表的外部使用者理解小企业经营成果的不同来源和盈利能力。小企业的利润表分如下3个步骤编制。

第一步，以营业收入为基础，减去营业成本、营业税金及附加、销售费用、管理费用和财务费用，加上投资收益（减去投资损失），计算出营业利润。

第二步，以营业利润为基础加上营业外收入，减去营业外支出，计算出利润总额。

第三步，以利润总额为基础，减去所得税费用，计算出净利润（或净亏损）。

小企业利润表具体格式参见表10-5。

表 10-5　　　　　　　　　　　　　　利润表

会小企 02 表

编制单位：　　　　　　　　　　　　年　月　　　　　　　　　　　单位：元

项目	行次	本年累计金额	本月金额
一、营业收入	1		
减：营业成本	2		
营业税金及附加	3		
其中：消费税	4		
城市维护建设税	5		
资源税	6		
土地增值税	7		
城镇土地使用税、房产税、车船税、印花税	8		
教育费附加、矿产资源补偿费、排污费	9		
销售费用	10		
其中：商品维修费	11		
广告费和业务宣传费	12		
管理费用	13		
其中：开办费	14		
业务招待费	15		
研究费用	16		
财务费用	17		
其中：利息费用（收入以"－"号填列）	18		
加：投资收益（损失以"－"号填列）	19		
二、营业利润（亏损以"－"号填列）	20		
加：营业外收入	21		
其中：政府补助	22		
减：营业外支出	23		
其中：坏账损失	24		
无法收回的长期债券投资损失	25		
无法收回的长期股权投资损失	26		
自然灾害等不可抗力因素造成的损失	27		
税收滞纳金	28		
三、利润总额（亏损总额以"－"号填列）	29		
减：所得税费用	30		
四、净利润（净亏损以"－"号填列）	31		

【小贴士】

因全面营改增后、营业税税种不存在了，故将营业税金及附加中的营业税删除。

四、利润表项目的填列方法

利润表中一般设有"本年累计金额"和"本月金额"两栏，其填列方法如下。

"本年累计金额"栏反映各项目自年初起至报告期末（月末、季末、年末）止的累计实际发生额。
本栏各项目金额应根据本期利润表"本月金额"加上期利润表"本年累计金额"栏的数字填列。

"本月金额"栏反映各项目的本月实际发生额，应根据本期各损益类科目的发生额分析填列。在编制季度利润表时，应将"本月金额"栏改为"本季度金额"栏，反映各项目的本季度实际发生额。小企业在编制年度利润表时，应将"本月金额"栏改为"上年金额"栏，填列上年全年实际发生额。如果上年度利润表的项目名称和内容与本年度利润表不一致，应对上年度利润表项目的名称和数字按本年度的规定进行调整，填入报表的"上年金额"栏。

五、利润表各项目的填列说明

（1）"营业收入"项目，反映小企业销售商品和提供劳务所实现的收入总额。本项目根据"主营业务收入"科目和"其他业务收入"科目的发生额合计填列。

（2）"营业成本"项目，反映小企业所销售商品的成本和所提供劳务的成本。本项目应根据"主营业务成本"科目和"其他业务成本"科目的发生额合计填列。

（3）"营业税金及附加"项目，反映小企业开展日常生产活动应负担的消费税、城市维护建设税、资源税、土地增值税、城镇土地使用税、房产税、车船税、印花税、教育费附加、矿产资源补偿费、排污费等。本项目应根据"营业税金及附加"科目的发生额填列。

【小贴士】

《企业会计准则》中，印花税是通过"管理费用"科目核算的，而《小企业会计准则》中，印花税通过"营业税金及附加"科目核算。

（4）"销售费用"项目，反映小企业销售商品或提供劳务过程中发生的费用。包括：销售人员的职工薪酬、商品维修费、运输费、装卸费、包装费、保险费、广告费和业务宣传费、展览费等费用。本项目应根据"销售费用"科目的发生额分析填列。

（5）"管理费用"项目，反映小企业为组织和管理生产经营发生的其他费用。包括：小企业在筹建期间内发生的开办费、行政管理部门发生的费用（包括固定资产折旧费、修理费、办公费、水电费、差旅费、管理人员的职工薪酬等）、业务招待费、研究费用、技术转让费、长期待摊费用摊销、财产保险费、聘请中介机构费、咨询费（含顾问费）、诉讼费等费用。本项目应根据"管理费用"科目的发生额填列。

（6）"财务费用"项目，反映小企业为筹集生产经营所需资金发生的筹资费用。包括：利息费用（减利息收入）、汇兑损失、银行相关手续费、小企业给予的现金折扣（减享受的现金折扣）等费用。本项目应根据"财务费用"科目的发生额填列。

（7）"投资收益"项目，反映小企业股权投资取得的现金股利（或利润）、债券投资取得的利息收入和处置股权投资和债券投资取得的处置价款扣除成本或账面价值、相关税费后的净额。本项目应根据"投资收益"科目的发生额填列；如为投资损失，以"-"号填列。

（8）"营业利润"项目，反映小企业当期开展日常生产经营活动实现的利润。本项目应根据营业收入扣除营业成本、营业税金及附加、销售费用、管理费用和财务费用，加上投资收益后的金额填列。如为亏损，以"-"号填列。

（9）"营业外收入"项目，反映小企业实现的各项营业外收入金额。其包括非流动资产处置净收益、政府补助、捐赠收益、盘盈收益、汇兑收益、出租包装物和商品等资产的租金收入、逾期未退包装物押金收益、确实无法偿付的应付款项、已做坏账损失处理后又收回的应收款项、违约金收益等。本项目应根据"营业外收入"科目的发生额填列。

（10）"营业外支出"项目，反映小企业发生的各项营业外支出金额。其包括存货的盘亏、毁损、报废损失、非流动资产处置净损失、坏账损失、无法收回的长期债券投资损失、无法收回的长期股权投资损失、自然灾害等不可抗力因素造成的损失、税收滞纳金、罚金、罚款、被没收财物的损失、捐赠支出、赞助支出等。本项目应根据"营业外支出"科目的发生额填列。

（11）利润总额"项目，反映小企业当期实现的利润总额。本项目应根据营业利润加上营业外收入减去营业外支出后的金额填列。如为亏损总额，以"-"号填列。

（12）"所得税费用"项目，反映小企业根据企业所得税法确定的应从当期利润总额中扣除的所得税费用。本项目应根据"所得税费用"科目的发生额填列。

（13）"净利润"项目，反映小企业当期实现的净利润。本项目应根据利润总额扣除所得税费用后的金额填列。如为净亏损，以"-"号填列。

六、利润表编制示例

【例 10-2】承【例 10-1】，根据表 10-3 中相关损益类科目 20×6 年的累计发生额，编制大成公司 20×6 年度利润表。如表 10-6 所示。（20×6 年"营业税金及附加——城市维护建设税"明细科目、"营业税金及附加——教育费附加"明细科目、"营业税金及附加——印花税"明细科目的借方累计发生额分别为 5 766.43 元、288.32 元、250.25 元；"销售费用——广告费和业务宣传费"明细科目的借方累计发生额为 5 400 元；"管理费用——业务招待费"明细科目的借方累计发生额为 11 200 元；"财务费用——利息费用"明细科目的借方累计发生额为 3 250 元。）

表 10-6   利润表

会小企 02 表

编制单位：大成公司   20×6 年   单位：元

项目	行次	本年累计金额	上年金额
一、营业收入	1	1 535 000	略
减：营业成本	2	1 235 770	
营业税金及附加	3	6 305	
其中：消费税	4		
营业税	5		
城市维护建设税	6	5 766.43	
资源税	7		
土地增值税	8		
城镇土地使用税、房产税、车船税、印花税	9	250.25	

续表

项目	行次	本年累计金额	上年金额
教育费附加、矿产资源补偿费、排污费	10	288.32	
销售费用	11	8 500	
其中：商品维修费	12	5 400	
广告费和业务宣传费	13		
管理费用	14	112 620	
其中：开办费	15		
业务招待费	16	11 200	
研究费用	17		
财务费用	18	4 000	
其中：利息费用（收入以"–"号填列）	19	3 250	
加：投资收益（损失以"–"号填列）	20	42 600	
二、营业利润（亏损以"–"号填列）	21	210 405	
加：营业外收入	22	68 500	
其中：政府补助	23		
减：营业外支出	24	5 000	
其中：坏账损失	25		
无法收回的长期债券投资损失	26		
无法收回的长期股权投资损失	27		
自然灾害等不可抗力因素造成的损失	28		
税收滞纳金	29		
三、利润总额（亏损总额以"–"号填列）	30	273 905	
减：所得税费用	31	66 976.25	
四、净利润（净亏损以"–"号填列）	32	206 928.75	

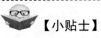

【小贴士】

需要特别计算的项目，计算过程如下：

"营业收入"项目本年累计金额=1 485 000+50 000=1 535 000（元）

"营业成本"项目本年累计金额=1 205 520+30 250=1 235 770（元）

第四节

现金流量表

一、现金流量表的含义

现金流量表，是指反映小企业在一定会计期间现金流入和流出情况的报表。编制现金流量表的主要目的，是为财务报表使用者提供小企业一定会计期间内现金流入和流出的信息，以便于财务报表使用者了解和评价小企业获取现金的能力，并据以预测小企业未来现金流量。现金流量表的作用主要体现在以下几个方面。

（1）现金流量表可以提供小企业的现金流量信息，从而对小企业整体财务状况做出客观评价。在市场经济条件下，竞争异常激烈，小企业要想站稳脚跟，不但要想方设法把自身的产品销售出去，更重要的是要及时收回销货款，以便以后的经营活动能够顺利开展。除了经营活动以外，企业所从事的投资和筹资活动同样影响着现金流量，从而影响财务状况。如果小企业进行投资，而没能取得相应的现金回报，就会对企业的财务状况产生不良影响（如流动性、偿债能力）。从小企业的现金流量情况看，可以大致判断其经营周转是否顺畅。

（2）通过现金流量表可以对小企业的支付能力和偿债能力以及小企业对外部资金的需求情况做出较为可靠的判断。评估企业是否具有这些能力，最直接有效的方法是分析现金流量。现金流量表披露的经营活动净现金流入本质上代表了小企业自我创造现金的能力，尽管小企业取得现金还可以通过对外筹资的途径，但债务本金的偿还最终取决于经营活动现金流入。因此，经营活动的净现金流入占总来源的比例越高，企业的财务基础越稳固，支付能力和偿债能力才越强。

（3）通过现金流量，不但可以了解小企业当前的财务状况，还可以预测小企业未来的发展情况。如果现金流量表中各部分现金流量结构合理，现金流入和流出无重大异常波动，一般来说小企业的财务状况基本良好。另一方面，企业最常见的失败原因、症状也可在现金流量表中得到反映，例如，从投资活动流出的现金、筹资活动流入的现金和筹资活动流出的现金中，可以分析企业是否存在过度扩大经营规模；通过比较当期净利润与当期净现金流量，可以看出非现金流动资产吸收利润的情况，评价企业产生净现金流量的能力是否偏低。

二、现金流量表的编制基础

现金流量表以现金为基础编制，作为现金流量表中反映的现金，必须是可以随时用于支付的，不能随时用于支付的不属于现金。"可以随时用于支付"意味着该现金的使用不受第三方的限制，小企业有支配权可以使用和支付。据此，现金流量表中的现金具体包括以下几个方面。

（1）库存现金，是指小企业持有可随时用于支付的现金，与"库存现金"科目核算内容一致。

（2）银行存款，是指小企业存入银行或其他金融机构、可以随时用于支取的存款，与"银行存款"科目核算内容基本一致，但不包括不能随时用于支付的存款。如不能随时支取的定期存款等不应作为现金；提前通知金融机构便可支取的定期存款则应包括在现金范围内。

（3）其他货币资金，是指存放在银行或其他金融机构的外埠存款、银行汇票存款、银行本票存款、信用卡存款、信用证保证金存款、存出投资款等，与"其他货币资金"科目核算内容一致。

 【小贴士】

注意《小企业会计准则》中现金流量表中的现金的含义与《企业会计准则》中现金流量表中的现金的含义不同。《小企业会计准则》现金流量表中的现金仅包括库存现金、银行存款及其他货币资金。而《企业会计准则》现金流量表中的现金不仅包括库存现金、银行存款、其他货币资金，

还包括现金等价物，即投资期限短、流动性强、易于转换为已知金额的现金、价值变动风险很小的投资。

三、现金流量的分类

根据小企业日常经营活动的性质和现金流量的来源，小企业一定期间产生的现金流量分为3类：经营活动现金流量、投资活动现金流量、筹资活动现金流量。

1. **经营活动现金流量**

经营活动，是指小企业投资活动和筹资活动以外的所有交易和事项。小企业经营活动产生的现金流量应当单独列示反映下列信息的项目：

（1）销售产成品、商品、提供劳务收到的现金；

（2）购买原材料、商品、接受劳务支付的现金；

（3）支付的职工薪酬；

（4）支付的税费。

2. **投资活动现金流量**

投资活动，是指小企业固定资产、无形资产、其他非流动资产的购建和短期投资、期债券投资、长期股权投资及其处置活动。小企业投资活动产生的现金流量应当单独列示反映下列信息的项目：

（1）收回短期投资、长期债券投资和长期股权投资收到的现金；

（2）取得投资收益收到的现金；

（3）处置固定资产、无形资产和其他非流动资产收回的现金净额；

（4）短期投资、长期债券投资和长期股权投资支付的现金；

（5）购建固定资产、无形资产和其他非流动资产支付的现金。

【小贴士】

现金流量表中的投资与经济业务中常讲的投资有区别，经济业务中所讲的投资主要是企业对外投资活动，包括债券投资和股权投资等。现金流量表中的投资活动既包括经经济业务中所讲的对外投资，也包括企业内部长期资产的购建，如小企业购建固定资产、无形资产及其他非流动资产等。

3. **筹资活动现金流量**

筹资活动，是指导致小企业资本及债务规模和构成发生变化的活动。小企业筹资活动产生的现金流量应当单独列示反映下列信息的项目：

（1）取得借款收到的现金；

（2）吸收投资者投资收到的现金；

（3）偿还借款本金支付现金；

（4）偿还借款利息支付的现金；

（5）分配利润支付的现金。

【小贴士】

因购买材料、商品或接受应税劳务而产生的应付账款及应付票据属于经营活动,不属于筹资活动。

四、现金流量表的结构

现金流量表由表头及正表两部分构成。表头部分包括现金流量表的名称、编号、编制单位、编表时间和金额单位等内容。正表部分是现金流量表的主体,一般采用报告式结构,分类反映企业经营活动产生的现金流量、投资活动产生的现金流量和筹资活动产生的现金流量,最后汇总反映企业某一期间的现金净增加额。

小企业现金流量表的具体格式如表 10-7 所示。

表 10-7 现金流量表

会小企 03 表

编制单位: 年 月 单位:元

项目	行次	本年累计金额	本月金额
一、经营活动产生的现金流量			
销售产品、商品、提供劳务收到的现金	1		
收到其他与经营活动有关的现金	2		
购买原材料、商品、接受劳务支付的现金	3		
支付的职工薪酬	4		
支付的税费	5		
支付其他与经营活动有关的现金	6		
经营活动产生的现金流量净额	7		
二、投资活动产生的现金流量			
收回短期投资、长期债券投资和长期股权投资收到的现金	8		
取得投资收益收到的现金	9		
处置固定资产、无形资产和其他非流动资产收回的现金净额	10		
短期投资、长期债券投资和长期股权投资支付的现金	11		
购建固定资产、无形资产和其他非流动资产支付的现金	12		
投资活动产生的现金流量净额	13		
三、筹资活动产生的现金流量			
取得借款收到的现金	14		
吸收投资者投资收到的现金	15		
偿还借款本金支付的现金	16		
偿还借款利息支付的现金	17		
分配利润支付的现金	18		
筹资活动产生的现金流量净额	19		
四、现金净增加额	20		
加:期初现金余额	21		
五、期末现金余额	22		

五、现金流量表项目的填列方法

现金流量表中一般设有"本年累计金额"和"本月金额"两栏，其填列方法如下。

"本年累计金额"栏反映各项目自年初起至报告期末（月末、季末、年末）止的累计实际发生额。本栏各项目应根据本期现金流量表"本月金额"加上期初现金流量表"本年累计金额"栏的数字填列。

"本月金额"栏反映各项目自本月初起至本月末止的实际发生额。不编制月度现金流量表的小企业，在编制季度现金流量表时，应将"本月金额"栏改为"本季度金额"栏，反映各项目自本季度期初起至本季度末止的实际发生额。

小企业编制年度现金流量表时，应将"本月金额"栏改为"上年金额"栏，填列上年全年实际发生额。如果上年度现金流量表中各项目名称和内容与本年度现金流量表不一致，应对上年度现金流量表项目的名称和内容按本年度的规定进行调整，填入报表的"上年金额"栏。

现金流量表中"一、经营活动产生的现金流量"项目、"二、投资活动产生的现金流量"项目和"三、筹资活动产生的现金流量"项目，这3项不得填列金额。

六、现金流量表项目的填列说明

1. 经营活动产生的现金流量

（1）"销售产品、商品、提供劳务收到的现金"项目，反映小企业销售产品、商品、提供劳务收到的现金，包括销售收入和应向购买方收取的增值税销项税额。具体包括本期销售产品及商品、提供劳务收到的现金，以及前期销售产品及商品、提供劳务本期收到的现金、本期预收的款项减去本期销售本期退回的产品及商品和前期销售本期退回的产品及商品支付的现金。

在填列"销售产成品、商品、提供劳务收到的现金"项目时，应考虑的因素有营业收入的发生额、应收账款的增减变动、应收票据的增减变动、预收账款的增减变动、销售退回、应交增值税销项税额的发生额。

本项目根据资产负债表、利润表及部分科目记录资料填列。其计算公式为：

销售产成品、商品、提供劳务收到的现金=营业收入+应收账款的减少额（期初余额-期末余额）

+应收票据的减少额（期初余额-期末余额）

+预收账款的增加额（期末余额-期初余额）

-债务人以非现金资产抵债减少的应收账款和应收票据

（2）"收到其他与经营活动有关的现金"项目，反映小企业本期收到的其他与经营动有关的现金。具体包括罚款收入、经营租赁固定资产收到的现金、流动资产损失中由个人赔偿的现金收入、政府补助收入等。本项目可以根据"库存现金""银行存款""管理费用""销售费用""营业外收入"等科目的发生额分析填列。

（3）"购买原材料、商品、接受劳务支付的现金"项目，反映小企业购买材料、商品、接受劳务实际支付的现金，包括支付的货款以及与货款一并支付的增值税进项税额。具体包括本期购买材料及商品、接受劳务支付的现金，以及本期支付前期购买材料及商品、接受劳务的未付款项和本期预付款项，减去本期发生的购货退回收到的现金。

在填列"购买原材料、商品、接受劳务支付的现金"项目时，应考虑的因素有：营业成本、存货增减变动、应交增值税（进项税额）的发生额、应付账款增减变动、应付票据增减变动、预付账款增减变动以及购货退回收到的现金等。

本项目根据资产负债表、利润表及部分科目记录资料填列。其计算公式为：

购买原材料、商品、接受劳务支付的现金=营业成本+存货的增加额（期末余额-期初余额）

+应付账款的减少额（期初余额-期末余额）

+应付票据的减少额（期初余额-期末余额）

+预付账款的增加额（期末余额-期初余额）

还要考虑抵偿非流动负债等有关的存货增减数、非现金抵债、非存货抵债引起的应付账款、应付票据减少数、直接购货业务应交增值税（进项税额）的发生额及营业成本的中非外购存货费用。

（4）"支付的职工薪酬"项目，反映小企业本期实际向职工支付的薪酬，包括小企业为获得职工提供的服务。本期实际给予的各种形式的报酬以及其他相关支出，如支付给职工的工资、奖金、各种津贴和补贴等，以及为职工支付的其他费用。

支付给职工和为职工支付的现金=本期产品成本及管理、销售费用等项目中的职工薪酬（除非货币性薪酬）+应付职工薪酬项目（除"在建工程"薪酬）（期初余额-期末余额）

（5）"支付的税费"项目，反映小企业按规定本期支付的各项税费，包括本期发生并支付的税费、以及本期支付以前各期发生的税费和预交的税费，如支付的增值税、消费税、城市维护建设税、教育费附加、印花税、房产税、土地增值税、车船使用税、所得税等。本项目可以根据"库存现金""银行存款""应交税费"等科目的本期发生额填列。

支付的各项税费=营业税金及附加+所得税费用+应交税费项目（不包含增值税）（期初余额-期末余额）+已缴纳的增值税

（6）"支付其他与经营活动有关的现金"项目，反映小企业本期支付的其他与经营活动有关的现金，如罚款支出、支付差旅费、业务招待费、保险费、经营租赁资产支付的租金等。本项目可以根据"库存现金""银行存款"等科目的本期发生额分析填列。

2. 投资活动产生的现金流量

（1）"收回短期投资、长期债券投资和长期股权投资收到的现金"项目，反映小业出售、转让或到期收回短期投资、长期股权投资而收到的现金，以及收回长期债券投资本金而收到的现金，不包括长期债券投资收回的利息。本项目可以根据"库存现金""银行存款""其他货币资金""短期投资""长期股权投资""长期债券投资"等科目的本期发生额分析填列。

（2）"取得投资收益收到的现金"项目，反映小企业因权益性投资和债权性投资取得的现金股利或利润和利息收入。本项目可以根据"库存现金""银行存款""其他货币资金""投资收益"等科目的本期发生额分析填列。

（3）"处置固定资产、无形资产和其他非流动资产收回的现金净额"反映小企业处置固定资产、无形资产和其他非流动资产取得的现金，减去为处置这些资产而支付的有关税费等后的净额。本项目可以根据"库存现金""银行存款""固定资产清理""无形资产""生产性生物资产"等科目的本期发生额分析填列。

（4）"短期投资、长期债券投资和长期股权投资支付的现金"项目，反映小企业进行权益性投资和债权性投资支付的现金。其包括企业取得短期股票投资、短期债券投资、短期基金投资、长期债券投资、长期股权投资支付的现金。本项目可以根据"库存现金""银行存款""其他货币资金""短期投资""长期债券投资""长期股权投资"等科目的本期发生额分析填列。

（5）"购建固定资产、无形资产和其他非流动资产支付的现金"项目，反映小企业购建固定资产、无形资产和其他非流动资产支付的现金。其包括购买机器设备、无形资产、生产性生物资产支付的现金、建造工程支付的现金等现金支出，不包括为购建固定产、无形资产和其他非流动资产而发生的借款费用资本化部分和支付给在建工程和资产开发项目人员的薪酬。为购建固定资产、无形资产和其他非流动资产而发生的借款费用资本化部分，在"偿还借款利息支付的现金"项目反映；支付给在建工程和无形资产开发项目人员的薪酬，在"支付的职工薪酬"项目反映。本项目可以根据"库存现金""银行存款""固定资产""在建工程""无形资产""研发支出""生产性生物资产""应付职工薪酬"等科目的本期发生额分析填列。

3. 筹资活动产生的现金流量

（1）"取得借款收到的现金"项目，反映小企业举借各种短期、长期借款收到的现金。本项目可以根据"库存现金""银行存款""短期借款""长期借款"等科目的本期发生额分析填列。

（2）"吸收投资者投资收到的现金"项目，反映小企业收到的投资者作为资本投入的现金。本项目可以根据"库存现金""银行存款""实收资本"等科目本期发生额分析填列。

（3）"偿还借款本金支付的现金"项目，反映小企业以现金偿还各种短期、长期借款的本金。本项目可以根据"库存现金""银行存款""短期借款""长期借款"等科目的本期发生额分析填列。

（4）"偿还借款利息支付的现金"项目，反映小企业以现金偿还各种短期、长期借款利息。本项目可以根据"库存现金""银行存款""应付利息"等科目的本期发生额分析填列。

（5）"分配利润支付的现金"项目，反映小企业向投资者实际支付的利润。本项目可以根据"库存现金""银行存款""应付股利或利润"等科目的本期发生额分析填列。

七、现金流量表编制示例

【例 10-3】M 公司 20×6 年度资产负债简表（见表 10-8）和利润简表（见表 10-9）如下。

表 10-8　　　　　　　　　　　　　资产负债表（简）

编制单位：M 公司　　　　　　　　20×6 年 12 月 31 日　　　　　　　　　　　单位：元

资产	期末数	年初数	负债和所有者权益	期末数	年初数
流动资产：			流动负债：		
货币资金	68 437	94 037	应付账款	74 611	33 039
应收票据	136 203	16 600	应付职工薪酬	13 100	12 500
应收账款	230 040	156 798	应交税费	2 162	-1325
预付账款	18 423	67 266	其他应付款	50 800	
存货	115 634	90 228	流过负债合计	140 673	44 214

资产	期末数	年初数	负债和所有者权益	期末数	年初数
流动资产合计	568 737	424 929	非流动负债：		
非流动资产：			长期借款	50 000	50 000
固定资产	37 360	62 550	负债合计	190 673	94 214
非流动资产合计	37 360	62 550	所有者权益：		
			实收资本	500 000	500 000
			未分配利润	-84 576	-106 735
			所有者权益合计	415 424	393 265
资产合计	606 097	487 479	负债及所有者权益合计	606 097	487 479

表 10-9　　　　　　　　　　　　　　利润表（简）

编制单位：M 公司　　　　　　　　　　　　20×6 年　　　　　　　　　　　　　　单位：元

项目	本年累计数
一、营业收入	946 492
减：营业成本	771 685
营业税金及附加	2 535
销售费用	19 121
管理费用	130 238
财务费用	394
二、营业利润（亏损以"-"号填列）	22 519
加：营业外收入	
减：营业外支出	
三、利润总额（亏损以"-"号填列）	22 519
减：所得税费用	0
四、净利润（净亏损以"-"号）	22 159

其他相关资料：

（1）本年缴纳增值税 20 730 元。

（2）管理费用及销售费用中包括工资费用 125 000 元。

表 10-10　　　　　　　　　　　　　　现金流量表

会小企 03 表

编制单位：M 公司　　　　　　　　　　　　20×6 年　　　　　　　　　　　　　　单位：元

项目	行次	本年累计金额	上年金额
一、经营活动产生的现金流量			
销售产品、商品、提供劳务收到的现金	1	914 550.64	
收到其他与经营活动有关的现金	2		
购买原材料、商品、接受劳务支付的现金	3	837 862.45	
支付的职工薪酬	4	124 400	
支付的税费	5	19 778	

续表

项目	行次	本年累计金额	上年金额
支付其他与经营活动有关的现金	6		
经营活动产生的现金流量净额	7	-67 489.81	
二、投资活动产生的现金流量			
收回短期投资、长期债券投资和长期股权投资收到的现金	8		
取得投资收益收到的现金	9		
处置固定资产、无形资产和其他非流动资产收回的现金净额	10		
短期投资、长期债券投资和长期股权投资支付的现金	11		
购建固定资产、无形资产和其他非流动资产支付的现金	12		
投资活动产生的现金流量净额	13		
三、筹资活动产生的现金流量			
取得借款收到的现金	14		
吸收投资者投资收到的现金	15		
偿还借款本金支付的现金	16		
偿还借款利息支付的现金	17		
分配利润支付的现金	18		
筹资活动产生的现金流量净额	19		
四、现金净增加额	20	-67 489.81	
加：期初现金余额	21	94 037	
五、期末现金余额	22	26 547.19	

【解析】分析填列法就是直接根据资产负债表、利润表和有关会计科目明细账的记录，分析计算出现金流量表各项目的金额，并据以编制现金流量表。

（1）"销售产成品、商品、提供劳务收到的现金"=营业收入946 492+增值税销项税额160 903.64（946 492×17%）+应收账款的减少额（156 798-230 040）+应收票据减少额（16 600-136 203）=914 550.64（元）。

（2）"购买原材料、商品、接受劳务支付的现金"=营业成本771 685+本期购进存货支付的进项税额131 186.45（771 685×17%）+本期存货的增加额（115 634-90 228）+应付账款减少额（33 039-74 611）+预付账款的增加额（18 423-67 266）=837 862.45（元）。

（3）"支付的职工薪酬"=125 000+（12 500-13 100）=124 400（元）。

（4）"支付的税费"=营业税金及附加+已缴纳的增值税=2 535+20 730+（-1325-2 162）=19 778（元）。

第五节

附注

一、附注的含义

附注，是指对在资产负债表、利润表和现金流量表等报表中列示项目的文字描述明细资料，以及对未能在这些报表中列示项目的说明等。附注既是对财务报表的补充说明，也是财务报表不可缺少的内容。很多情况只有通过附注，才能对财务报表有全面、准确的理解，一些在财务报表中以表格形式难以表述的内容，也需要通过报表附注加以反映。附注在财务报表中发挥着越来越重要的作用。

二、附注的内容

（1）遵循《小企业会计准则》的声明。小企业应当声明编制的财务报表符合小企业会计准则的要求，真实、完整地反映了小企业的财务状况、经营成果和现金流量等有关信息。

（2）短期投资、应收账款、存货、固定资产项目的说明。其具体格式分别如下。

短期投资的披露格式如下。

项目	期末账面余额	期末市价	期末账面余额与市价的差额
1. 股票			
2. 债券			
3. 基金			
4. 其他			
合计			

应收账款按账龄结构披露的格式如下。

账龄结构	期末账面余额	年初账面余额
1 年以内（含 1 年）		
1 年至 2 年（含 2 年）		
2 年至 3 年（含 3 年）		
3 年以上		
合计		

存货的披露格式如下。

存货种类	期末账面余额	期末市价	期末账面余额与市价的差额
1. 原材料			
2. 在产品			
3. 库存商品			
4. 周转材料			
5. 消耗性生物资产			
……			
合计			

固定资产的披露格式如下。

项目	原价	累计折旧	期末账面价值
1. 房屋、建筑物			
2. 机器			
3. 机械			
4. 运输工具			
5. 设备			
6. 器具			
7. 工具			
……			
合计			

（3）应付职工薪酬、应交税费项目的说明。

应付职工薪酬的披露格式如下。

表 10-11　　　　　　　　　　　应付职工薪酬明细表

编制单位　　　　　　　　　　　　　　年　　月　　　　　　　　　　会小企 01 表附表 1

单位：元

项目	期末账面余额	年初账面余额
1. 职工工资		
2. 资金、津贴和补贴		
3. 职工福利费		
4. 社会保险费		
5. 住房公积金		
6. 工会经费		
7. 职工教育经费		
8. 非货币性福利		
9. 辞退福利		
10. 其他		
合计		

应交税费的披露格式如下：

表 10-12　　　　　　　　　　　应交税费明细表

编制单位：　　　　　　　　　　　　　年　　月　　　　　　　　　　会小企 01 表附表 2

单位：元

项目	期末账面余额	年初账面余额
1. 增值税		
2. 消费税		
3. 城市维护建设税		
4. 企业所得税		
5. 资源税		
6. 土地增值税		

续表

项 目	期末账面余额	年初账面余额
7. 城镇土地使用税		
8. 房产税		
9. 车船税		
10. 教育费附加		
11. 矿产资源补偿费		
12. 排污费		
13. 代扣代缴的个人所得税		
合计		

（4）利润分配的说明。

利润分配表的披露格式如下：

表 10-13 利润分配表

编制单位： 年 度 会小企 01 表附表 3

单位：元

项 目	行次	本年金额	上年金额
一、净利润	1		
加：年初未分配利润	2		
其他转入	3		
二、可供分配的利润	4		
减：提取法盈余公积	5		
提取任意盈余公积	6		
提取职工奖励及福利基金*	7		
提取企业发展基金*	8		
提取储备基金*	9		
利润归还投资**	10		
三、可供投资者分配的利润	11		
减：应付利润	12		
四、未分配利润	13		

注：* 提取职工奖励及福利基金、提取企业发展基金、提取储备基金这 3 个项目仅适用于小企业（外商投资）按照相关法律规定提取的 3 项基金。

** 利润归还投资这个项目仅适用于小企业（中外合作经营）根据合同规定在合作期间归还投资者的投资。

（5）用于对外担保的资产名称、账面余额及形成的原因；未决诉讼、未决仲裁以及对外提供担保所涉及的金额。

（6）发生严重亏损的，应当披露持续经营的计划、未来经营的方案。

（7）对已在资产负债表和利润表中列示项目与《企业所得税法》规定存在差异的纳税调整过程。

（8）其他需要在附注中说明的事项。

第六节 纳税申报

小企业的经济活动归根结底就是资金运动。小企业根据《小企业会计准则》的规定，对其发生的经济活动，取得原始凭证、经过审核签批，编制记账凭证，再记入账簿，最后生成会计报表，报告小企业资金运动的过程和结果。由于企业必须定期向税务部门申报与缴纳各种税款，小企业需要根据会计账簿、报表等资料填列纳税申报表，并通过一定的方式办理纳税申报。税务机关受理纳税申报后，通知银行划转税款。银行凭《税收缴款书》通知企业已缴纳税款。

一、纳税申报的含义

纳税申报是指纳税人在发生法定纳税义务后，按照税法规定的期限和内容向税务机关提交有关纳税事项书面报告的法律行为，是纳税人履行纳税义务、承担法律责任的主要依据，是税务机关税收管理信息的主要来源和税务管理的一项重要制度。

二、纳税申报的方式

纳税申报方式有以下几种。

（1）直接申报（即上门申报），即由纳税人和扣缴义务人在法定税款征收期内自行到税务机关报送纳税资料。

（2）邮寄申报。是指经税务机关批准的纳税人、扣缴义务人使用统一规定的纳税申报特快专递专用信封，通过邮政部门办理交寄手续，并向邮政部门索取收据作为申报凭证的方式。

（3）数据电文申报（电子申报）。是指经税务机关批准纳税人通过电话语音、电子数据交换和网络传输等形式办理的纳税申报。

（4）简易申报。是指实行定期定额的纳税人，经税务机关批准，通过以缴纳税款凭证代替申报或简并征期的一种申报方式。

（5）其他方式。是指纳税人、扣缴义务人采用直接办理、邮寄办理、数据电文以外的方法向税务机关办理纳税申报或者报送代扣代缴、代收代缴报告表。

实务中，目前各级税务机关对所管辖区域内的纳税人主要是通过网上申报（即第 3 种方式）进行税收管理工作。网上申报是指纳税户通过 Internet 接入各级税务机关电子申报网页，用合法用户名和口令登录电子申报服务器。选择填写相关申报表，填写完成后提交。电子申报服务器将纳税户提交的申报数据按不同的税务机关分组暂存。税务局端随机收取相关的分组数据并对数据进行处理。数据处理完成后，税务机关将纳税人的纳税账号和相应的扣款数据发送指定银行扣除税款，并根据银行确认的扣款信息，以电子邮件的方式自动向相关纳税户发出电子邮件，告知最后申报处理结果。

三、网上申报所涉及的相关机构

1. 税务机关

各市财税直属分局、各区（县）税务分局受理各自业务管辖范围内纳税户提出的网上申报申请，负责接收和处理网上申报纳税户提交的申报数据，并通过协议扣款的形式直接从指定的税款预储账户中扣缴税款。

2. 服务商

为网上报税提供有偿登录服务和技术支持，负责对合法用户提交的申报数据进行分组暂存，配合相应的税务机关按管辖范围收取申报数据。该服务商为网上报税用户颁发 CA 数字证书，为征纳双方提供安全的第三方认证技术，防止网上申报数据被窃取被篡改造成泄密或损失。CA 数字证书的申请由各主管税务机关受理。

3. 银行

纳税户开设税款预储账户的有关商业银行。纳税人可以根据其主管税务机关的要求，到指定的银行办理税款预储账户的开户手续。实务中，银行一般为纳税人的开户银行。

四、网上申报流程

（1）插入 CA 数字证书，打开网页浏览器，输入各省市税务局网址，登录各省国税及市地方税务局网站。

（2）增值税一般纳税人（以下简称纳税人）在纳税申报期截止日期的前一个工作日内，通过互联网登录到国税网上申报系统，填写增值税纳税申报表主表、附表及其他附列资料，审核确认无误后通过"纳税申报"模块在线提交电子报表。国税申报系统主要是申报增值税及所得税（有一些省市所得税归地方税务局征管，则登录地方税务局网站申报。企业除增值税外，还需要缴纳印花税、城市维护建设税、教育费附加及代扣代缴个人所得税，这些税费归各地方税务局申报，需要登录各地方税务局网站填表申报。

（3）缴纳税款。纳税人当期申报如有应纳税额，申报工作完成后，相应的税款会通过绑定的纳税人的开户银行代扣缴纳税款。

（4）增值税一般纳税人的税控 IC 卡清卡。一般纳税人增值税申报工作完成后，纳税人需要在线登录税控系统，完成税控 IC 卡清卡工作，此项工作只需要纳税人在线登录税控系统，系统会自动完成清卡工作。如果不清卡，会影响开具增值税专用发票。

【小贴士】

对于刚开始从事会计工作的会计人员，首次纳税申报时，可能不知道企业该申报哪些税，申报地税时，网页上有一个查询功能，清楚地告诉每个纳税人当期需要申报哪些税，按要求填写相关申报表即可。

五、税收申报注意事项

（1）无论有无收入都要进行申报，没有收入则进行零申报。

（2）每个月初申报期内申报的是上个月的税。

（3）申报日期：涉及的常规税种（增值税、消费税、印花税、城市维护建设税等）一般在次月的 15 日之前申报，具体时间可以查阅各地税务局网站。一定注意不得逾期申报，如果确实需要延期的，需要提前向税务机关提出申请。

（4）税种申报归属。有些税种需要在国税局网上申报，有些税种需要在地税局网上申报。目前一般来说，由国税局征收的税种有：增值税、消费税、国辆购置税。由地税局征收的税种：印花税、资源税、城市维护建设税、土地使用税、城镇土地使用税、房产税、车船税、个人所得税及教育费附加等。企业所得税的征收通过多次调整，目前大多数企业是由国税局征收。

六、企业所得税申报示例

企业所得税纳税申报表，是企业所得税纳税人向税务机关申报缴纳企业所得税的书面报告。居民企业和非居民企业适用的《企业所得税纳税申报表》是不同的。居民企业所得税纳税申报表按申报时间分为季报和年报两种，按征收方式分为查账征收和核定征收两类。这里只列示居民企业（查账征收）企业所得税年度纳税申报表。

进入纳税申报界面后，有一张企业所得税年度纳税申报表填报表单，每个企业根据自己的实际情况，选择填报情况。具体表单格式如下。

企业所得税年度纳税申报表填报表单

纳税人识别号：

纳税人名称： 金额单位：人民币元（元至角分）

表单编号	表单名称	选择填报情况	
		填报	不填报
A000000	企业基础信息表		
A100000	中华人民共和国企业所得税年度纳税申报表（A 类）		
A101010	一般企业收入明细表		
A101020	金融企业收入明细表		
A102010	一般企业支出明细表		
A102020	金融企业支出明细表		
A103000	事业单位、民间非营利组织收入、支出明细表		
A104000	期间费用明细表		
A105000	纳税调整项目明细表		
A105010	视同销售和房地产开发企业特定业务纳税调整明细表		
A105020	未按权责发生制确认收入纳税调整明细表		
A105030	投资收益纳税调整明细表		

续表

表单编号	表单名称	选择填报情况	
		填报	不填报
A105040	专项用途财政性资金纳税调整明细表		
A105050	职工薪酬纳税调整明细表		
A105060	广告费和业务宣传费跨年度纳税调整明细表		
A105070	捐赠支出纳税调整明细表		
A105080	资产折旧、摊销情况及纳税调整明细表		
A105081	固定资产加速折旧、扣除明细表		
A105090	资产损失税前扣除及纳税调整明细表		
A105091	资产损失（专项申报）税前扣除及纳税调整明细表		
A105100	企业重组纳税调整明细表		
A105110	政策性搬迁纳税调整明细表		
A105120	特殊行业准备金纳税调整明细表		
A106000	企业所得税弥补亏损明细表		
A107010	免税、减计收入及加计扣除优惠明细表		
A107011	符合条件的居民企业之间有股息、红利等权益性投资收益优惠明细表		
A107012	综合利用资源生产产品取得的收入优惠明细表		
A107013	金融、保险等机构取得的涉农利息、保费收入优惠明细表		
A107014	研发费用加计扣除优惠明细表		
A107020	所得减免优惠明细表		
A107030	抵扣应纳税所得额明细表		
A107040	减免所得税优惠明细表		
A107041	高新技术企业优惠情况及明细表		
A107042	软件、集成电路企业优惠情况及明细表		
A107050	税额抵免优惠明细表		
A108000	境外所得税收抵免明细表		
A108010	境外所得纳税调整后所得明细表		
A108020	境外分支机构弥补亏损明细表		
A108030	跨年度结转抵免境外所得税明细表		
A109000	跨地区经营汇总纳税企业年度分摊企业所得税明细表		
A109010	企业所得税汇总纳税分支机构所得税分配表		

企业所得税纳税申报常见的申报表格式如下：

中华人民共和国企业所得税年度纳税申报表

（A类，2014年版）

税款所属期间：　　　　　　　至

纳税人识别号：

纳税人名称：

金额单位：人民币元（列至角分）

谨声明：此纳税申报表是根据《中华人民共和国企业所得税法》《中华人民共和国企业所得税法实施条例》、有关税收政策以及国家统一会计制度的规定填报的，是真实、可靠、完整的。

法定代表人（签章）　　　　年　月　日

纳税人公章：	代理申报中介机构公章：	主管税务机关受理专用章：
会计主管：	经办人： 经办人执业证件号码：	受理人：
填表日期　　年 月 日	代理申报日期：　年 月 日	受理日期：　　年 月 日

A100000

中华人民共和国企业所得税年度纳税申报表（A类）

纳税人识别号：

纳税人名称：　　　　　　　　　　　　　　　　　　　　　　　　　金额单位：人民币元（列至角分）

行次	类别	项目	金额
1	利润总额计算	一、营业收入（填写 A101010\101020\103000）	
2		减：营业成本（填写 A102010\102020\103000）	
3		营业税金及附加	
4		销售费用（填写 A104000）	
5		管理费用（填写 A104000）	
6		财务费用（填写 A104000）	
7		资产减值损失	
8		加：公允价值变动收益	
9		投资收益	
10		二、营业利润（1-2-3-4-5-6-7+8+9）	
11		加：营业外收入（填写 A101010\101020\103000）	
12		减：营业外支出（填写 A101010\101020\103000）	
13		三、利润总额（10+11-12）	
14	应纳税所得额计算	减：境外所得（填写 A108010）	
15		加：纳税调整增加额（填写 A105000）	
16		减：纳税调整减少额（填写 A105000）	
17		减：免税、减计收入及加计扣除（填写 A107010）	
18		加：境外应税所得抵减境内亏损（填写 A108000）	
19		四、纳税调整后所得（13-14+15-16-17+18）	
20		减：所得减免（填写 A107020）	
21		减：抵扣应纳税所得额（填写 A107030）	
22		减：弥补以前年度亏损（填写 A106000）	
23		五、应纳税所得额（19-20-21-22）	

续表

行次	类别	项目	金额
24		税率（25%）	
25		六、应纳所得税额（23×24）	
26		减：减免所得税额（填写A107040）	
27		减：抵免所得税额（填写A107050）	
28	应纳 税额 计算	七、应纳税额（25-26-27）	
29		加：境外所得应纳所得税额（填写A108000）	
30		减：境外所得抵免所得税额（填写A107050）	
31		八、实际应纳所得税额（28+29-30）	
32		减：本年累计实际已预缴的所得税额	
33		九、本年应补（退）所得税额（31-32）	
34		其中：总机构分摊本年应补（退）所得税额（填写A109000）	
35		财政集中分配本年应补（退）所得税额（填写A109000）	
36		总机构主体生产经营部门分摊本年应补（退）所得税额（填写A109000）	
37	附列资料	以前年度多缴的所得税额在本年抵减额	
38		以前年度应缴未缴在本年入库所得税额	

A105000

纳税调整项目明细表

纳税人识别号：

纳税人名称：　　　　　　　　　　　　　　　　　　　　　金额单位：人民币元（列至角分）

行次	项目	账载 金额	税收 金额	调增 金额	调减 金额
1	一、收入类调整项目（2+3+4+5+6+7+8+10+11）				
2	（一）视同销售收入（填写A105010）				
3	（二）未按权责发生制原则确认的收入（填写A105010）				
4	（三）投资收益（填写A105030）				
5	（四）按权益法核算长期股权投资对初始投资成本调整确认收益				
6	（五）交易性金融资产初始投资调整				
7	（六）公允价值变动净损益				
8	（七）不征税收入				
9	其中：专项用途财政性资金（填写A105040）				
10	（八）销售折扣、折让和退回				
11	（九）其他				
12	二、扣除类调整项目 （13+14+15+16+17+18+19+20+21+22+23+24+26+27+28+29）				
13	（一）视同销售成本（填写A105010）				
14	（二）职工薪酬（填写A105050）				
15	（三）业务招待支出				
16	（四）广告费和业务宣传费支出（填写A105060）				

续表

行次	项目	账载金额	税收金额	调增金额	调减金额
17	（五）捐赠支出（填写 A105070）				
18	（六）利息支出				
19	（七）罚金、罚款和被没收财物的损失				
20	（八）税收滞纳金、加收利息				
21	（九）赞助支出				
22	（十）与未实现融资收益相关在当期确认的财务费用				
23	（十一）佣金和手续费支出				
24	（十二）不征税收入用于支出所形成的费用				
25	其中：专项用途财政资金用于支出所形成的费用（填写 A105040）				
26	（十三）跨期扣除项目				
27	（十四）与取得收入无关的支出				
28	（十五）境外所得分摊的共同支出				
29	（十六）其他				
30	三、资产类调整项目（31+32+33+34）				
31	（一）资产折旧、摊销（填写 A105080）				
32	（二）资产减值准备金				
33	（三）资产损失（填写 A105090）				
34	（四）其他				
35	四、特殊事项调整项目（36+37+38+39+40）				
36	（一）企业重组（填写 A105100）				
37	（二）政策性搬迁（填写 A105110）				
38	（三）特殊行业准备金（填写 A105120）				
39	（四）房地产开发企业特定业务计算的纳税调整额（填写 A105010）				
40	（五）其他				
41	五、特别纳税调整应税所得				
42	六、其他				
43	合计（1+12+30+35+41+42）				

A101010　　　　　　　　　　　　一般企业收入明细表

纳税人识别号：

纳税人名称：　　　　　　　　　　　　　　　　　　　　　金额单位：人民币元（列至角分）

行次	项目	金额
1	一、营业收入（2+9）	
2	（一）主营业务收入（3+5+6+7+8）	
3	1. 销售商品收入	
4	其中：非货币性资产交换收入	
5	2. 提供劳务收入	
6	3. 建造合同收入	

续表

行次	项目	金额
7	4. 让渡资产使用权收入	
8	5. 其他	
9	（二）其他业务收入（10+12+13+14+15）	
10	1. 销售材料收入	
11	其中：非货币性资产交换收入	
12	2. 出租固定资产收入	
13	3. 出租无形资产收入	
14	4. 出租包装物和商品收入	
15	5. 其他	
16	二、营业外收入（17+18+19+20+21+22+23+24+25+26）	
17	（一）非流动资产处置利得	
18	（二）非货币性资产交换利得	
19	（三）债务重组利得	
20	（四）政府补助利得	
21	（五）盘盈利得	
22	（六）捐赠利得	
23	（七）罚没利得	
24	（八）确实无法偿付的应付款项	
25	（九）汇兑收益	
26	（十）其他	

A102010 　　　　　　　　　　　　一般企业成本支出明细表

纳税人识别号：

纳税人名称：　　　　　　　　　　　　　　　　　　　金额单位：人民币元（列至角分）

行次	项目	金额
1	一、营业成本（2+9）	
2	（一）主营业务成本（3+5+6+7+8）	
3	1. 销售商品成本	
4	其中：非货币性资产交换成本	
5	2. 劳务成本	
6	3. 建造合同成本	
7	4. 让渡资产使用权成本	
8	5. 其他	
9	（二）其他业务成本（10+12+13+14+15）	
10	1. 销售材料成本	
11	其中：非货币性资产交换成本	
12	2. 出租固定资产成本	
13	3. 出租无形资产成本	
14	4. 出租包装物成本	

续表

行次	项目	金额
15	5. 其他	
16	二、营业外支出（17+18+19+20+21+22+23+24+25+26）	
17	（一）非流动资产处置损失	
18	（二）非货币性资产交换损失	
19	（三）债务重组损失	
20	（四）非常损失	
21	（五）损赠损失	
22	（六）赞助支出	
23	（七）罚没支出	
24	（八）坏账损失	
25	（九）无法收回的债券股权投资损失	
26	（十）其他	

习题精练

一、单选题

1."应收账款"科目明细账上若有贷方余额，应将其计入资产负债表中的（   ）科目。

    A. 应收账款   B. 预收账款   C. 应付账款   D. 其他应付款

2. 某企业 20×3 年 4 月 1 日从银行借入期限为 3 年的长期借款 500 万元，编制 20×5 年 12 月 31 日资产负债表时，此项借款应填入的报表项目是（   ）。

    A. 短期借款   B. 长期借款   C. 其他非流动负债   D. 其他流动负债

3. 甲企业"原材料"科目借方余额 100 万元，"生产成本"科目借方余额 50 万元，"库存商品"科目 100 万元，"材料成本差异"科目贷方余额 10 万元，该企业期末资产负债表中"存货"项目应填列的金额为（   ）万元。

    A. 250   B. 240   C. 200   D. 190

4. 某企业 20×6 年 2 月末"本年利润"的借方余额为 3 万元，20×6 年年初"利润分配"科目贷方余额为 10 万元，则该企业 20×6 年 2 月末资产负债表中"未分配利润"项目金额为（   ）万元。

    A. 7   B. 10   C. 3   D. 13

5. 下列事项中会引起现金流量净额发生变动的是（   ）。

    A. 将现金存入银行   B. 从银行存款划转一笔款项申请银行汇票

    C. 用产品抵偿债务   D. 用银行存款清偿 10 万元的债务

二、多选题

1. 小企业的财务报表至少应当包括（   ）报表。

    A. 资产负债表   B. 利润表   C. 现金流量表   D. 所有者权益变动表

2. 资产负债表中货币资金项目中包括的项目有（　　）。

    A. 银行本票存款   B. 银行承兑汇票   C. 商业承兑汇票   D. 银行存款

3. 下列各项中，属于资产负债表"存货"项目的有（　　）。

    A. 生产成本   B. 原材料   C. 工程物资   D. 委托加工物资

4. 下列各项税费中，可以计入小企业"营业税金及附加"科目的有（　　）。

    A. 增值税   B. 城市维护建设税   C. 教育费附加   D. 地方教育费附加

5. 下列各项中属于经营活动现金流量的有（　　）。

    A. 销售商品收到的现金   B. 购买固定资产支付的现金

    C. 吸收投资收到的现金   D. 偿还应付账款支付的现金

三、判断题

1. 小企业三个月内到期的债券投资属于现金流量表的现金。（　　）

2. 小企业取得短期借款收到的现金属于经营活动产生的现金流量。（　　）

3. 小企业支付代理记账费用应通过管理费用核算。（　　）

4. 如果应交税费科目出现借方余额，应在资产负债表"应交税费"项目中以负数填列。（　　）

5. 小企业外币汇兑收益应冲减财务费用。（　　）

四、业务题

甲公司为增值税一般纳税人的小企业，适用的增值税税率为17%，所得税税率为25%。商品销售价格不含增值税；确认销售收入时逐笔结转销售成本。20×6年12月，甲公司发生如下经济业务：

（1）12月2日，向乙公司销售商品一批，销售价格为100万元，实际成本为45万元。产品已发出，款项存入银行。

（2）12月8日，收到丙公司退回的B产品并验收入库，当日支付退货款并收到经税务机关出具的《开具红字增值税专用发票通知单》。该批产品系当年8月售出并已确认销售收入，销售价格为200万元，实际成本为100万元。

（3）12月10日，与丁公司签订为期3个月的劳务合同，合同不含税总价款为500万元，待完工时一次性收取。至12月31日，实际发生劳务成本100万元（均为职工薪酬），估计为完成该合同还将发生劳务成本100万元。假定该项劳务交易的结果能够可靠估计，甲公司按实际发生的成本占估计总成本的比例确定劳务的完工进度。该劳务适用的增值税税率为17%。

（4）12月12日，向乙公司销售商品一批，按商品标价计算的金额为800万元。该批商品实际成本为400万元。由于是成批销售，甲公司给予乙公司10%的商业折扣并开具了增值税专用发票，并在销售合同中规定现金折扣条件为2/10、1/20、n/30，甲公司已于当日发出商品，乙公司于12月20日付款，假定计算现金折扣时不考虑增值税。

（5）12月20日，将本公司生产的C产品作为福利发放给工人，其中生产工人20人，管理人员10人，销售人员10人。该批产品市场销售价格为200万元，实际成本为100万元。

（6）12月20日，确认并收到国债利息收入50万元，以银行存款支付销售费用5万元，支付税收滞纳金2万元。

假定除上述资料外，不考虑其他相关因素，也不存在其他纳税调整事项。

要求：（1）根据以上资料，逐笔编制会计分录。

（2）分别计算甲公司12月份下列项目：

①营业收入；②营业成本；③期间费用；④营业利润；⑤利润总额；

⑥所得税费用；⑦净利润（列出计算过程）（以万元为单位）。

财政部关于印发《小企业会计准则》的通知

2011 年 10 月 18 日　　　　　财会〔2011〕17 号

国务院有关部委、有关直属机构，各省、自治区、直辖市、计划单列市财政厅（局），新疆生产建设兵团财务局：

为了规范小企业会计确认、计量和报告行为，促进小企业可持续发展，发挥小企业在国民经济和社会发展中的重要作用，根据《中华人民共和国会计法》及其他有关法律和法规，我部制定了《小企业会计准则》，现予印发，自 2013 年 1 月 1 日起在小企业范围内施行，鼓励小企业提前执行。我部于 2004 年 4 月 27 日发布的《小企业会计制度》（财会〔2004〕2 号）同时废止。

执行中有何问题，请及时反馈我部。

财政部

二〇一一年十月十八日

小企业会计准则
第一章　总　则

第一条　为了规范小企业会计确认、计量和报告行为，促进小企业可持续发展，发挥小企业在国民经济和社会发展中的重要作用，根据《中华人民共和国会计法》及其他有关法律和法规，制定本准则。

第二条　本准则适用于在中华人民共和国境内依法设立的、符合《中小企业划型标准规定》所规定的小型企业标准的企业。

下列三类小企业除外：

（一）股票或债券在市场上公开交易的小企业。

（二）金融机构或其他具有金融性质的小企业。

（三）企业集团内的母公司和子公司。

前款所称企业集团、母公司和子公司的定义与《企业会计准则》的规定相同。

第三条　符合本准则第二条规定的小企业，可以执行本准则，也可以执行《企业会计准则》。

（一）执行本准则的小企业，发生的交易或事项本准则未作规范的，可以参照《企业会计准则》

中的相关规定进行处理。

（二）执行《企业会计准则》的小企业，不得在执行《企业会计准则》的同时，选择执行本准则的相关规定。

（三）执行本准则的小企业公开发行股票或债券的，应当转为执行《企业会计准则》；因经营规模或企业性质变化导致不符合本准则第二条规定而成为大中型企业或金融企业的，应当从次年1月1日起转为执行《企业会计准则》。

（四）已执行《企业会计准则》的上市公司、大中型企业和小企业，不得转为执行本准则。

第四条 执行本准则的小企业转为执行《企业会计准则》时，应当按照《企业会计准则第38号——首次执行企业会计准则》等相关规定进行会计处理。

第二章 资产

第五条 资产，是指小企业过去的交易或事项形成的、由小企业拥有或者控制的、预期会给小企业带来经济利益的资源。

小企业的资产按照流动性，可分为流动资产和非流动资产。

第六条 小企业的资产应当按照成本计量，不计提资产减值准备。

第一节 流动资产

第七条 小企业的流动资产，是指预计在1年内（含1年，下同）或超过1年的一个正常营业周期内变现、出售或耗用的资产。

小企业的流动资产包括：货币资金、短期投资、应收及预付款项、存货等。

第八条 短期投资，是指小企业购入的能随时变现并且持有时间不准备超过1年（含1年，下同）的投资，如小企业以赚取差价为目的从二级市场购入的股票、债券、基金等。

短期投资应当按照以下规定进行会计处理：

（一）以支付现金取得的短期投资，应当按照购买价款和相关税费作为成本进行计量。

实际支付价款中包含的已宣告但尚未发放的现金股利或已到付息期但尚未领取的债券利息，应当单独确认为应收股利或应收利息，不计入短期投资的成本。

（二）在短期投资持有期间，被投资单位宣告分派的现金股利或在债务人应付利息日按照分期付息、一次还本债券投资的票面利率计算的利息收入，应当计入投资收益。

（三）出售短期投资，出售价款扣除其账面余额、相关税费后的净额，应当计入投资收益。

第九条 应收及预付款项，是指小企业在日常生产经营活动中发生的各项债权。包括：应收票据、应收账款、应收股利、应收利息、其他应收款等应收款项和预付账款。

应收及预付款项应当按照发生额入账。

第十条 小企业应收及预付款项符合下列条件之一的，减除可收回的金额后确认的无法收回的应收及预付款项，作为坏账损失：

（一）债务人依法宣告破产、关闭、解散、被撤销，或者被依法注销、吊销营业执照，其清算财产不足清偿的。

（二）债务人死亡，或者依法被宣告失踪、死亡，其财产或者遗产不足清偿的。

（三）债务人逾期 3 年以上未清偿，且有确凿证据证明已无力清偿债务的。

（四）与债务人达成债务重组协议或法院批准破产重整计划后，无法追偿的。

（五）因自然灾害、战争等不可抗力导致无法收回的。

（六）国务院财政、税务主管部门规定的其他条件。

应收及预付款项的坏账损失应当于实际发生时计入营业外支出，同时冲减应收及预付款项。

第十一条 存货，是指小企业在日常生产经营过程中持有以备出售的产成品或商品、处在生产过程中的在产品、将在生产过程或提供劳务过程中耗用的材料和物料等，以及小企业（农、林、牧、渔业）为出售而持有的、或在将来收获为农产品的消耗性生物资产。

小企业的存货包括：原材料、在产品、半成品、产成品、商品、周转材料、委托加工物资、消耗性生物资产等。

（一）原材料，是指小企业在生产过程中经加工改变其形态或性质并构成产品主要实体的各种原料及主要材料、辅助材料、外购半成品（外购件）、修理用备件（备品备件）、包装材料、燃料等。

（二）在产品，是指小企业正在制造尚未完工的产品。包括：正在各个生产工序加工的产品，以及已加工完毕但尚未检验或已检验但尚未办理入库手续的产品。

（三）半成品，是指小企业经过一定生产过程并已检验合格交付半成品仓库保管，但尚未制造完工成为产成品，仍需进一步加工的中间产品。

（四）产成品，是指小企业已经完成全部生产过程并已验收入库，符合标准规格和技术条件，可以按照合同规定的条件送交订货单位，或者可以作为商品对外销售的产品。

（五）商品，是指小企业（批发业、零售业）外购或委托加工完成并已验收入库用于销售的各种商品。

（六）周转材料，是指小企业能够多次使用、逐渐转移其价值但仍保持原有形态且不确认为固定资产的材料。包括：包装物、低值易耗品、小企业（建筑业）的钢模板、木模板、脚手架等。

（七）委托加工物资，是指小企业委托外单位加工的各种材料、商品等物资。

（八）消耗性生物资产，是指小企业（农、林、牧、渔业）生长中的大田作物、蔬菜、用材林以及存栏待售的牲畜等。

第十二条 小企业取得的存货，应当按照成本进行计量。

（一）外购存货的成本包括：购买价款、相关税费、运输费、装卸费、保险费以及在外购存货过程发生的其他直接费用，但不含按照税法规定可以抵扣的增值税进项税额。

（二）通过进一步加工取得存货的成本包括：直接材料、直接人工以及按照一定方法分配的制造费用。

经过 1 年期以上的制造才能达到预定可销售状态的存货发生的借款费用，也计入存货的成本。

前款所称借款费用，是指小企业因借款而发生的利息及其他相关成本。包括：借款利息、辅助费用以及因外币借款而发生的汇兑差额等。

（三）投资者投入存货的成本，应当按照评估价值确定。

（四）提供劳务的成本包括与劳务提供直接相关的人工费、材料费和应分摊的间接费用。

（五）自行栽培、营造、繁殖或养殖的消耗性生物资产的成本，应当按照下列规定确定：

1. 自行栽培的大田作物和蔬菜的成本包括在收获前耗用的种子、肥料、农药等材料费、人工费和应分摊的间接费用。

2. 自行营造的林木类消耗性生物资产的成本包括郁闭前发生的造林费、抚育费、营林设施费、良种试验费、调查设计费和应分摊的间接费用。

3. 自行繁殖的育肥畜的成本包括出售前发生的饲料费、人工费和应分摊的间接费用。

4. 水产养殖的动物和植物的成本包括在出售或入库前耗用的苗种、饲料、肥料等材料费、人工费和应分摊的间接费用。

（六）盘盈存货的成本，应当按照同类或类似存货的市场价格或评估价值确定。

第十三条 小企业应当采用先进先出法、加权平均法或者个别计价法确定发出存货的实际成本。计价方法一经选用，不得随意变更。

对于性质和用途相似的存货，应当采用相同的成本计算方法确定发出存货的成本。

对于不能替代使用的存货、为特定项目专门购入或制造的存货以及提供的劳务，采用个别计价法确定发出存货的成本。

对于周转材料，采用一次转销法进行会计处理，在领用时按其成本计入生产成本或当期损益；金额较大的周转材料，也可以采用分次摊销法进行会计处理。出租或出借周转材料，不需要结转其成本，但应当进行备查登记。

对于已售存货，应当将其成本结转为营业成本。

第十四条 小企业应当根据生产特点和成本管理的要求，选择适合于本企业的成本核算对象、成本项目和成本计算方法。

小企业发生的各项生产费用，应当按照成本核算对象和成本项目分别归集。

（一）属于材料费、人工费等直接费用，直接计入基本生产成本和辅助生产成本。

（二）属于辅助生产车间为生产产品提供的动力等直接费用，可以先作为辅助生产成本进行归集，然后按照合理的方法分配计入基本生产成本；也可以直接计入所生产产品发生的生产成本。

（三）其他间接费用应当作为制造费用进行归集，月度终了，再按一定的分配标准，分配计入有关产品的成本。

第十五条 存货发生毁损，处置收入、可收回的责任人赔偿和保险赔款，扣除其成本、相关税费后的净额，应当计入营业外支出或营业外收入。

盘盈存货实现的收益应当计入营业外收入。

盘亏存货发生的损失应当计入营业外支出。

第二节　长期投资

第十六条　小企业的非流动资产，是指流动资产以外的资产。

小企业的非流动资产包括：长期债券投资、长期股权投资、固定资产、生产性生物资产、无形资产、长期待摊费用等。

第十七条　长期债券投资，是指小企业准备长期（在 1 年以上，下同）持有的债券投资。

第十八条　长期债券投资应当按照购买价款和相关税费作为成本进行计量。

实际支付价款中包含的已到付息期但尚未领取的债券利息，应当单独确认为应收利息，不计入长期债券投资的成本。

第十九条　长期债券投资在持有期间发生的应收利息应当确认为投资收益。

（一）分期付息、一次还本的长期债券投资，在债务人应付利息日按照票面利率计算的应收未收利息收入应当确认为应收利息，不增加长期债券投资的账面余额。

（二）一次还本付息的长期债券投资，在债务人应付利息日按照票面利率计算的应收未收利息收入应当增加长期债券投资的账面余额。

（三）债券的折价或者溢价在债券存续期间内于确认相关债券利息收入时采用直线法进行摊销。

第二十条　长期债券投资到期，小企业收回长期债券投资，应当冲减其账面余额。

处置长期债券投资，处置价款扣除其账面余额、相关税费后的净额，应当计入投资收益。

第二十一条　小企业长期债券投资符合本准则第十条所列条件之一的，减除可收回的金额后确认的无法收回的长期债券投资，作为长期债券投资损失。

长期债券投资损失应当于实际发生时计入营业外支出，同时冲减长期债券投资账面余额。

第二十二条　长期股权投资，是指小企业准备长期持有的权益性投资。

第二十三条　长期股权投资应当按照成本进行计量。

（一）以支付现金取得的长期股权投资，应当按照购买价款和相关税费作为成本进行计量。

实际支付价款中包含的已宣告但尚未发放的现金股利，应当单独确认为应收股利，不计入长期股权投资的成本。

（二）通过非货币性资产交换取得的长期股权投资，应当按照换出非货币性资产的评估价值和相关税费作为成本进行计量。

第二十四条　长期股权投资应当采用成本法进行会计处理。

在长期股权投资持有期间，被投资单位宣告分派的现金股利或利润，应当按照应分得的金额确认为投资收益。

第二十五条　处置长期股权投资，处置价款扣除其成本、相关税费后的净额，应当计入投资收益。

第二十六条　小企业长期股权投资符合下列条件之一的，减除可收回的金额后确认的无法收回的长期股权投资，作为长期股权投资损失：

（一）被投资单位依法宣告破产、关闭、解散、被撤销，或者被依法注销、吊销营业执照的。

（二）被投资单位财务状况严重恶化，累计发生巨额亏损，已连续停止经营 3 年以上，且无重新恢复经营改组计划的。

（三）对被投资单位不具有控制权，投资期限届满或者投资期限已超过 10 年，且被投资单位因连续 3 年经营亏损导致资不抵债的。

（四）被投资单位财务状况严重恶化，累计发生巨额亏损，已完成清算或清算期超过 3 年以上的。

（五）国务院财政、税务主管部门规定的其他条件。

长期股权投资损失应当于实际发生时计入营业外支出，同时冲减长期股权投资账面余额。

第三节 固定资产和生产性生物资产

第二十七条 固定资产，是指小企业为生产产品、提供劳务、出租或经营管理而持有的，使用寿命超过 1 年的有形资产。

小企业的固定资产包括：房屋、建筑物、机器、机械、运输工具、设备、器具、工具等。

第二十八条 固定资产应当按照成本进行计量。

（一）外购固定资产的成本包括：购买价款、相关税费、运输费、装卸费、保险费、安装费等，但不含按照税法规定可以抵扣的增值税进项税额。

以一笔款项购入多项没有单独标价的固定资产，应当按照各项固定资产或类似资产的市场价格或评估价值比例对总成本进行分配，分别确定各项固定资产的成本。

（二）自行建造固定资产的成本，由建造该项资产在竣工决算前发生的支出（含相关的借款费用）构成。

小企业在建工程在试运转过程中形成的产品、副产品或试车收入冲减在建工程成本。

（三）投资者投入固定资产的成本，应当按照评估价值和相关税费确定。

（四）融资租入的固定资产的成本，应当按照租赁合同约定的付款总额和在签订租赁合同过程中发生的相关税费等确定。

（五）盘盈固定资产的成本，应当按照同类或者类似固定资产的市场价格或评估价值，扣除按照该项固定资产新旧程度估计的折旧后的余额确定。

第二十九条 小企业应当对所有固定资产计提折旧，但已提足折旧仍继续使用的固定资产和单独计价入账的土地不得计提折旧。

固定资产的折旧费应当根据固定资产的受益对象计入相关资产成本或者当期损益。

前款所称折旧，是指在固定资产使用寿命内，按照确定的方法对应计折旧额进行系统分摊。应计折旧额，是指应当计提折旧的固定资产的原价（成本）扣除其预计净残值后的金额。预计净残值，是指固定资产预计使用寿命已满，小企业从该项固定资产处置中获得的扣除预计处置费用后的净额。已提足折旧，是指已经提足该项固定资产的应计折旧额。

第三十条 小企业应当按照年限平均法（即直线法，下同）计提折旧。小企业的固定资产由于技术进步等原因，确需加速折旧的，可以采用双倍余额递减法和年数总和法。

小企业应当根据固定资产的性质和使用情况，并考虑税法的规定，合理确定固定资产的使用寿命和预计净残值。

固定资产的折旧方法、使用寿命、预计净残值一经确定，不得随意变更。

第三十一条　小企业应当按月计提折旧，当月增加的固定资产，当月不计提折旧，从下月起计提折旧；当月减少的固定资产，当月仍计提折旧，从下月起不计提折旧。

第三十二条　固定资产的日常修理费，应当在发生时根据固定资产的受益对象计入相关资产成本或者当期损益。

第三十三条　固定资产的改建支出，应当计入固定资产的成本，但已提足折旧的固定资产和经营租入的固定资产发生的改建支出应当计入长期待摊费用。

前款所称固定资产的改建支出，是指改变房屋或者建筑物结构、延长使用年限等发生的支出。

第三十四条　处置固定资产，处置收入扣除其账面价值、相关税费和清理费用后的净额，应当计入营业外收入或营业外支出。

前款所称固定资产的账面价值，是指固定资产原价（成本）扣减累计折旧后的金额。

盘亏固定资产发生的损失应当计入营业外支出。

第三十五条　生产性生物资产，是指小企业（农、林、牧、渔业）为生产农产品、提供劳务或出租等目的而持有的生物资产。包括：经济林、薪炭林、产畜和役畜等。

第三十六条　生产性生物资产应当按照成本进行计量。

（一）外购的生产性生物资产的成本，应当按照购买价款和相关税费确定。

（二）自行营造或繁殖的生产性生物资产的成本，应当按照下列规定确定：

1. 自行营造的林木类生产性生物资产的成本包括：达到预定生产经营目的前发生的造林费、抚育费、营林设施费、良种试验费、调查设计费和应分摊的间接费用等必要支出。

2. 自行繁殖的产畜和役畜的成本包括：达到预定生产经营目的前发生的饲料费、人工费和应分摊的间接费用等必要支出。

前款所称达到预定生产经营目的，是指生产性生物资产进入正常生产期，可以多年连续稳定产出农产品、提供劳务或出租。

第三十七条　生产性生物资产应当按照年限平均法计提折旧。

小企业（农、林、牧、渔业）应当根据生产性生物资产的性质和使用情况，并考虑税法的规定，合理确定生产性生物资产的使用寿命和预计净残值。

生产性生物资产的折旧方法、使用寿命、预计净残值一经确定，不得随意变更。

小企业（农、林、牧、渔业）应当自生产性生物资产投入使用月份的下月起按月计提折旧；停止使用的生产性生物资产，应当自停止使用月份的下月起停止计提折旧。

第四节　无形资产

第三十八条　无形资产，是指小企业为生产产品、提供劳务、出租或经营管理而持有的、没有实物形态的可辨认非货币性资产。

小企业的无形资产包括土地使用权、专利权、商标权、著作权、非专利技术等。

自行开发建造厂房等建筑物，相关的土地使用权与建筑物应当分别进行处理。外购土地及建筑物支付的价款应当在建筑物与土地使用权之间按照合理的方法进行分配；难以合理分配的，应当全部作为固定资产。

第三十九条 无形资产应当按照成本进行计量。

（一）外购无形资产的成本包括购买价款、相关税费和相关的其他支出（含相关的借款费用）。

（二）投资者投入的无形资产的成本，应当按照评估价值和相关税费确定。

（三）自行开发的无形资产的成本，由符合资本化条件后至达到预定用途前发生的支出（含相关的借款费用）构成。

第四十条 小企业自行开发无形资产发生的支出，同时满足下列条件的，才能确认为无形资产：

（一）完成该无形资产以使其能够使用或出售在技术上具有可行性；

（二）具有完成该无形资产并使用或出售的意图；

（三）能够证明运用该无形资产生产的产品存在市场或无形资产自身存在市场，无形资产将在内部使用的，应当证明其有用性；

（四）有足够的技术、财务资源和其他资源支持，以完成该无形资产的开发，并有能力使用或出售该无形资产；

（五）归属于该无形资产开发阶段的支出能够可靠地计量。

第四十一条 无形资产应当在其使用寿命内采用年限平均法进行摊销，根据其受益对象计入相关资产成本或者当期损益。

无形资产的摊销期自其可供使用时开始至停止使用或出售时止。有关法律规定或合同约定了使用年限的，可以按照规定或约定的使用年限分期摊销。

小企业不能可靠估计无形资产使用寿命的，摊销期不得低于 10 年。

第四十二条 处置无形资产，处置收入扣除其账面价值、相关税费等后的净额，应当计入营业外收入或营业外支出。

前款所称无形资产的账面价值，是指无形资产的成本扣减累计摊销后的金额。

第五节　长期待摊费用

第四十三条 小企业的长期待摊费用包括：已提足折旧的固定资产的改建支出、经营租入固定资产的改建支出、固定资产的大修理支出和其他长期待摊费用等。

前款所称固定资产的大修理支出，是指同时符合下列条件的支出：

（一）修理支出达到取得固定资产时的计税基础 50% 以上；

（二）修理后固定资产的使用寿命延长 2 年以上。

第四十四条 长期待摊费用应当在其摊销期限内采用年限平均法进行摊销，根据其受益对象计入相关资产的成本或者管理费用，并冲减长期待摊费用。

（一）已提足折旧的固定资产的改建支出，按照固定资产预计尚可使用年限分期摊销。

（二）经营租入固定资产的改建支出，按照合同约定的剩余租赁期限分期摊销。

（三）固定资产的大修理支出，按照固定资产尚可使用年限分期摊销。

（四）其他长期待摊费用，自支出发生月份的下月起分期摊销，摊销期不得低于 3 年。

第三章　负　债

第四十五条　负债，是指小企业过去的交易或事项形成的，预期会导致经济利益流出小企业的现时义务。

小企业的负债按照其流动性，可分为流动负债和非流动负债。

第一节　流动负债

第四十六条　小企业的流动负债，是指预计在 1 年内或者超过 1 年的一个正常营业周期内清偿的债务。

小企业的流动负债包括：短期借款、应付及预收款项、应付职工薪酬、应交税费、应付利息等。

第四十七条　各项流动负债应当按照其实际发生额入账。

小企业确实无法偿付的应付款项，应当计入营业外收入。

第四十八条　短期借款应当按照借款本金和借款合同利率在应付利息日计提利息费用，计入财务费用。

第四十九条　应付职工薪酬，是指小企业为获得职工提供的服务而应付给职工的各种形式的报酬以及其他相关支出。

小企业的职工薪酬包括：

（一）职工工资、奖金、津贴和补贴；

（二）职工福利费；

（三）医疗保险费、养老保险费、失业保险费、工伤保险费和生育保险费等社会保险费；

（四）住房公积金；

（五）工会经费和职工教育经费；

（六）非货币性福利；

（七）因解除与职工的劳动关系给予的补偿；

（八）其他与获得职工提供的服务相关的支出等。

第五十条　小企业应当在职工为其提供服务的会计期间，将应付的职工薪酬确认为负债，并根据职工提供服务的受益对象，分别下列情况进行会计处理：

（一）应由生产产品、提供劳务负担的职工薪酬，计入产品成本或劳务成本。

（二）应由在建工程、无形资产开发项目负担的职工薪酬，计入固定资产成本或无形资产成本。

（三）其他职工薪酬（含因解除与职工的劳动关系给予的补偿），计入当期损益。

第二节　非流动负债

第五十一条　小企业的非流动负债，是指流动负债以外的负债。

小企业的非流动负债包括：长期借款、长期应付款等。

第五十二条　非流动负债应当按照其实际发生额入账。

长期借款应当按照借款本金和借款合同利率在应付利息日计提利息费用，计入相关资产成本或财务费用。

第四章　所有者权益

第五十三条　所有者权益，是指小企业资产扣除负债后由所有者享有的剩余权益。

小企业的所有者权益包括实收资本（或股本，下同）、资本公积、盈余公积和未分配利润。

第五十四条　实收资本，是指投资者按照合同协议约定或相关规定投入到小企业、构成小企业注册资本的部分。

（一）小企业收到投资者以现金或非货币性资产投入的资本，应当按照其在本企业注册资本中所占的份额计入实收资本，超出的部分，应当计入资本公积。

（二）投资者根据有关规定对小企业进行增资或减资，小企业应当增加或减少实收资本。

第五十五条　资本公积，是指小企业收到的投资者出资额超过其在注册资本或股本中所占份额的部分。

小企业用资本公积转增资本，应当冲减资本公积。小企业的资本公积不得用于弥补亏损。

第五十六条　盈余公积，是指小企业按照法律规定在税后利润中提取的法定公积金和任意公积金。

小企业用盈余公积弥补亏损或者转增资本，应当冲减盈余公积。小企业的盈余公积还可以用于扩大生产经营。

第五十七条　未分配利润，是指小企业实现的净利润，经过弥补亏损、提取法定公积金和任意公积金、向投资者分配利润后，留存在本企业的、历年结存的利润。

第五章　收　入

第五十八条　收入，是指小企业在日常生产经营活动中形成的、会导致所有者权益增加、与所有者投入资本无关的经济利益的总流入。它包括销售商品收入和提供劳务收入。

第五十九条　销售商品收入，是指小企业销售商品（或产成品、材料，下同）取得的收入。

通常，小企业应当在发出商品且收到货款或取得收款权利时，确认销售商品收入。

（一）销售商品采用托收承付方式的，在办妥托收手续时确认收入。

（二）销售商品采取预收款方式的，在发出商品时确认收入。

（三）销售商品采用分期收款方式的，在合同约定的收款日期确认收入。

（四）销售商品需要安装和检验的，在购买方接受商品以及安装和检验完毕时确认收入。安装程序比较简单的，可在发出商品时确认收入。

（五）销售商品采用支付手续费方式委托代销的，在收到代销清单时确认收入。

（六）销售商品以旧换新的，销售的商品作为商品销售处理，回收的商品作为购进商品处理。

（七）采取产品分成方式取得的收入，在分得产品之日按照产品的市场价格或评估价值确定销售商品收入金额。

第六十条　小企业应当按照从购买方已收或应收的合同或协议价款，确定销售商品收入金额。

销售商品涉及现金折扣的，应当按照扣除现金折扣前的金额确定销售商品收入金额。现金折扣应当在实际发生时，计入当期损益。

销售商品涉及商业折扣的，应当按照扣除商业折扣后的金额确定销售商品收入金额。

前款所称现金折扣，是指债权人为鼓励债务人在规定的期限内付款而向债务人提供的债务扣除。商业折扣，是指小企业为促进商品销售而在商品标价上给予的价格扣除。

第六十一条　小企业已经确认销售商品收入的售出商品发生的销售退回（不论属于本年度还是属于以前年度的销售），应当在发生时冲减当期销售商品收入。

小企业已经确认销售商品收入的售出商品发生的销售折让，应当在发生时冲减当期销售商品收入。

前款所称销售退回，是指小企业售出的商品由于质量、品种不符合要求等原因发生的退货。销售折让，是指小企业因售出商品的质量不合格等原因而在售价上给予的减让。

第六十二条　小企业提供劳务的收入，是指小企业从事建筑安装、修理修配、交通运输、仓储租赁、邮电通信、咨询经纪、文化体育、科学研究、技术服务、教育培训、餐饮住宿、中介代理、卫生保健、社区服务、旅游、娱乐、加工以及其他劳务服务活动取得的收入。

第六十三条　同一会计年度内开始并完成的劳务，应当在提供劳务交易完成且收到款项或取得收款权利时，确认提供劳务收入。提供劳务收入的金额为从接受劳务方已收或应收的合同或协议价款。

劳务的开始和完成分属不同会计年度的，应当按照完工进度确认提供劳务收入。年度资产负债表日，按照提供劳务收入总额乘以完工进度扣除以前会计年度累计已确认提供劳务收入后的金额，确认本年度的提供劳务收入；同时，按照估计的提供劳务成本总额乘以完工进度扣除以前会计年度累计已确认营业成本后的金额，结转本年度营业成本。

第六十四条　小企业与其他企业签订的合同或协议包含销售商品和提供劳务时，销售商品部分和提供劳务部分能够区分且能够单独计量的，应当将销售商品的部分作为销售商品处理，将提供劳务的部分作为提供劳务处理。

销售商品部分和提供劳务部分不能够区分，或虽能区分但不能够单独计量的，应当作为销售商品处理。

第六章　费　用

第六十五条　费用，是指小企业在日常生产经营活动中发生的、会导致所有者权益减少、与向所有者分配利润无关的经济利益的总流出。

小企业的费用包括：营业成本、营业税金及附加、销售费用、管理费用、财务费用等。

（一）营业成本，是指小企业所销售商品的成本和所提供劳务的成本。

（二）营业税金及附加，是指小企业开展日常生产经营活动应负担的消费税、营业税、城市维护建设税、资源税、土地增值税、城镇土地使用税、房产税、车船税、印花税和教育费附加、矿产资源补偿费、排污费等。

（三）销售费用，是指小企业在销售商品或提供劳务过程中发生的各种费用。它包括销售人员的职工薪酬、商品维修费、运输费、装卸费、包装费、保险费、广告费、业务宣传费、展览费等费用。

小企业（批发业、零售业）在购买商品过程中发生的费用（包括运输费、装卸费、包装费、保险费、运输途中的合理损耗和入库前的挑选整理费等）也构成销售费用。

（四）管理费用，是指小企业为组织和管理生产经营发生的其他费用。包括：小企业在筹建期间内发生的开办费、行政管理部门发生的费用（包括固定资产折旧费、修理费、办公费、水电费、差旅费、管理人员的职工薪酬等）、业务招待费、研究费用、技术转让费、相关长期待摊费用摊销、财产保险费、聘请中介机构费、咨询费（含顾问费）、诉讼费等费用。

（五）财务费用，是指小企业为筹集生产经营所需资金发生的筹资费用。它包括利息费用（减利息收入）、汇兑损失、银行相关手续费、小企业给予的现金折扣（减享受的现金折扣）等费用。

第六十六条 通常，小企业的费用应当在发生时按照其发生额计入当期损益。

小企业销售商品收入和提供劳务收入已予确认的，应当将已销售商品和已提供劳务的成本作为营业成本结转至当期损益。

第七章 利润及利润分配

第六十七条 利润，是指小企业在一定会计期间的经营成果。它包括营业利润、利润总额和净利润。

（一）营业利润，是指营业收入减去营业成本、营业税金及附加、销售费用、管理费用、财务费用，加上投资收益（或减去投资损失）后的金额。

前款所称营业收入，是指小企业销售商品和提供劳务实现的收入总额。投资收益，由小企业股权投资取得的现金股利（或利润）、债券投资取得的利息收入和处置股权投资和债券投资取得的处置价款扣除成本或账面余额、相关税费后的净额三部分构成。

（二）利润总额，是指营业利润加上营业外收入，减去营业外支出后的金额。

（三）净利润，是指利润总额减去所得税费用后的净额。

第六十八条 营业外收入，是指小企业非日常生产经营活动形成的、应当计入当期损益、会导致所有者权益增加、与所有者投入资本无关的经济利益的净流入。

小企业的营业外收入包括非流动资产处置净收益、政府补助、捐赠收益、盘盈收益、汇兑收益、出租包装物和商品的租金收入、逾期未退包装物押金收益、确实无法偿付的应付款项、已作坏账损失处理后又收回的应收款项、违约金收益等。

通常，小企业的营业外收入应当在实现时按照其实现金额计入当期损益。

第六十九条 政府补助，是指小企业从政府无偿取得货币性资产或非货币性资产，但不含政府作为小企业所有者投入的资本。

（一）小企业收到与资产相关的政府补助，应当确认为递延收益，并在相关资产的使用寿命内平均分配，计入营业外收入。

收到的其他政府补助，用于补偿本企业以后期间的相关费用或亏损的，确认为递延收益，并在确认相关费用或发生亏损的期间，计入营业外收入；用于补偿本企业已发生的相关费用或亏损的，直接计入营业外收入。

（二）政府补助为货币性资产的，应当按照收到的金额计量。

政府补助为非货币性资产的，政府提供了有关凭据的，应当按照凭据上标明的金额计量；政府没有提供有关凭据的，应当按照同类或类似资产的市场价格或评估价值计量。

（三）小企业按照规定实行企业所得税、增值税、消费税、营业税等先征后返的，应当在实际收到返还的企业所得税、增值税（不含出口退税）、消费税、营业税时，计入营业外收入。

第七十条 营业外支出，是指小企业非日常生产经营活动发生的、应当计入当期损益、会导致所有者权益减少、与向所有者分配利润无关的经济利益的净流出。

小企业的营业外支出包括存货的盘亏、毁损、报废损失，非流动资产处置净损失，坏账损失，无法收回的长期债券投资损失，无法收回的长期股权投资损失，自然灾害等不可抗力因素造成的损失，税收滞纳金，罚金，罚款，被没收财物的损失，捐赠支出，赞助支出等。

通常，小企业的营业外支出应当在发生时按照其发生额计入当期损益。

第七十一条 小企业应当按照企业所得税法规定计算的当期应纳税额，确认所得税费用。

小企业应当在利润总额的基础上，按照企业所得税法规定进行纳税调整，计算出当期应纳税所得额，按照应纳税所得额与适用所得税税率为基础计算确定当期应纳税额。

第七十二条 小企业以当年净利润弥补以前年度亏损等剩余的税后利润，可用于向投资者进行分配。

小企业（公司制）在分配当年税后利润时，应当按照公司法的规定提取法定公积金和任意公积金。

第八章 外币业务

第七十三条 小企业的外币业务由外币交易和外币财务报表折算构成。

第七十四条 外币交易，是指小企业以外币计价或者结算的交易。

小企业的外币交易包括：买入或者卖出以外币计价的商品或者劳务、借入或者借出外币资金和其他以外币计价或者结算的交易。

前款所称外币，是指小企业记账本位币以外的货币。记账本位币，是指小企业经营所处的主要经济环境中的货币。

第七十五条 小企业应当选择人民币作为记账本位币。业务收支以人民币以外的货币为主的小企业，可以选定其中一种货币作为记账本位币，但编报的财务报表应当折算为人民币财务报表。

小企业记账本位币一经确定，不得随意变更，但小企业经营所处的主要经济环境发生重大变化除外。

小企业因经营所处的主要经济环境发生重大变化，确需变更记账本位币的，应当采用变更当日的即期汇率将所有项目折算为变更后的记账本位币。

前款所称即期汇率，是指中国人民银行公布的当日人民币外汇牌价的中间价。

第七十六条　小企业对于发生的外币交易，应当将外币金额折算为记账本位币金额。

外币交易在初始确认时，采用交易发生日的即期汇率将外币金额折算为记账本位币金额；也可以采用交易当期平均汇率折算。

小企业收到投资者以外币投入的资本，应当采用交易发生日即期汇率折算，不得采用合同约定汇率和交易当期平均汇率折算。

第七十七条　小企业在资产负债表日，应当按照下列规定对外币货币性项目和外币非货币性项目进行会计处理：

（一）外币货币性项目，采用资产负债表日的即期汇率折算。因资产负债表日即期汇率与初始确认时或者前一资产负债表日即期汇率不同而产生的汇兑差额，计入当期损益。

（二）以历史成本计量的外币非货币性项目，仍采用交易发生日的即期汇率折算，不改变其记账本位币金额。

前款所称货币性项目，是指小企业持有的货币资金和将以固定或可确定的金额收取的资产或者偿付的负债。货币性项目分为货币性资产和货币性负债。货币性资产包括库存现金、银行存款、应收账款、其他应收款等；货币性负债包括短期借款、应付账款、其他应付款、长期借款、长期应付款等。非货币性项目，是指货币性项目以外的项目。它包括存货、长期股权投资、固定资产、无形资产等。

第七十八条　小企业对外币财务报表进行折算时，应当采用资产负债表日的即期汇率对外币资产负债表、利润表和现金流量表的所有项目进行折算。

第九章　财务报表

第七十九条　财务报表，是指对小企业财务状况、经营成果和现金流量的结构性表述。小企业的财务报表至少应当包括下列组成部分：

（一）资产负债表；

（二）利润表；

（三）现金流量表；

（四）附注。

第八十条　资产负债表，是指反映小企业在某一特定日期的财务状况的报表。

（一）资产负债表中的资产类至少应当单独列示反映下列信息的项目：

1. 货币资金；

2. 应收及预付款项；

3. 存货；

4. 长期债券投资；

5. 长期股权投资；

6. 固定资产；

7．生产性生物资产；

8．无形资产；

9．长期待摊费用。

（二）资产负债表中的负债类至少应当单独列示反映下列信息的项目：

1．短期借款；

2．应付及预收款项；

3．应付职工薪酬；

4．应交税费；

5．应付利息；

6．长期借款；

7．长期应付款。

（三）资产负债表中的所有者权益类至少应当单独列示反映下列信息的项目：

1．实收资本；

2．资本公积；

3．盈余公积；

4．未分配利润。

（四）资产负债表中的资产类应当包括流动资产和非流动资产的合计项目；负债类应当包括流动负债、非流动负债和负债的合计项目；所有者权益类应当包括所有者权益的合计项目。

资产负债表应当列示资产总计项目，负债和所有者权益总计项目。

第八十一条 利润表，是指反映小企业在一定会计期间的经营成果的报表。

费用应当按照功能分类，分为营业成本、营业税金及附加、销售费用、管理费用和财务费用等。

利润表至少应当单独列示反映下列信息的项目：

（一）营业收入；

（二）营业成本；

（三）营业税金及附加；

（四）销售费用；

（五）管理费用；

（六）财务费用；

（七）所得税费用；

（八）净利润。

第八十二条 现金流量表，是指反映小企业在一定会计期间现金流入和流出情况的报表。

现金流量表应当分别经营活动、投资活动和筹资活动列报现金流量。现金流量应当分别按照现金流入和现金流出总额列报。

前款所称现金，是指小企业的库存现金以及可以随时用于支付的存款和其他货币资金。

第八十三条　经营活动，是指小企业投资活动和筹资活动以外的所有交易和事项。

小企业经营活动产生的现金流量应当单独列示反映下列信息的项目：

（一）销售产成品、商品、提供劳务收到的现金；

（二）购买原材料、商品、接受劳务支付的现金；

（三）支付的职工薪酬；

（四）支付的税费。

第八十四条　投资活动，是指小企业固定资产、无形资产、其他非流动资产的购建和短期投资、长期债券投资、长期股权投资及其处置活动。

小企业投资活动产生的现金流量应当单独列示反映下列信息的项目：

（一）收回短期投资、长期债券投资和长期股权投资收到的现金；

（二）取得投资收益收到的现金；

（三）处置固定资产、无形资产和其他非流动资产收回的现金净额；

（四）短期投资、长期债券投资和长期股权投资支付的现金；

（五）购建固定资产、无形资产和其他非流动资产支付的现金。

第八十五条　筹资活动，是指导致小企业资本及债务规模和构成发生变化的活动。

小企业筹资活动产生的现金流量应当单独列示反映下列信息的项目：

（一）取得借款收到的现金；

（二）吸收投资者投资收到的现金；

（三）偿还借款本金支付的现金；

（四）偿还借款利息支付的现金；

（五）分配利润支付的现金。

第八十六条　附注，是指对在资产负债表、利润表和现金流量表等报表中列示项目的文字描述或明细资料，以及对未能在这些报表中列示项目的说明等。

附注应当按照下列顺序披露：

（一）遵循小企业会计准则的声明。

（二）短期投资、应收账款、存货、固定资产项目的说明。

（三）应付职工薪酬、应交税费项目的说明。

（四）利润分配的说明。

（五）用于对外担保的资产名称、账面余额及形成的原因；未决诉讼、未决仲裁以及对外提供担保所涉及的金额。

（六）发生严重亏损的，应当披露持续经营的计划、未来经营的方案。

（七）对已在资产负债表和利润表中列示项目与企业所得税法规定存在差异的纳税调整过程。

（八）其他需要在附注中说明的事项。

第八十七条　小企业应当根据实际发生的交易和事项，按照本准则的规定进行确认和计量，在此基础上按月或者按季编制财务报表。

第八十八条 小企业对会计政策变更、会计估计变更和会计差错更正应当采用未来适用法进行会计处理。

前款所称会计政策，是指小企业在会计确认、计量和报告中所采用的原则、基础和会计处理方法。会计估计变更，是指由于资产和负债的当前状况及预期经济利益和义务发生了变化，从而对资产或负债的账面价值或者资产的定期消耗金额进行调整。前期差错包括计算错误、应用会计政策错误、应用会计估计错误等。未来适用法，是指将变更后的会计政策和会计估计应用于变更日及以后发生的交易或事项，或者在会计差错发生或发现的当期更正差错的方法。

第十章 附 则

第八十九条 符合《中小企业划型标准规定》所规定的微型企业标准的企业参照执行本准则。

第九十条 本准则自 2013 年 1 月 1 日起施行。财政部 2004 年发布的《小企业会计制度》（财会〔2004〕2 号）同时废止。

主要参考文献

[1] 韩燕华. 会计新手成长手记[M]. 北京：清华大学出版社，2014.

[2] 蔡振纯，任高飞. 税法实物与案例[M]. 大连：东北财经大学出版社，2015.

[3] 陈玉洁，吴强. 新编小型企业会计、税务、审计一本通[M]. 南昌：江西人民出版社，2014.

[4] 郭丽. 小企业会计操作实务[M]. 北京：机械工业出版社，2015.

[5] 杜春法，罗清平，黄世波. 小企业会计与税收操作实务[M]. 济南：山东大学出版社，2013.

[6] 国家税务总局教材编写组. 小企业会计[M]. 北京：中国税务出版社，2015.

[7] 赵耀. 小企业会计准则——会计核算与纳税实务[M]. 北京：中国经济出版社，2013.

[8] 小企业会计准则编审委员会. 小企业会计准则讲解[M]. 上海：立信会计出版社，2016.

[9] 张卿，陈克文. 小企业会计实务[M]. 第二版. 北京：机械工业出版社，2013.

[10] 曾志勇，张继伟. 小企业会计准则详解与实务[M]. 北京：清华大学出版社，2013.

[11] 杨雄. 小企业会计实务[M]. 北京：北京理工大学出版社，2012.

[12] 史玉光. 小企业会计准则——操作实务[M]. 第四版. 北京：电子工业出版社，2016.

[13] 企业会计准则编审委员会. 企业会计准则案例讲解[M]. 上海：立信会计出版社，2015.

[14] 企业会计准则编审委员会. 小企业会计准则解读——小企业会计准则、小企业会计制度与企业会计准则的比较[M]. 上海：立信会计出版社，2015.